史立梅　等著

未成年人刑事司法的社会支持机制研究

RESEARCH ON SOCIAL SUPPORT MECHANISM OF JUVENILE CRIMINAL JUSTICE

中国政法大学出版社

2021・北京

图书在版编目（CIP）数据

未成年人刑事司法的社会支持机制研究/史立梅等著.—北京:中国政法大学出版社, 2021.8
ISBN 978-7-5764-0109-7

Ⅰ.①未…　Ⅱ.①史…　Ⅲ.①青少年犯罪－刑事诉讼－司法制度－研究－中国　Ⅳ.①D925.204

中国版本图书馆 CIP 数据核字(2021)第 184934 号

出 版 者	中国政法大学出版社
地　　址	北京市海淀区西土城路 25 号
邮寄地址	北京 100088 信箱 8034 分箱　邮编 100088
网　　址	http://www.cuplpress.com (网络实名：中国政法大学出版社)
电　　话	010-58908586(编辑部) 58908334(邮购部)
编辑邮箱	zhengfadch@126.com
承　　印	固安华明印业有限公司
开　　本	880mm×1230mm　1/32
印　　张	10.625
字　　数	260 千字
版　　次	2021 年 8 月第 1 版
印　　次	2021 年 8 月第 1 次印刷
定　　价	59.00 元

前　言

PREFACE

本书是我主持的北京市社会科学基金项目“未成年人刑事司法的社会支持机制研究”（项目编号：14FXB010）的同名研究成果，目前本课题已顺利结项。

未成年人刑事司法是未成年人司法与刑事司法的交叉地带，因此其兼具福利性和司法性双重特征。福利性特征要求未成年人刑事司法奉行保护原则，以儿童最佳利益为宗旨，以涉罪未成年人的个别化处遇为依归；司法性特征要求未成年人刑事司法奉行责任原则，以准确定罪量刑为宗旨，以遵循正当程序惩罚犯罪为依归。在人类历史上，福利性和司法性都曾经是未成年人刑事司法所追求的终极价值，并因此而形成了未成年人刑事司法的福利模式和司法模式。在福利模式下，未成年人刑事司法与未成年人司法合二为一，少年法院或者法庭扮演着医生的角色，给罪错未成年人开出个别化的教育、矫治处方并将其交付各种矫正机构进行“治疗”；在司法模式下，未成年人刑事司法被纳入刑事司法的轨道，涉罪未成年人享有与成年被告人同样的待遇，在正式的追诉和审判程序中接受司法机关对于其罪行和责任的认定，在监狱或拘留所接受惩罚或改造。然而，这两种模式都各有其优缺点，前者虽然照顾了涉罪未成年人的身心特点，对涉罪未成年人报有最大善意，但是少年法庭的法官所具有的几乎不受限制的自由裁量权以及打着治病救人旗号将未成年人与社会和家庭长期强制隔离的做法，并不有利于未成年人的康复和回归社会；后者虽然给予了涉罪未成年人与成年人同等的待遇和参与诉讼的机会，但其对责任和惩罚的强调以及对教育和保护的忽视，同样也不利于造就身心健康的亲社会人。历史上的经验与教训表明，未成年人刑事司法的福利性与司法性均不可偏废，只有将保护和责任同等重视，机构化处遇与非机构化处遇相结合，才能有利于涉罪未成年人的康复和顺利回归社会。正是基于以上原因，目前世界上大多数国家都摒弃了未成年人刑事司法的纯福利模式或者纯司法模式，形成了各具特色但又都包含了福利和司法双重特征的未成年人刑事司法体系。

基于福利与司法的双重属性，国家与社会的互动合作关系在未成年人刑事司法领域变得更为复杂和丰富：以儿童保护为目的的未成年人司法主要由社会服务部门来进行，而以责任追究为目的的刑事司法则主要由国家追诉机关和审判机关在当事人参与下进行，上述两个场域虽然有时也会出现社会力量与国家力量的交叉与合作，比如，儿童保护案件有时需要借助警察或者民政部门的力量，刑事司法过程中的非羁押和非监禁刑处遇也需要社会服务部门给予支持，但其中的主次关系还是非常明晰的，都是以一方力量为主，另一方只是起协助或者辅助的作用。在未成年人刑事司法场域，承担司法职能的国家追诉和审判机关与承担保护职能的社会力量都应成为主角，二者既各司其职又密切合作，共同实现保护与责任的双重目的。

然而上述场景并未出现在我国未成年人刑事司法领域之中。一方面，一直以来我国并未形成独立的未成年人司法体系，未成年人刑事司法自始便依附于刑事司法体系之下，缺乏自身独立的品格和价值追求，虽然法律上规定了“教育为主、惩罚为辅”的原则和“教育、感化、挽救”的方针，但这些原则和方针并没有化为具体的制度和程序落实到未成年人刑事司法之中（尤其是在2012年《刑事诉讼法》修改以前），涉罪未成年人在刑事司法过程中难以得到实质性的保护、帮助和教育；另一方面，我国儿童福利体系还不够完善，致力于未成年人保护的社会服务机构还较少，为未成年人刑事司法提供相应的社会支持还需加强。因此即便2012年《刑事诉讼法》规定了一系列旨在保护、教育涉罪未成年人的制度，比如，社会调查、合适成年人、附条件不起诉等，但这些制度在实践中的落实并不乐观，其作用还未得到充分发挥。虽然实践中很多地区检法机关探索在未成年人刑事司法中引入司法社工、建立观护基地等社会支持机制，以盘活上述各项旨在为涉罪未成年人提供保护、帮助和教育的制度，但是囿于资源的匮乏、标准的欠缺，这些探索多缺乏普遍性和持续性。同时，在实践探索的过程中，应如何定位社会服务人员或者机构在未成年人刑事司法中的地位和权利，经常成为困扰检法机关和社会服务人员或者机构的难题，比如司法社工能否会见在押涉罪未成年人，能否阅卷，其所撰写的社会调查报告在诉讼中能否作为证据使用，其能否参加或者以什么身份参加逮捕或者附条件不起诉的决定与执行程序以及法庭审理程序等。产生以上问题的根本原因在于我国现有的未成年人刑事司法自始便属于公安司法机关所代表的国家力量的活动场域，社会服务机构或者人员作为新生的、外来的力量，只能在原有的系统之上谋求一种“嵌入式”的发展〔1〕，其嵌入或者参与度如何，完全取决于公安司法机关的接受程度。尽管“嵌入式”模式是对我国未成年人刑事司法社会支持机制发展现状和路径的一种符合实际的描述，但从应然的角度来说，

〔1〕 参见席小华：《从隔离到契合：社会工作在少年司法场域的嵌入性发展——基于B市的一项实证研究》，中国人民公安大学出版社2017年版。

其并不是未来发展的应有模式。在“嵌入式”发展模式之下，社会力量始终作为外在的、异质的力量，向已有的未成年人刑事司法大厦渗透，这极有可能导致原来的主角——公安司法机关产生排异反应，其所采取的策略或者是拒绝社会力量的介入，或者要求作为主导者掌控社会力量的介入程度。时下我国检察机关主导的相关改革探索就很好地说明了这一问题。可以预见，这种已然分清主次关系的改革探索根本无法引领我国未成年人刑事司法跳出原有的以责任和惩罚为核心价值的司法模式，参与其中、夹缝中求生存的社会服务机构也无法很好地履行其教育和保护职责。

因此，尽管目前我国未成年人刑事司法应吸收社会力量参与其中并建立相应的社会支持机制，已然成为众多理论研究者和司法实践者的共识，但究竟应采取何种模式和路径尚未明晰。有关未成年人刑事司法的社会支持体系和机制建设问题，尚未能在国家与社会关系的高度得到应有的重视，更未能从国家治理的角度给予宏观建构。笔者认为，欲在我国未成年人刑事司法领域真正实现保护与责任的双重价值目标，我们必须走出“嵌入式”发展的怪圈，寻求“合作式”发展的具体模式和路径，并在此基础上建构相应的社会支持机制，由国家力量和社会力量在合作的基础上共同致力于这一目标的实现。

本书的主体内容分为上下两篇：上篇为总论，主要对未成年人刑事司法社会支持机制的理论基础、主要模式以及在我国的宏观建构进行研究；下篇为分论，主要对未成年人刑事司法中社会支持的具体机制进行研究。总论部分分为三章：第一章对未成年人刑事司法社会支持机制的理论基础问题进行了研究。具体而言，本部分的研究主要解答了三个理论问题，即未成年人刑事司法究竟需要什么样（what）的社会支持，谁（who）有责任建立社会支持体系，应如何（how）在界定国家与社会关系的基础上建立这样的支持体系。社会支持理论、国家亲权理念、合作主义理论对上述三个问题提供了明确的答案。第二章从国家与社会采取不同合作方式的角度选取了英国、苏格兰、美国的未成年人刑事司法社会支持机制予以介绍和分析，以寻求对我国相关制度构建有益的经验。第三章对我国未成年人刑事司法社会支持机制的探索历程和现状进行了考察，对其中存在的问题进行了分析，并且在借鉴域外合作主义基本理论和实践经验的基础上，提出构建我国社会支持机制的总体思路。分论部分包括三章：第一章对我国未成年人刑事司法中的调查评估机制进行了研究。第二章对我国未成年人刑事司法中的帮助扶持机制进行了研究。第三章则对我国未成年人刑事司法中的观护教育机制进行了研究。

本书由我和我指导的未成年人法学研究方向的博士生和硕士生共同撰写而成，全书由我统一审校和定稿。各章节分工具体如下：

总论第一章：史立梅（北京师范大学刑事法律科学研究院教授、博士生导师）

总论第二章：张丽霞（中华女子学院教师、北京师范大学刑事法律科学研究院博士）、李美佳（北京师范大学刑事法律科学研究院硕士）、史立梅

总论第三章：史立梅

分论第一章：张丽霞、史立梅

分论第二章：赵敏（北京师范大学刑事法律科学研究院博士生）、史立梅

分论第三章：邢进生（北京师范大学刑事法律科学研究院博士生）、史立梅

感谢北京师范大学刑事法律科学研究院宋英辉教授、何挺教授、王超教授等各位同事在项目申请、实施和完成的过程中给予我的关心和支持。感谢中国人民大学李奋飞教授、中国政法大学郭志媛教授、张中教授和元轶教授对本书的修改完善提出的宝贵建议。本书的出版得到中国政法大学出版社和丁春晖老师的大力支持和帮助，在此致以诚挚的谢意。

史立梅

2020 年 7 月

目 录
CONTENTS

下篇　分　论

上篇
总论

第一章

未成年人刑事司法社会支持机制的理论基础

社会支持机制对于未成年人刑事司法的重要意义毋庸赘述，但未成年人刑事司法究竟需要什么样（what）的社会支持，谁（who）有责任建立社会支持体系，应如何（how）在界定国家与社会关系的基础上建立这样的支持体系，等等，这一系列的理论问题在我国目前的法学研究中并没有得到很好的解决。本章选取国外社会学、犯罪学研究中的社会支持理论、国家亲权理念、合作主义理论作为在我国建构未成年人刑事司法的社会支持机制的理论基础，以期解决上述基本理论问题。

第一节　社会支持理论

基于未成年人的身心特点和未成年人犯罪区别于成年人犯罪的特征，未成年人刑事司法应当秉持与成年人刑事司法不同的价值理念和价值追求，这在我国已经成了绝大多数人的共识。尽管如此，我国未成年人司法目前仍禁锢于成年人的刑事司法体系之内，除了法律上规定的不公开审理、社会调查、合适成年人、附条件不起诉、犯罪记录封存等适用于未成年人案件的特别制度之外，未成年人刑事司法与成年人刑事司法并无本质的区分，犯罪控制与人权保障依然是评价未成年人刑事司法制度优劣的主要理据，逮捕率、起诉率、有罪判决率依然是评价未成年人刑事司法工作实效的主要指标。在传统刑事司法体系的笼罩之下，我国未成年人刑事司法的主体主要是公安司法机关，尽管法律上要求未成年人司法应以“教育、感化、挽救”为方针，以“教育为主、惩罚为辅”为原则，但公安司法机关对涉罪未成年人的教育更多时候体现为传统的政治规训、思想教育和法律宣传，感化和挽救则基本体现为如“检察官妈妈”“法官妈妈”等个体司法工作人员对涉罪未成年人展现的人性关怀和关爱，因此整个未成年人刑事司法在总体上不过是比成年人刑事司法多了一些温情和宽缓。在这种状况之下，尽管个别地区在探索未成年人刑事司法中的社会参与机制，比如，设立观护基地，委托社工进行社会调查等等，但这些社会参与只能作为锦上添花般的存在，有之会显得未成年人刑事司法工作更加丰富多彩，无之也不影响未成年人刑事司法工作的照常进行。与近年来成年人刑事司法改革的全局性与全国性相比，未成年人刑事司法改革总是显得动力不足、后劲缺乏、进展缓慢。

我国未成年人司法没有经历过福利模式时期，儿童福利制度和儿童保护制度至今仍不健全，未成年人司法一直完全局限在刑事司法系统之内：一方面，对于涉罪未成年人既缺乏事前的有效保护和干预，也缺乏事后的有效社会融入机制；另一方面，在诉讼程序之内缺乏社会力量的有效参与和支持，从而导致法律规定的社会调查、附条件不起诉、合适成年人等制度在实践中没有得到很好的贯彻实施。造成我国未成年人司法形式大于内容的原因是多方面的，包括社会福利制度不健全，各地区经济、社会发展水平参差不齐，国家投入资源有限，政策供给不足等。但深层次的根本原因则在于整个国家和社会对未成年人司法的独特性与重要性仍重视不足，犯罪就要受到惩罚的传统观念依然左右着大多数人对未成年人司法的认识。近年来随着以审判为中心的刑事司法改革不断推进以及众多冤假错案频频曝光，刑事诉讼应当追求惩罚犯罪与保障人权的统一、避免冤及无辜的价值理念得到越来越多人的认同。但在未成年人刑事司法中，除了这些价值理念之外，更为重要的则是如何保护和帮助涉罪未成年人从犯罪的深渊脱身并真正回归到正常的人生轨道上来，而这个过程绝不仅仅是通过对涉罪未成年人予以正确定罪量刑就可以实现的。在犯罪学家眼中，犯罪是个人与社会之间联系的纽带薄弱或者断裂的结果，“社会联系是指一个人与传统社会之间的联系，也就是说一个人对传统社会的依附。社会联系由依恋、奉献、卷入以及信念等四个要素组成，这四个要素形成强大的抑制力。个人与社会的联系可以阻止个人进行越轨和犯罪，当这种联系或纽带薄弱时，个人就会无约束地随意进行犯罪行为”。[1]因此，对于涉罪未成年人而言，使其摆脱犯罪深渊的根本途径在于修复或者重建其与社会之间的联系，包括其与家庭、学校、邻里、社区、单位等之间的依恋关系、奉献关系、卷入关系以及信念关系，而这些关系的修复或重建只有依靠社会支持才能实现。社会支持理论正是回应了未成年人刑事司法的上述根本需求，并为未成年人刑事司法社会支持机制的建构奠定了坚实的理论基础。

一、早期的社会支持理论

社会支持（social support）最早出现于 20 世纪 60、70 年代的精神病学文献之中，学者在分析现代社会中各类压力对个体身心的影响过程中，发现社会支持对于个体身心健康的改善具

〔1〕 吴宗宪：《西方犯罪学》，法律出版社 2006 年版，第 386 页。

有重要作用。随后，该理论在社会学、心理学、精神病学等学科内获得广泛应用，并为犯罪学研究开拓出一个崭新的学术领域。[1]有关社会支持的概念，目前并没有形成统一的认识，有学者认为："作为持续的社会集合，社会支持为个体提供认识自我的机会，使个体对他人的期望得以维系，在社会集合中能够提供支持的他人在个体需要时，向他提供信息或认知指导以及实际的帮助和情感支持"[2]；也有学者认为："社会支持是指保护人们免受外界压力的不良影响的有益人际交往。"[3]学者林（Lin）从社会支持的提供者和类型角度对社会支持的概念进行了界定。他认为："社会支持是指社区、社会网络以及可信赖的伙伴等所提供的能够感知到的或者实际的工具性支持或者情感性支持。"[4]通过以上学者对社会支持概念的界定，社会支持理论下的社会支持概念有以下几个特征[5]：(1) 社会支持区别于单纯的给予或者交付，即人们接受社会支持并非以一种机械的方式，而是以一种解释、评价以及预期的方式。正如有学者所言："社会支持不仅是一种单向的关怀或帮助，它在多数情形下是一种社会交换，是人与人之间的一种社会互动关系。"[6]这是社会支持区别于慈善或者捐赠的根本之处。(2) 社会支持包括

---

〔1〕 高玥："社会支持理论的犯罪学解析与启示"，载《当代法学》2014年第4期。

〔2〕 Caplan G.，"The family as a support system"，In Caplan G. & Killilea M. (Eds.)，*Supportsystem and mutual help*：*Multidisciplinary explorations*，New York：Grune& Stratton，1974，p. 19.

〔3〕 Cohen S. & Mckay G.，"Social support，stress and the butFering hypothesis：A theoretical analysis"，*Handbook of psychology and health*，1984 (4)：pp. 253～263.

〔4〕 Lin，N.，"Conceptualizing Social Support"，In N. Lin，A. Dean，and W. Edsel (eds.)，*Social Support*，*Life Events*，*and Depression*，Orlando：Academic Press，(1986)，p. 18.

〔5〕 Francis T. Cullen，"Social Support as an Organizing oncept for Criminology：Presidential Address to the cademy of Criminal Justice Sciences"，*Just.*，*Q.*，1994 (11). p. 527.

〔6〕 程虹娟等："大学生社会支持的研究综述"，载《成都理工大学学报（社会科学版）》2004年第1期。

工具维度和表达维度两个方面，“工具维度将社会关系视为实现某一目标的工具，比如，找工作、获得贷款或者找保姆”〔1〕，学者沃克斯（Vaux）认为“工具性支持功能的发挥可以通过提供物质或者金钱的方式或者通过提供信息、提出建议、给予指导等方式来实现”〔2〕；而情感性支持“将社会关系本身视为目的，其包括分享感受、疏通挫败感、达成理解、肯定自我及他人的价值和尊严等”〔3〕。(3) 社会支持从主体上可以分为微观层面的支持和宏观层面的支持。微观层面的社会支持来自于存在亲密关系的个人，比如，父母、配偶或者朋友，宏观层面的支持则来自于社会网络、社区乃至更大的社会单元。(4) 社会支持包括正式的社会支持和非正式的社会支持，前者指来自于学校、政府援助项目乃至刑事司法系统的支持，后者则来自没有任何官方背景的社会关系中的个人支持。(5) 社会支持从来源上既包括来自正面的拥护社会的支持，也包括来自负面的反社会的支持。“拥护社会的支持指大众性的、合法的社会支持，如来自家庭、朋友、邻里和社会的支持；反社会的支持指对越轨行为或非法行为的支持，这种支持一般来自犯罪群体或组织。”〔4〕综上，社会支持是一个多面、复杂的综合性概念。

社会支持理论最早进入法学研究领域是通过美国学者库伦

〔1〕 Lin, N., "Conceptualizing Social Support", In N. Lin, A. Dean, and W. Edsel (eds.), *Social Support, Life Events, and Depression*, Orlando: Academic Press, 1986, p. 20.

〔2〕 Vaux, A., *Social Support: Theory, Research, and Intervention*, New York: raeger, 1988, p. 21.

〔3〕 Francis T. Cullen, "Social Support as an Organizing oncept for Criminology: Presidential Address to the cademy of Criminal Justice Sciences", *Just. Q.*, 1994 (11), p. 527.

〔4〕 Lin, N., "Conceptualizing Social Support", In N. Lin, A. Dean, and W. Edsel (eds.), *Social Support, Life Events, and Depression*, Orlando: Academic Press 1986, p. 20.

来实现的。1994 年库伦发表了论文《作为犯罪学组织性概念的社会支持》，首次将社会支持理论运用于犯罪学研究领域，并提出了 14 条社会支持有利于减少犯罪的理由，其中包括：来自社区的社会支持越少犯罪率越高，来自家庭的社会支持越多一个人犯罪的可能性越小，来自一个人社会网络的社会支持越多其犯罪的可能性越小，社会支持增加了违法者摆脱犯罪道路的可能性、对缺乏社会支持的预知将会提高其对犯罪的参与，给予社会支持将会减少对犯罪的参与，社会支持通常是有效社会控制的先决条件，一个支持性的犯罪矫正系统更能减少犯罪发生，社会支持有助于减少被害人化，社会支持有助于减轻犯罪受害人的痛苦等[1]。因此，社会支持不仅有助于犯罪预防，而且有助于犯罪矫正，是实现有效社会控制的根本途径。

二、犯罪学中的压迫理论与差别压迫理论

压迫是 20 世纪 80 年代西方犯罪学研究中出现的一个解释犯罪原因的概念。根据该理论创始人帕特森（Patterson）的观点，异常家庭交流和压迫性纪律模式是导致青少年触法行为的首要原因。不一致但却经常性的惩罚纪律形式会制造出家庭关系的压迫模式。这种压迫性交流往往包含着人身攻击，而这种攻击往往又是非人身性压迫交流方式逐渐积累的结果，比如，否定、批评、嘲弄、侮辱、抱怨、吼叫、威胁等，通过这些异常的家庭交流方式，压迫就会逐渐成为家庭或者非家庭单元中出现负面情况的首要习惯性反应。来自压迫型家庭背景的儿童很可能变为早期触法者，之后则很可能成为持续终生的违法犯罪人，而且一个产生于压迫性家庭关系中的儿童会将其压迫行为带入

---

〔1〕 Francis T. Cullen, “Social Support as an Organizing oncept for Criminology: Presidential Address to the cademy of Criminal Justice Sciences”, *Just. Q.*, 1994 (11), p. 527.

其他社会单元并在这些非家庭的社会环境中制造出他人的压迫性回应。2000 年学者卡尔文（Colvin）发表了差别压迫理论[1]，从而将压迫理论进一步升华。卡尔文提出了压迫的两个纬度即压迫的强度和连贯性，这样压迫就会以一种无常的或者持续的方式被体验。无常的压迫体验会导致与持续性压迫体验所不同的社会心理影响：无常压迫会导致产生指向他人的愤怒和降低自我控制程度，之所以产生愤怒是因为无常压迫会使人察觉更多的不公正和粗暴对待，之所以降低自我控制能力是因为在无常压迫下否定性刺激总是随机的，而不是作为可以预测的行为后果出现的。持续性压迫则会导致指向自我的愤怒以及基于对外界某种报复行为的持续恐惧而产生的刚性自我控制。卡尔文认为无常压迫是导向长期掠夺性犯罪行为的最大诱因。持续性压迫则较少导致犯罪行为，但也会较少导致亲社会行为以及容易出现精神疾病等问题。虽然持续性压迫在理论上可以预防犯罪，但想要在人际关系中保持这种持续性压迫其实是非常困难的，因为这需要对不服从行为进行全天候监控，而一旦这种全天候监控出现空白，这种持续性压迫就会体现为无常性压迫，因此持续性压迫的犯罪控制作用是短暂的。卡尔文还将压迫分为人际间压迫和个体内部压迫两大类，前者来自于父母、同僚等重要关系人为建立服从关系而采取的威胁、恐吓或者暴力。这种微观层面的压迫过程可能会诉诸武力或者威胁使用武力，也可能会采取剥夺或威胁剥夺社会支持的方式。个体内部压迫则产生于超出自己控制范围的社会结构性安排或者环境，比如，因为失业、贫困或者商业竞争失败所致的经济或者社会压力。因此，压迫体验既可能来自于微观的人际间的社会支持的剥夺，

〔1〕 Mark Colvin, Crime and Coercion, *An Integrated Theory of Chronic Criminality*, New York: St. Martin's Press 2000.

也可能来自于宏观的社会或者政府对社会支持的剥夺。

三、整合社会支持与压迫的差别社会支持和压迫理论

2002年，库伦与差别压迫理论的提出者卡尔文联名发表了论文《压迫、社会支持和犯罪：一个整合性理论》，在社会支持理论和压迫理论的基础上提出了一个“差别社会支持和压迫理论”，从而将社会支持与压迫概念加以整合〔1〕。

库伦首先借鉴卡尔文的差别压迫理论，对社会支持理论进行了进一步延伸，认为社会支持也可能会以持续性支持和无常支持两种方式出现。持续性社会支持会在接受者与提供者之间建立一种较强的信任关系。这种信任感会成为一种较强社会关系的基础并且转化成对他人的强烈道德责任，利他主义而非利己主义会成为个人行为的首要动机，这有利于犯罪预防。对来自他人可信赖的社会支持的体验会减少紧张和愤怒并产生很强的内部自我控制，因为人们知道他们的行为可以产生可预见的积极结果并带来更多的社会支持。而无常的社会支持意味着个体无法依赖来自他人或者社会机构的帮助。这并不意味着处于无常社会支持下的个体必然会感到压迫，但他们多少会感到不安全并且会拼尽全力守护自己。这种无法预计的社会支持状况会导致中等强度的愤怒并且降低自我控制能力，因为此时社会支持的供给并不取决于一个人的行为。在无常社会支持状态下，个体可以通过挖掘潜在社会支持资源以获得帮助，但这只能造就建立在自我利益谋算基础上的紧张社会关系，而不是建立在信任和对他人奉献基础上的良好社会关系。库伦还进一步提出了社会支持的差别来源理论，即社会支持既可能来自合法来源

〔1〕 Colvin, Mark, Francis T. Cullen, and Thomas V. Ven, “Coercion, social support, and crime: An emerging theoretical consensus”, *Criminology*, 2002 (40), p. 38.

也可能来自非法来源，如果人们被拒绝提供合法来源的社会支持，他们很可能会去寻求接受不合法的社会支持网络。而这些非法社会支持网络会给个体提供与各种犯罪行为有关的知识、技能、联系、角色、归属感以及社会地位，从而使个体积累犯罪资本，鼓励个体卷入更有技巧、有组织的各种犯罪活动。

在差别压迫理论和差别社会支持理论的基础上，库伦和卡尔文提出了“差别社会支持和压迫理论”，将持续性社会支持、无常性社会支持、持续性压迫、无常性压迫这四个基本范畴置于一个系统之内并解释了它们之间的相互关系。这一理论的基本模型如图 1〔1〕：

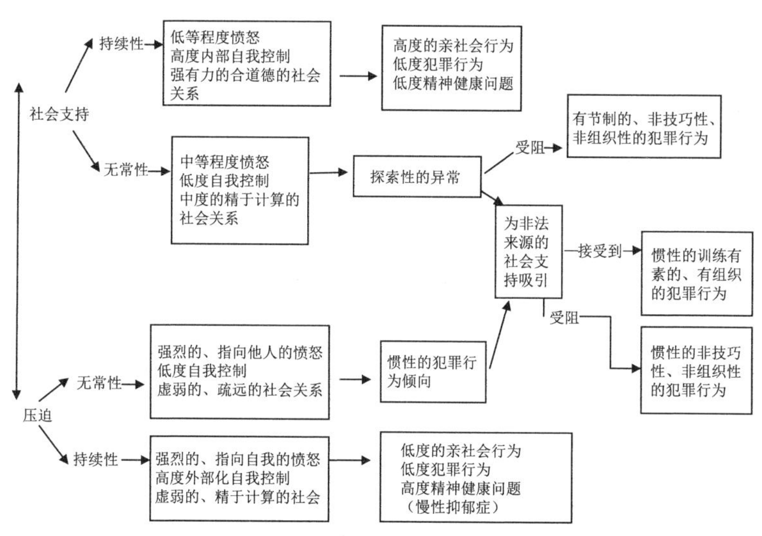

图 1 差别社会支持和压迫理论模型

图 1 充分体现了差别社会支持和压迫理论的基本思想，在

〔1〕 Colvin, Mark, Francis T. Cullen, and Thomas V. Ven, “Coercion, social support, and crime: An emerging theoretical consensus”, *Criminology*, 2002 (40), p. 38.

该图中，社会支持与压迫是一对呈反向关系的范畴：在宏观层面上，国家和社会提供的社会支持越多，人际间的压迫关系越弱，反之亦然；在微观层面上，社会支持能够弱化或者防止压迫体验，反之压迫则通常以剥夺或者威胁剥夺社会支持的方式出现。持续性的社会支持和持续性的压迫都有利于预防犯罪的发生，但是持续的社会支持能促使人们产生高度的亲社会行为并降低精神疾病的发生，而持续性的压迫则会降低人们的亲社会行为并引发高度的精神健康问题；无常性的社会支持和无常性的压迫都可能导致犯罪行为发生，且都会促使人们去寻求或者容易接近非法来源的社会支持。因此，库伦和卡尔文认为，为了预防犯罪的发生，好的社会政策必须提供持续性的、贯彻个体一生的来自家庭、学校和工作单位等合法来源的社会支持。这一理论对于刑事司法系统而言同样有效：通常我们对犯罪的下意识反应是采取压迫政策，虽然我们可以通过强化刑事司法控制对犯罪行为施以持续性的压迫，但一方面这种持续性压迫只能造就意志消沉的、抑郁的个体并为社会增加另一种负担；另一方面这种持续性的压迫实际上很难维持，除非我们能够建立起一套全天候的监控体系，然而这样的监控相较于我们所要预防的犯罪而言对人权的侵犯更严重。因此好的刑事司法和犯罪矫正政策也应当是在降低压迫的同时提高社会支持。这种政策必须包含建立一套清晰、持续并且公平、坚定的方案；对犯罪行为传递一种强烈的、持续的否定性信息；对良好行为持续性给予奖励；通过持续提供合法来源的社会支持以切断与犯罪网络的联系。在这个过程中，社会支持是关键因素，压迫只能作为最后手段，即只有持续性的社会支持未能产生服从效应后才能诉诸压迫手段。通过这个过程，个体就会知道结果的好坏完全取决于自己的行为，从而学会控制自己的行为以取得好的结果。

四、差别社会支持与压迫理论对我国未成年人刑事司法的启示

差别社会支持与压迫理论以社会支持和压迫分别对人的心理产生的影响为基础，分析了其与犯罪行为发生之间的关联性，并提出了什么是好的刑事司法政策和社会政策。该理论以持续性和无常性为分类标准对社会支持和压迫进行的差别化研究，弥补了之前社会支持理论的粗糙，大幅度增强了该理论体系的科学性和准确性。从影响对象的角度而言，该理论普遍适用于生存于社会之中的每一个人，包括成年人和未成年人，因此，可以将其作为一般性的社会政策和刑事司法政策的基础。但从心理成熟度和易受外在因素（包括社会支持和压迫）影响程度来看，这一理论对于针对未成年人的社会政策和刑事司法政策尤为重要，特别是在有限的社会资源不足以为全体成员提供持续性社会支持的情况下更是如此。笔者认为，差别社会支持与压迫理论对我国未成年人刑事司法的启示至少包括以下几个方面：

（一）识别社会支持与压迫的界分

从总体上来看，社会支持有利于犯罪预防而压迫则是导致犯罪发生的重要原因。准确识别社会支持和压迫的界分是制定有效社会政策和刑事司法政策的前提。一般来说，社会支持给人带来的心理影响是积极、正面的，其内在地包含着功能性支持和情感性支持两个层面，前者指提供物质或者非物质方面的帮助，后者则指通过沟通、分享感受等形成理解、自我肯定、尊重他人等社会关系。压迫给人带来的心理影响则是消极、负面的，其既包括直接使用暴力或者剥夺、威胁剥夺物质或非物

质方面的支持或者帮助，也包括使用否定、批评、嘲弄、侮辱、抱怨、吼叫、威胁等方法从而造成被压迫者抱有愤怒、冷漠、仇恨、抑郁等情绪。

未成年人刑事司法领域内的社会支持也应当包括功能性支持和情感性支持两个方面，前者指给涉罪未成年人提供必要的物质生活条件以及提供法律咨询、法律帮助、心理测评、社会调查、风险评估、医疗服务、知识教育、职业培训、非羁押性候审措施、非犯罪化处遇、非监禁性刑罚措施等方面的支持或者帮助；后者则指通过与涉罪未成年人进行沟通交流、分享感受、疏通挫败感等方式使未成年人理解自己过去行为的错误、尊重他人、肯定自我的价值等。未成年人刑事司法领域内的压迫则包括采取羁押、监禁、隔离等剥夺未成年人人身自由的候审或者惩罚措施。值得注意的是，无论是在社会领域还是在刑事司法领域，应特别警惕那些表面上打着社会支持的名义但实际上却属于压迫的做法或者措施，比如，父母、学校、社会福利机构等采用监禁、体罚、虐待、强迫等方式迫使未成年人服从，名义上虽是出于对未成年人的爱护、帮助和教育，但实际上从给未成年人带来的消极、负面的心理影响来看则属于不折不扣的压迫行为。

（二）识别持续性社会支持与无常性社会支持、持续性压迫与无常性压迫的界分

以持续性和无常性作为区分社会支持和压迫的标准是差别社会支持和压迫理论的精髓。不是所有的社会支持都是有助于犯罪预防的，也不是所有的压迫都会导致犯罪行为发生。持续性和无常性最根本的区别在于能否使人们在行为和结果之间建立起可预期的因果关系：持续性的社会支持能使人们在良好行为（即亲社会行为）和良好结果（即获得社会支持）之间建立

起可预期的因果关系，从而学会自觉控制自己的行为以获取预期的结果，持续性的压迫则能使人们在不服从行为和压迫结果之间建立起可预期的因果关系，从而尽量控制自己的行为以避免被压迫的结果。无常性的社会支持和压迫都具有非持续、无规律的特点，人们无法预期自己的行为会带来何种结果，只能通过功利算计以尽量争取获得社会支持或者保持一种冷漠、疏远的态度。由于控制自己的行为也无法得到预期的结果，久而久之，处于无常性社会支持和压迫下的人会逐渐丧失自我控制能力，甚至走上犯罪的道路。

区分持续性和无常性社会支持和压迫对于未成年人刑事司法极为重要。对待涉罪未成年人无论采取社会支持方式还是压迫方式，都应注意其持续性问题：为涉罪未成年人提供的社会支持应当是具有持续性的，贯彻刑事司法过程始终的，而不能是随机的、任意的、暂时的、无任何规律性的，否则无常性社会支持不但无法帮助涉罪未成年人摆脱犯罪、重返社会，反而会恶化未成年人的处境，加剧其反社会倾向，促使其再次走上犯罪道路。对涉罪未成年人采取的压迫也应当是持续性的，这不是说对涉罪未成年人的羁押或者监禁措施应保持持续不变，而是指对涉罪未成年人实施的违法犯罪行为（或者不服从行为）的否定性评价和处遇应当是一致的、同等的、具有持续性的，从而使未成年人能够在触法行为和消极压迫结果之间建立起一种可预期的因果关系，并学会通过控制自己的行为以避免消极结果的发生。如果对涉罪未成年人采取的压迫不具有持续性，比如同罪不同罚、发现违法犯罪行为而不予处理等，会导致涉罪未成年人产生司法不公正的感觉或者对国家司法机关权威性的蔑视，并且在违法犯罪道路上继续下去。

(三) 理顺持续性社会支持与持续性压迫在未成年人刑事司法中的关系

如前所述，持续性社会支持与持续性压迫都具有犯罪预防和矫正的功能，都能促使涉罪未成年人增强自我控制能力，但由于二者发挥作用的机理不同，其最终的社会功效完全不同：持续性社会支持有利于涉罪未成年人形成基于自觉自愿的自我控制，并造就具有高度亲社会行为和心理健康的人；而持续性压迫只能迫使涉罪未成年人不得不进行自我控制，并造就与社会疏离、意志消沉甚至抑郁的人。因此，从最终的社会效果角度来看，持续性社会支持应当成为未成年人刑事司法的首选政策。这也并不意味着单纯的持续性社会支持就足以完成未成年人犯罪预防和犯罪矫正的任务，对未成年人实施的违法犯罪行为应予以坚决的否定性评价，并且在必要的情况下对其采取羁押、监禁等压迫措施，从而使其能够在触法行为和消极结果之间建立起可预期的因果关系。因此在未成年人刑事司法领域，应当将持续性社会支持与持续性压迫有机结合起来，以持续性社会支持为首选和原则，以持续性压迫作为必要的最后手段。

(四) 警惕无常性社会支持和无常性压迫对于未成年人刑事司法的危害

无常性社会支持和无常性压迫都不利于未成年人培养自我控制能力，都有可能导致未成年人积极寻求或者接收来自非法来源甚至犯罪组织的社会支持，并因此而诱发其继续实施犯罪行为，因此在未成年人刑事司法的过程中，应特别警惕无常性社会支持和无常性压迫的危害，尽力避免采用不具有持续性的社会支持或者压迫的手段或者策略。这一点在我国目前的未成年人刑事司法过程中尤为重要。

一方面，由于我国尚未建立一套贯彻未成年人刑事司法过程始终的，具有普遍性、法制化的社会支持机制，为贯彻落实刑事诉讼法规定的全面社会调查、合适成年人、附条件不起诉、社区矫正等未成年人司法制度，在我国最高检法机关一系列规范性文件〔1〕的倡导下，许多地区都在以试点的形式对未成年人司法中的社会支持机制进行改革探索，有的地区采取政府出资购买社会服务的方式吸收社会工作者进行社会调查、担任合适成年人、负责附条件不起诉的监督考察工作等，也有的地区建立未成年人观护教育基地为被取保候审、附条件不起诉的涉罪未成年人提供监督、教育和帮助。这些改革探索对于建立未成年人刑事司法中的社会支持机制具有十分积极的意义，但由于缺乏国家力量的强制推动，同时基于经费、专业人员等方面资源的匮乏，这些探索仅局限于全国少数地区。而即便在试点地区，这些社会支持也并不能满足当地未成年人刑事司法的全部需要，很多情况下都是有选择地适用于某些个案，且仅局限于诉讼的某一个阶段而不能辐射整个司法过程。更有的地区基于政策调整或者资源紧张等原因，未能将改革探索继续进行下去，导致很多改革举措只是昙花一现便销声匿迹。这些不具有持续性的社会支持举措对于试点地区的司法公正和司法效率可能不会产生太大影响，但如果我们把视角转向曾经接受过社会支持但又因非本人原因而失去这些支持的涉罪未成年人的话，其后果可能是极为严重的，甚至有可能导致那些涉罪未成年人再次

〔1〕比如，最高人民检察院在2012年颁布的《关于进一步加强未成年人刑事检察工作的决定》、2013年颁布的《人民检察院办理未成年人刑事案件的规定》、2014年颁布的《关于进一步加强未成年人刑事检察工作的通知》、2015年颁布的《检察机关加强未成年人司法保护八项措施》；最高人民法院、最高人民检察院、公安部与司法部在2013年颁布的《关于依法惩治性侵害未成年人犯罪的意见》，与民政部在2014年颁布的《关于依法处理监护人侵害未成年人权益行为若干问题的意见》等都提出了吸收社会力量参与未成年人刑事司法的要求或意见。

走上犯罪的道路。根据差别社会支持和压迫理论，这种不具有持续性的社会支持甚至不如一直采取持续性压迫措施（羁押或监禁）更能培养涉罪未成年人的自我控制能力，更能预防其再犯罪。

另一方面，我国目前正在进行认罪认罚从宽制度改革，2018年《刑事诉讼法》也将认罪认罚从宽正式上升为法律原则，由于未成年人刑事案件并未被排除在认罪认罚从宽制度的适用范围之外（速裁程序除外），因此无论从理论上还是在实践中，选择认罪认罚的涉罪未成年人都能得到程序和实体上的从宽处理，这也就意味着认罪认罚的涉罪未成年人很快就能从刑事司法过程中的压迫环境下解脱出来，或者被采取了非羁押候审措施，或者被从轻处罚适用了缓刑、社区校正等非监禁刑。由于对压迫的摆脱仅仅是来自于认罪认罚的功利性选择，而不是建立在有持续性的社会支持帮助涉罪未成年人真正建立起自我控制和亲社会关系的基础之上，也不是建立在经过长期持续性压迫使得涉罪未成年人在犯罪行为和压迫结果之间建立起因果关系从而学会自我控制的基础之上，对其采取认罪认罚从宽的后果极有可能会造成涉罪未成年人对刑事司法权威性的藐视并轻易再次实施犯罪行为。

综上所述，从差别社会支持和压迫理论的基本观点出发，在我国未成年人刑事司法中建立持续性的社会支持系统是帮助涉罪未成年人真正回归社会、预防其再犯罪并使其成为身心健康的亲社会、合道德的人的唯一选择。同时，为了使涉罪未成年人能够在触法行为和消极结果之间建立起可预期的因果关系，羁押、监禁等压迫措施仍是必不可少的，其可以作为最后手段，在社会支持措施不足以促使涉罪未成年人服从的情况下而适用。而不具有持续性的社会支持探索和改革，以及对涉罪未成年人贸然适用认罪认罚从宽制度，可能会对原有的基于持续性压迫而形成威慑的未成年人刑事司法系统造成较大程度的破坏，其危害性应引起足够的警惕。

第二节　国家亲权理念

一、国家亲权理念的发展概况

国家亲权（parens patriae）一词来自于拉丁语，其字面上的含义即“国家家长”，传统的含义则是指国家居于无法律能力者（如未成年人或精神病人）的君主和监护人地位。[1]国家亲权理念是普通法系未成年人司法制度的一个重要基石，其原始概念最早可追溯至古罗马时期，但是现代意义上的“国家亲权”理念则来自于英国的“衡平法院”。最初，衡平法院在处理精神失常的成年人案件中开始援用“国家亲权”理念定案，并逐步延伸至未成年人，主张英王对所有未成年人案件拥有无可置疑的裁决权。当未成年人父母早亡却留下遗产时，国家便充当该少年的“代理父母”，介入托管这些财产直到未成年人长大成人。直至年满21岁，这些财产才会物归原主。若孤儿的监护人意图售卖前者财产，衡平法院则会予以审查并确定此举是否符合“儿童最佳利益”原则，但是衡平法院只能对那些照管不良的儿童行使拟制的亲权，而不能管辖涉罪未成年人，后者依然由刑事法院处理。[2]

如果说英国衡平法院时期的“国家亲权”法则尚只局限于民事领域，不涉及对触法少年的强制干预的话，那么到19世纪

〔1〕 姚建龙：《青少年犯罪与司法论要》，中国政法大学出版社2014年版，第123页。

〔2〕 张鸿巍：“‘国家亲权’法则的衍变及其发展”，载《青少年犯罪问题》2013年第5期。

的美国，这一理念便被越来越多地引入未成年人司法领域。1839年，宾夕法尼亚州最高法院通过“克劳斯案”判定，《权利法案》并不援用至未成年人，“国家亲权”法则提供了“国家干预未成年人生活而无须后者父母同意”的坚实基石。其认为州有权采取适当形式以保护未成年人免受自身与周边不利环境之害。法院援引“国家亲权”法则后认定在一定条件下将未成年人羁押在庇护所（即便其不得自行离开）即便没有通过陪审团审理也并不违宪。法院特别指出，当生身父母无法完成教养责任，或其教养质量不佳时，国家亲权将取而代之。通过“克劳斯案”，国家得以介入未成年人家庭，把未成年人从他们所处的存有各种问题的家庭和社区迁移出来，是一种克服消极影响并引导未成年人为社会多做贡献的有益尝试。在19世纪中期，美国一些法院也把“国家亲权”作为将不受管束的问题未成年人送进庇护所及教养院的正当理由依据。〔1〕

19世纪末20世纪初，美国兴起了建立少年法院的运动，1899年伊利诺伊州少年法院的建立标志着这场运动的开始，随后各州纷纷效仿，到20世纪20年代少年法院几乎遍布全美国。基于少年法院的福利性质，少年法院的司法目的经常被界定为非惩罚或者非刑事的，即发现目前的少年是否需要国家的特殊照管并对其适用适当的矫正措施。因此，少年法院既不提供大陪审团审查起诉程序，也不提供有罪答辩程序，陪审团审判程序也几乎不提供。由于这些少年法院在性质上既不属于惩罚性也不属于刑事性，因此其合宪性经常受到质疑。为解决合宪性问题，“国家亲权”经常被少年法院法援引作为其正当性基础。比如《伊利诺伊州少年法院法》就体现出了浓郁的“国家亲权”思想：少年法

〔1〕张鸿巍：“‘国家亲权’法则的衍变及其发展”，载《青少年犯罪问题》2013年第5期。

院以父母对待子女的特有方式切身践行着国家亲权，而少年法院的程序亦被设计用来加速将父母监护权移转至国家手中。〔1〕

从上述历史发展中可以看到国家亲权理念与未成年人司法制度的结合是在19世纪末的美国才得以实现的，其一再被提出和强调实际上是为了解决当时少年法院如何能够超越父母亲权且在不遵循美国宪法第十四修正案的正当程序条款的情况下而对罪错少年采取强制性的教育或矫正措施的合宪性问题。国家亲权理念从英国衡平法院针对孤儿的支持和保护发展到美国少年法院针对罪错少年的矫正和恢复，实现了未成年人司法历史上的一个重大跨越。这主要是基于对未成年人作为违法犯罪主体和成年人有着巨大差别这一问题的认识。比如，前者在身体上、心理上、道德上都不够成熟，其经常缺乏道德和理性判断的能力，因而在行为上经常具有冲动性且容易受外界环境影响。正是因为未成年人的犯罪行为比成年人具有更少的可责性以及针对矫正措施具有更大的服从性，才需要通过少年法院将他们从刑事司法领域分流出去。建立少年法院的目的就是拯救这些任性的未成年人并将其转化为负责任的公民，〔2〕因此少年法院的“恢复性”目的显然区别于刑事司法的“惩罚性”目的，这也是少年法院对于罪错少年行使国家亲权的正当性所在。

然而，理念上的恢复性目的并不代表实践中的真实情况。为实现对罪错少年的矫正和恢复，少年法院法官被赋予极大的采取个别化处遇的裁量权，许多罪错少年被少年法院法官裁决

---

〔1〕 转引自张鸿巍：“‘国家亲权’法则的衍变及其发展”，载《青少年犯罪问题》2013年第5期。

〔2〕 Barry Feld, “Race, Politics, and Juvenile Justice: The Warren Court and the Conservative ‘Backlash’ ”, MINN. L. REV. 2003 (87), pp. 1447, 1456～1457; Elizabeth Scott & Laurence Steinberg, “Blaming Youth”, TEX. L. REV. 2003 (81). pp. 799, 804～805.

送入专门的教养机构，其不但长时间与社会隔离，而且“待在拥挤、工作人员不足、高度警戒的机构里，几乎没有教育、职业训练、咨询、就业安置或者其他释放前的指导”[1]，因此，“实际上，少年法院常常并不是根据少年的最大利益来对待少年的，而是仅仅因为他们的罪过予以处罚”[2]。这就导致了未成年人司法实践对恢复性目的的偏离，并使得作为其根基的“国家亲权”理念受到来自正当程序理念的挑战和质疑。20 世纪 60 年代，随着激进派代表沃伦出任美国联邦最高法院首席大法官，美国掀起了一场轰轰烈烈的“正当程序革命”，在随后二十余年的时间里，沃伦法院将美国宪法第四、五、六、八修正案中的基本权利并入第十四修正案的正当法律程序条款之中，从而使《权利法案》的主要内容在各州均具有约束力。[3]在这场正当程序革命风暴中，少年法院司法程序也受到了极大影响，从 1966 年的“Kent 案”到 1984 年的“Schall 诉 Martin 案”，正当程序与国家亲权之间的关系一直是有关儿童权利争议的最核心问题。在这个过程中，一方面未成年被告人被赋予了一些最基本的正当程序权利，比如受到律师帮助的权利、被告知指控案件情况的权利等，但另一方面联邦最高法院也认为原有的少年法院程序的许多内容有其独特的价值并且不应当受到宪法权利的限制，比如在 1967 年的“Gault 案”中最高法院肯定了少年

---

〔1〕 Barry Feld, “Race, Politics, and Juvenile Justice: The Warren Court and the Conservative ‘Backlash’ ”, MINN. L. REV. 2003 (87), pp. 1447, 1456~1457; Elizabeth Scott & Laurence Steinberg, “Blaming Youth”, TEX. L. REV. 2003 (81), pp. 799, 804~805.

〔2〕 Barry Feld, “Race, Politics, and Juvenile Justice: The Warren Court and the Conservative ‘Backlash’ ”, MINN. L. REV. 2003 (87), pp. 1447, 1456~1457; Elizabeth Scott & Laurence Steinberg, “Blaming Youth”, TEX. L. REV. 2003 (81), pp. 799, 804~805.

〔3〕 有关正当程序革命的内容请参见樊崇义、史立梅等著《正当法律程序研究——以刑事诉讼程序为视角》一书，中国人民公安大学出版社 2005 年版。

法院不公开审理程序的价值并认为未成年人并不拥有获得公开审判的权利[1]；在1971年的"McKeiver案"中，最高法院则否定了未成年被告人有获得陪审团审判的权利[2]；而在1984年的"Schall诉Martin案"中，最高法院甚至运用"国家亲权"（或称家长主义）论证了预防性羁押在未成年人司法中的正当性，并提出未成年人的自由权利在适当的情况下应当让位于致力于保护和提升儿童福利的国家亲权[3]。因此，尽管受到来自正当程序理念的挑战，国家亲权理念下的恢复模式、个别化处遇等未成年人司法的核心要素仍然得以维持。

20世纪70、80年代，美国国内的少年犯罪呈现恶化态势，传统的基于国家亲权理念的福利型未成年人司法模式受到越来越多人的质疑。与此同时，以问题重重的教养机构为代表的个别化处遇在实践中也效果不佳，一些激进的学者甚至主张废除少年法院，主张把少年犯罪案件归由刑事法院管辖，少年身份罪错及无人抚养少年与被遗弃少年案件则归由社会福利机构管辖。[4]自20世纪70年代末期起，各州对待少年犯罪开始转向严罚趋势，如果说正当程序理念只是对基于国家亲权的未成年人司法体系起到一定的纠正和补充作用，那么这种严罚政策趋势则被认为是敲响了国家亲权哲学"在新时代的丧钟"[5]。从总体上看，这种严罚政策主要体现在以下几个方面：第一，降低少年法院管辖案件的最高年龄；第二，将严重的少年犯罪案

---

〔1〕 Gault, 387 U. S. at 22

〔2〕 McKeiver, 403 U. S. at 545.

〔3〕 Schall, 467 U. S. at 265.

〔4〕 参见姚建龙："美国少年司法严罚刑事政策的形成、实践与未来"，载《法律科学（西北政法大学学报）》2008年第3期。

〔5〕 CindyS. Lederman, "The Juvenile Court: Putting Research To Work for Prevention", *Juvenile Justice*, December 1999 (Ⅵ).

件通过少年法院的弃权程序转入刑事法院审判；第三，扩大对罪错少年特别是严重犯罪和暴力涉罪未成年人适用监禁的比率与时间；第四，对未成年人适用死刑；第五，少年法院的司法程序进一步成人化，这包括公开少年法院的庭审程序、公开少年法院记录、延长保存少年法院记录的时间等。值得提出的是，即便国家亲权理念在20世纪70年代以后的美国遭遇重创，但其终究并没有退出未成年人司法的舞台，少年法院也没有因此而消亡。“即便是在严罚主义最为昌盛时期，美国未成年人司法实践始终没有完全背弃传统未成年人司法的基本理念，严罚刑事政策主要适用于恶性涉罪未成年人和累犯少年，而对于轻微罪错少年仍然坚持甚至发展了传统未成年人司法的保护主义理念。”〔1〕

国家亲权理念在美国的发展历程充分展现了儿童福利、正当程序与儿童权利、公众及社会安全等价值目标在未成年人司法中的冲突和博弈。1995年的得克萨斯州《少年法典》就是这种冲突和博弈的产物。该法典提出少年法院的宗旨在于：“向公众及公共安全提供保护；向儿童的道德、心理及身体发展审慎提供关爱、保护；保护社区福利，控制儿童不法行为；尽可能促成以上目标于家庭环境中得以实现；提供简易司法程序，使得各方当事人都可获得公正听审及宪法性权利保障。”其中，为实现“向公众及公共安全提供保护”这一目标，该法典还明确少年法院应当推动“罪刑相一致”概念、适当时可消除儿童触犯一些不法行为的犯罪污点、提供基于强调归责性及父母与儿童责任的矫正、训练及复归。〔2〕事实上，只要承认涉罪未成年

---

〔1〕 转引自姚建龙：“美国少年司法严罚刑事政策的形成、实践与未来”，载《法律科学（西北政法大学学报）》2008年第3期。

〔2〕 张鸿巍：“少年司法语境下的‘国家亲权’法则浅析”，载《青少年犯罪问题》2014年第2期。

人与成年人存在心理和行为上的差异，国家亲权理念在未成年人司法中就有其存在的价值和必要，永远不会消亡。

二、国家亲权理念对我国未成年人刑事司法的意义

通过上述对国家亲权理念的发生发展过程的历史考察，笔者认为其对我国未成年人刑事司法的意义主要体现在以下几个方面：

（一）引入国家亲权理念，弥补我国未成年人刑事司法的先天不足

我国未成年人刑事司法并未经历过国家亲权理念阶段，其一开始便依附于成年人刑事司法体系。国家亲权理念自产生时起就是基于对未成年人的福利和保护，该理念指导下的未成年人司法不以定罪和处刑为目的，而是追求对罪错少年的矫正和恢复。尽管我国有针对涉罪未成年人的“教育、挽救、感化”方针和“以教育为主，惩罚为辅”的政策，但依附于成年人刑事司法体系的未成年人刑事司法终究难以脱离以惩罚犯罪、维护秩序为主要价值追求的诉讼目的观，而整个未成年人司法制度的设计也是以控制和惩罚犯罪为主，并未能充分体现出以教育为主的原则。我国2012年《刑事诉讼法》虽然借鉴了英美国家的制度经验，确立了未成年人刑事司法中的全面社会调查、合适成年人在场、附条件不起诉以及犯罪记录封存等制度，但“这些制度在其母国受国家亲权法则影响却是以非刑事程序运作和发展的”，[1]缺乏了相应的理念和福利制度基础，这些具体制度在实践中落地面临着各种各样的困难。因此，笔者认为，目前我国可以在充分认识涉罪未成年人与成年人差异性的基础

〔1〕张鸿巍：“少年司法语境下的‘国家亲权’法则浅析”，载《青少年犯罪问题》2014年第2期。

上，引进国家亲权理念以弥补我国未成年人刑事司法的先天不足，尝试建立以教育和矫正为首要价值目标的未成年人刑事司法体系。

（二）遵循儿童最佳利益原则，建立服务于教育和矫正目的的持续性社会支持体系

国家亲权是父母亲权的延伸，是国家在父母缺乏保护子女的能力以及不履行或者不恰当履行监护其子女职责的时候，超越父母的亲权而对未成年人进行保护和矫正，因此具有典型的福利特征，国家行使该项权利的时候应遵循儿童最佳利益原则行事。在刑事司法领域，儿童最佳利益原则要求立足于涉罪未成年人的矫正和恢复，将涉罪未成年人视为特殊需求群体提供保护与照顾服务，协助其摆脱不利环境，为其提供必需的教育训练，帮助其掌握重返社会的生活技能；关注其心理需求，通过为其提供情感支持，帮助其学会尊重他人、肯定自我价值，学会建立亲社会、合道德的社会关系；为其家庭、社区提供社会支持，帮助其父母或者监护人以及社区提升矫正和保护未成年人的能力，以便于家庭和社区承担起基本的矫正和保护义务。由是观之，国家亲权理念和儿童最佳利益原则对未成年人刑事司法的要求与社会支持理论不谋而合，因而建立以教育和矫正为目的的持续性社会支持体系就成了实现国家亲权和儿童最佳利益的根本路径。美国的触法少年教养机构从设置目的上是为了实现对触法少年的矫正和恢复，但其在实践中却偏离了儿童最佳利益原则，不但出现了很多侵犯儿童利益的情况，还在很大程度上造成了儿童与社会的隔离，从而使这些机构从社会支持主体沦为了变相的刑罚执行主体，这是对国家亲权理念的彻底背离。但是实践中的偏差并不代表国家亲权理念和儿童最佳利益原则本身存在问题，我国在引入国家亲权理念和儿童最佳

利益原则构建涉罪未成年人的社会支持体系的时候，应注意吸取美国司法实践中的经验教训，加强对未成年人观护教育基地等社会支持主体的监管，坚决杜绝打着保护和支持的旗号却侵犯未成年人权利的行为发生。

（三）注意国家亲权与程序公正价值之间的冲突协调与平衡

尽管基于未成年人特有的身心特点有必要引入国家亲权理念并建立以教育和矫正为首要价值目标的未成年人刑事司法体系，但无论是以矫正为目的还是以惩罚为目的，都需要建立在准确认定未成年人涉嫌实施的犯罪事实的基础之上，都不允许出现冤枉无辜的情况。因此未成年人刑事司法的过程也应遵循程序公正原则，依法保障未成年犯罪嫌疑人、被告人的诉讼权利。具体而言，这种程序公正至少包括以下内容：①依法保障涉罪未成年人获得律师帮助的权利；②严禁对涉罪未成年人采取刑讯逼供、威胁、引诱、欺骗等非法讯问方法，对于通过上述方法获取的有罪供述应严格予以排除；③依法保障涉罪未成年人参与诉讼的权利，在诉讼各个阶段应以其能够听得懂的语言告知其指控的性质和原因以及各项诉讼权利，给予其充分发表意见或者见解的机会；④未依法证实有罪之前，应有权被视为无罪，等等。作为与程序公正价值的协调和平衡，考虑到未成年人的身心特点，基于保护未成年人的目的，国家亲权理念对未成年人刑事司法程序还有一些特殊要求，比如，司法人员专业化、全面社会调查、讯问时法定代理人或者其他合适成年人到场、审理程序不公开、犯罪记录封存等。上述两方面的程序要求均旨在保障涉罪未成年人的合法权益，应力求达到协调统一，尽量减少冲突。

（四）注意国家亲权与秩序价值之间的冲突协调与平衡

在国家亲权理念之下，未成年人刑事司法应以教育和矫正作为首要价值目标，但这并不意味着对涉罪未成年人的放纵，未成年人刑事司法也应满足国家和社会对安全和秩序价值的需要。我国刑事司法中一直存在宽严相济的刑事政策，该政策对未成年人刑事司法同样适用。对于那些罪行较轻微、社会危险性和人身危险性较小的涉罪未成年人，应尽量采取非罪化处理或者采取非羁押、非监禁措施，充分发挥社会支持机构或者社区的教育、矫正功能；但对于那些罪行比较严重或者有累犯情节、社会危险性和人身危险性较大的涉罪未成年人，当罚则罚。但值得提出的是，即便对其采取了羁押、监禁等措施或刑罚，也不应完全放弃国家亲权理念的关照，仍应给予其获得矫正和修复的机会，为其提供有利于将来重返社会的教育、培训等各种社会支持措施。此外，在判断对哪些涉罪未成年人应当采取羁押、监禁措施或者刑罚时，不应只考虑罪行和犯罪情节，而应当在全面调查涉罪未成年人情况的基础上对其社会危险性和人身危险性进行科学的风险评估，并根据评估结果作出个性化的处理方案。这不仅有助于实现对涉罪未成年人的教育、矫治、处罚的精确化，也有利于限制司法人员的自由裁量权。美国少年法院法官几乎不受限制的自由裁量权多年来一直为人所诟病，并因此而危及了少年法院自身的生存，此实为前车之鉴，而颇具科学精神的风险评估机制正是解决未成年人司法过程中的个别化处遇需求与司法人员自由裁量权过大之间矛盾的一剂良药。自 20 世纪 90 年代以来，美国安妮凯西基金会研发的针对未成年人审前羁押的风险评估工具（Risk Assessment Instrument，RAI）、英国少年司法委员会（YJB）研发的风险评估工具 Asset 和 Asset Plus 已经在未成年人刑事司法中发挥了巨大威力。比如，英国未成年人司法委员会 2017-2018 年度报告最新数据显示：与十年前相比，英格兰地区监禁未成年人的数量下降了 69%，而未成年人再犯罪的比例则下降了80%。[1]

第三节 合作主义理论

前述社会支持理论揭示了社会支持系统对于未成年人刑事司法不可或缺的重要价值，而国家亲权理念则揭示了国家作为责任主体在未成年人刑事司法中不仅有义务建立起服务于教育和矫正目的的持续性社会支持体系，而且应注意将国家亲权与程序公正、社会秩序和安全等价值目标相协调。但上述两个理论均不能解决国家如何整合各种分散的社会资源，使之成为一个目标一致、利益协调、减少冲突、富有效率的有机体并将之与传统的以警、检、审为核心的司法系统相衔接的问题。由于未成年人刑事司法牵涉众多的组织和机构，比如，除了刑事司法机关之外，还有包括医疗、教育、卫生、福利部门、社区、社工、企业等在内的各种政府机构或者非政府机构。这些机构都有各自的利益诉求，如果没有有效的资源整合机制和与刑事司法系统之间的有效衔接机制，未成年人刑事司法必将进入一个以个案协调为出路的低效率运作模式，这种运作模式虽然能够产生一些看上去效果不错的案例，却无法为整个未成年人刑事司法系统提供充足的支持和养分。如何解决未成年人刑事司法中国家与社会的关系，如何有效率地链接众多分散的社会资源，如何将社会支持系统与刑事司法系统进行有机衔接，是未成年人刑事司法必须解决的问题。

---

〔1〕 Youth Justice Board Annual Report and Accounts, 2017 to 2018, https://assets.publishing.service.gov.uk/government/uploads/system/uploads/attachment_data/file/726302/YJB_Annual_Report_and_Accounts_2017-18.pdf, pp. 14, 15, 最后访问日期：2020年7月14日。

如果仅将惩罚犯罪和正当程序视为刑事司法追求的终极目的，那么封闭的以警、检、法等机关为主体的刑事司法体系，无需与其他政府机构或者社会机构产生联系，但如果将刑事司法置于犯罪预防和社会秩序维护的宏观视野之下，那么刑事司法机关根本无法做到独善其身，那些被采取宽缓措施（比如不起诉、缓刑、非监禁刑措施）的嫌疑人、被告人，若无后续的监督教育机制，极有可能会走上再犯罪的道路。特别是在未成年人司法中，以恢复性为目的的司法过程必然需要刑事司法机关与其他政府部门和社会机构的通力合作。此时如果不能打破机构间的交流障碍和壁垒，整个未成年人司法过程将会耗费大量的时间成本和人力资源用于机构间的沟通和协调。专业化、职能分工、机构独立、责任明晰在现代社会固然是必要的，但在未成年人司法领域如果过于强调这种条块分割，其结果注定是悲剧性的。美国学者约翰·穆德（John Mudd）早在1984年就在其著作《邻里关系服务》（*Neighborhood Services*）中以“老鼠问题”来类比这种机构间条块分割、缺乏合作的状况：“如果在一间公寓中发现了老鼠，那么这是房屋检查管理部门的责任；如果这只老鼠跑进了饭店里，则属于卫生防疫部门的管辖范围；而一旦这只老鼠跑出去并死在大街上，市政工程部门就应当予以接管。复杂的分工造成了极大的困惑和混乱。”[1]约翰·穆德将这种机构间的隔阂（gaps）称为“利益协调问题（co-ordination problem）”——包括刑事司法在内的当代公共服务系统最基本的缺陷。解决这一问题需要运用管理学思维，合作主义理论在这方面具有无与伦比的价值和意义。

---

〔1〕 John Mudd, *Neighbourhood Services*, New Haven: Yale University Press, 1984, p. 8.

一、合作主义的基本理论观点

合作主义（corporatism）也被称为统（组）合主义、社团主义或者法团主义[1]。20世纪上半叶，尤其是在两次世界大战期间，这一词语与法西斯统治相联系，之后又成为配合独裁政治的治理形式，如在萨拉查统治时期（1932-1968年）的葡萄牙和佛朗哥统治时期（1939-1975年）的西班牙，通过社团主义的实践而将整个社会纳入极权国家之中。此时的社团主义成为实现集权控制的工具，因而最初的社团主义往往受到警惕和排斥。20世纪70年代以后，社团主义又恢复了在政治理论中的名誉，它成了民主国家为解决自由主义与多元主义的困境而进行的尝试，通过社会团体组织介入公共决策过程，弥补了个人主义与议会政治的不足。[2]为与以往和独裁相联系的社团主义相区分，兴起于20世纪70年代的合作主义又被称为新合作主义。

新合作主义理论由美国学者菲利普·施密特在1974年提出。根据施密特的观点，合作主义是一个利益代表系统，“这个利益代表系统由一些组织化的功能单位构成，它们被组合进一个有明确责任（义务）的、数量限定的、非竞争性的、有层级秩序的、功能分化的结构安排之中。它得到国家的认可（如果不是由国家建立的话），被授权给予本领域内的绝对代表地位。作为交换，它们的需求表达、领袖选择、组织支持等方面受到国家的一定控制”。[3]然而，在合作主义提出的二十多年时间里，施密特有关合作主义的上述描述究竟是什么含义并没有在学术上达

[1] 翟桂萍：“社区共治：合作主义视野下的社区治理——以上海浦东新区潍坊社区为例”，载《上海行政学院院学报》2008年第2期。

[2] 申建林：“西方社团主义的利益调整模式”，载《国外理论动态》2010年第1期。

[3] 转引自张静：《法团主义》，中国社会科学出版社1998年版，第25页。

成一致意见。从总体上看，学者们对这一词语的运用基本上可以分为三个层面：一是作为一种经济制度，与资本主义、社会主义、封建主义并列；二是作为一种国家形式；三是作为一种利益协调体系。〔1〕大多数学者是在第三个层面运用合作主义一词的，比如《布莱克维尔政治学百科全书》即把合作主义描述为："社团主义既不是一种完备的政治制度，也不是一种国家形式，而是一种不同于多元主义的利益调解形式或利益调整模式。"〔2〕

作为利益协调体系的合作主义包括以下核心观点：第一，有国家参与，社会参与则以功能团体的形式出现，它们互相承认对方的合法资格和权利；第二，它的中心任务是将社会利益组织、集中和传达到国家决策体制中去，因而它代表着国家与社会的一种结构联系；第三，进入决策过程的社会利益团体是非竞争的关系，对相关的公共事务有建议、咨询责任；第四，进入决策过程的社会团体数量是限定的；第五，体系内的组织以层级秩序排列，并在自己的领域内享有垄断性的代表地位；第六，作为交换，对这些团体的领袖选举、利益诉求和组织支持等事项，国家有一定程度的管制。〔3〕综上，合作主义"意味着一方面社会中分散的利益诉求按照功能分化的原则组织起来，参与到政策形成的过程中去；另一方面从这种制度化的参与机制中，政府权力获得稳定的支持来源和控制"〔4〕。通过以上对合作主义基本观点的考察可知，合作主义作为一种利益协调模

〔1〕 Adam Crawford, *The Partnership Approach to Community Crime Prevention: Corporatism at the Local Level*, Soc. & Legal Stud. 1994 (3), p. 497.

〔2〕 ［英］戴维·米勒、韦农·波格丹诺编：《布莱克维尔政治学百科全书》，中国问题研究所、南亚发展研究中心、中国农村发展信托投资公司组织翻译，中国政法大学出版社 1992 年版，第 175 页。

〔3〕 马建斌："新合作主义评析及其适用性"，载《党政论坛》2008 年第 7 期。

〔4〕 马建斌："新合作主义评析及其适用性"，载《党政论坛》2008 年第 7 期。

式致力于解决国家和社会之间的关系问题："在合作主义的视野中，国家与社会是一种协商、合作的关系，民间组织不但是国家整合社会利益的管道，而且国家也透过民间组织汲取社会资源。"〔1〕

新合作主义思想作为一种理论观点，既是学者们对20世纪70年代以来欧洲国家在利益调整、政策制定方面不同程度地存在的合作主义举措进行的理论概括和提炼，同时也为国家与社会关系的治理提供了一个有效模型。特别是在20世纪90年代新自由主义经济政策作为欧美国家和城市治理的基本理念造成了大资本与强权政治结合而产生的行业垄断，对地方政府、中小型私营企业和各个不同利益集团的排斥，加上较高的失业率等一系列严重问题，引起社会各阶层的不满，在这种背景下，主张国家适度干预、在政府与社会之间建立互相信任的合作机制的新合作主义受到前所未有的青睐与重视，并成为欧洲许多国家和城市发展的"第三条道路"〔2〕。以英国为例，1994年7月当选为工党主席的布莱尔就以"第三条道路"努力塑造一个"新工党"形象，并于1997年使工党赢得大选。值得提出的是，英国工党不仅以新合作主义作为城市治理的基本模型，而且也将其贯彻在国家与社会治理的各个方面，其中当然包括了犯罪预防和犯罪控制领域。1998年英国《犯罪与社会失序法》出台，相比之前福利导向的未成年人司法，该法最显著的特征是为整个未成年人司法体系建立了统一的法定原则和目标，即预防儿童和青少年的犯罪行为。根据该法令，地方政府具有预防

〔1〕 翟桂萍："社区共治：合作主义视野下的社区治理——以上海浦东新区潍坊社区为例"，载《上海行政学院学报》2008年第2期。

〔2〕 所谓"第三条道路"是一种介于强调"国家控制、高税收和维护生产者利益的"左派思想和"主张狭隘的个人主义和自由市场经济能够解决任何问题"的右翼自由放任主义之间的中间道路。参见英国前首相布莱尔在1998年9月27日的《华盛顿邮报》发表的题为"第三条道路是最好的道路"的文章。

少年犯罪的职责，需要制定每年的未成年人司法计划，并负责组建多机构合作的青少年犯罪小组（YOT）。多机构合作策略充分体现了新合作主义理念，其强调以社会机构之间的合作协调来应对犯罪和社会失序问题。英国学者杨（Young）认为由于不同政策和机构，不能独自完成犯罪的控制，他们往往资源不够或者相互之间由于理念不同而存有矛盾。没有一种正式固定的程序可以应对所有的犯罪，因为不同的犯罪需要不同的应对策略。不仅仅是警察、皇家监控署和法院涉及的刑事司法系统，其他的社会机构也可能在这个程序中的某个特殊阶段起着重要作用。比如，在应对被指控盗窃和儿童虐待上就有很大的不同，他认为任何控制社会犯罪的干预措施都应该与在犯罪程序中相关的所有机构的有关，在少年犯罪领域更是如此。[1]以青少年犯罪小组的组成为例，根据《犯罪与社会失序法》的要求，该组织至少应该包括以下成员：1名地方政府社会服务局的社会工作人员、1名警察、1名缓刑委员会的官员、1名本地区教育局指定的教育官员以及1名本地区医疗机构指定的健康专员。而上述成员只是该法规定的最低限度的要求，此外还可以包括地方政府在与警察局、缓刑委员会或者医疗机构协商后选派的其他专业人员。

二、作为未成年人司法模式的合作主义

合作主义倡导国家与社会机构之间的利益协调和基于互信基础上的合作，其为解决未成年人犯罪预防和未成年人司法中国家与社会的关系提供了一个很好的理想模型。较之完全依赖于社会福利组织的“福利”模式和强调以国家司法机关为主体的“司法”模式，合作主义有利于发挥二种模式之长处且有效

〔1〕 Jane Pickford & Paul Dugmore, *Youth Justice and Social Work* (2th Edition), SAGE Publications Inc. 2012, p. 82.

避免其固有的劣势。因此，合作主义可以被视为是“福利”模式和“司法”模式之外的第三种未成年人司法模式。合作主义未成年人司法模式是英国学者约翰·帕拉特（John Pratt）于1989年在《英国犯罪学杂志》发表的论文《合作主义：未成年人司法的第三种模式》中首次提出的。在分析英国未成年人司法的“福利”模式和“司法”模式各自弊端的基础上，约翰·帕拉特认为英国现行的以多机构合作为主要特征的未成年人司法其实是一种合作主义模式。为使得三种模式的特征更加直观，约翰·帕拉特以表格的形式进行了归纳[1]，通过这一表格，我们可以清楚地看到合作主义模式在实现犯罪预防政策、促使触法青少年回归社会方面具有的独特价值及该价值得以产生的机理：

表1　福利、司法、合作主义三种模式比较

参数	福利模式	司法模式	合作主义模式
特征	非正式 一般转介 个性化处遇 不定期处置	正当程序 犯罪 最小限制替代措施 定期刑罚	行政性决策 犯罪 从法院/监禁中转处 替代性照管/监护项目
关键角色	儿童照管专家	律师	未成年人司法专家
关键机构	社会工作部门	法律机关	多机构间结构
任务	诊断	惩罚	系统干预
对当事人行为的理解	病态	个人责任	非社会化
干预目的	提供治疗	制裁行为	再培训
目标	回应个人需求	尊重个人权利	政策实施

〔1〕 John Pratt, “Corporationism: The Third Model of Juvenile Justice”, *Brit. J. Criminology*, Vol. 29 (1989).

表1充分体现出了福利模式、司法模式与合作主义模式之间的差别：福利模式将触法青少年视为一种病态的体现，为矫治这个“生病”的未成年人，福利模式通过社会工作部门等福利机构的儿童照管专家对其进行个别化、有针对性的治疗。但整个矫治过程是秘密、非正式的，而且采取的处遇措施没有固定期限。司法模式则将目光集中于触法青少年的犯罪行为，认为其实施此类行为完全取决于其个人主观意志，因此应当对其承担个人责任。司法模式的目的是制裁青少年的犯罪行为，其通过警察、检察官、法官等法律机关以正当程序方式追究并惩罚涉罪未成年人，整个司法程序以尊重个人权利的方式展开，律师在这个过程中起到了十分关键的作用，被定罪的未成年人一般被处以有固定期限的刑罚措施。合作主义模式则将青少年的犯罪行为视为一种非社会化的体现，为促其重返社会，合作主义模式倡导司法机关、政府部门、社会福利机构采取合作的方式对涉罪未成年人进行系统干预，即采用转处措施将涉罪未成年人从正式的法院程序或者羁押监禁状态中转出，并对其采取各种替代性照管措施或者监护项目，通过进行再培训使其将来能够顺利回归社会。为协调各合作方在未成年人司法过程中的利益，提高未成年人司法效率，合作主义模式倡导多机构间合作组织采取行政性决策的方式作出各种决定。合作主义模式的最终目标是促使预防青少年再犯罪等国家或社会政策得以顺利实施。

近年来，随着我国刑事诉讼制度在人权保障和程序公正建设方面的进步，未成年人诉讼程序的公正性也日益得到加强。除了具备普通刑事诉讼的特征之外，我国未成年人司法还具有一些特别的程序和制度，比如，全面社会调查原则、合适成年人在场制度、附条件不起诉制度、犯罪记录封存制度等，从而使我国未成年人司法具有了一定的社会性和福利因素，吸收社会力量参与未成年人司法越来越得到重视和强调。但是，正如前文所述：一方面，由于我国的社会福利制度起步较晚，尚不健全，青少年救助方面的社工和民间组织也不发达，难以为未成年人司法提供普遍、充分的社会资源支撑；另一方面，即便是在诸如北京、上海、江苏等经济发达地区，在地方检法机关尤其是检察机关的探索和努力下，尝试联合司法行政部门、民政部门、工、青、妇联等群众组织以及社会工作者等建立未成年人司法的合作机制，但囿于政策、法律地位、资金、各自不同的利益追求等各方面的掣肘，难以取得实质性突破和进展。时至今日，随着我国对未成年人权益保护问题的日益重视，对未成年人司法的独特性认识的日益加深，未来未成年人司法摆脱成人刑事司法体系而获得独立应当是必然趋势，因此，采取何种模式来解决未成年人司法中国家与社会之间的关系问题应成为我国立法者当下必然要考虑和解决的根本性问题。完全的福利模式对我国而言既不具备实现的基础也因其自身的固有缺陷而失去了必要性；纯粹的司法模式则因无法有效解决司法机关与社会支持机构之间的关系定位问题而导致衔接不畅、效率低下、社会参与形式化等种种问题。合作主义模式为我们提供了一条解决问题的新思路，其不仅能够有效解决国家司法机关、地方政府、社会机构、民间组织、社区等多方力量在未成年人司法中的关系问题，而且有利于推动儿童福利制度的建设以及民间组织自身的培育与发展，并逐渐改变我国未成年人司法领域一直存在的“强国家、弱社会”的基本格局，最终建立未成年人公共事务治理的强国家、强社会，国家（司法）与社会良性互动合作的发展模式。

三、合作主义对我国未成年人刑事司法的启示

（一）合作主义对推动我国儿童福利制度的建设以及相关民间组织的培育与发展具有独特价值

1. 合作主义对我国儿童福利制度建设的价值

发达的儿童福利制度不仅有助于预防和减少未成年人的违法犯罪行为，而且可以为未成年人司法提供强有力的社会支持，比如，为触法或者临界少年或未成年被害人尽早提供心理干预、社会救助、安置辅导、保护管束、社会帮教和治疗等。但是由于我国儿童福利制度起步较晚，且一直以孤残儿童、流浪儿童等特殊儿童为主要救助对象，尚未建立普惠型儿童福利体系，因此包含医疗、康复、文化教育、心理等在内的发展取向的儿童福利服务非常欠缺，遑论惠及未成年人司法的实际需要。如果仅从未成年人司法的需要出发，要求建立以临界少年或者触法少年为救助对象的特殊儿童福利体系，在目前的中国会面临众多基于道德和伦理方面的指责，毕竟绝大多数正常儿童尚不能享有各种福利待遇。因此，从逻辑上来讲，针对临界或者触法少年的福利安排必须建立在普惠型儿童福利模式的基础之上。

"依据供给主体的不同，儿童福利立法模式有福利国家式和社会参与式两种。前者把国家（政府）作为全体儿童享有广泛儿童福利服务的主要或唯一供给主体，后者则强调儿童福利服务供给主体的多元性，尤为注重国家、社会和家庭职责的划分与协同。"〔1〕一直以来，我国儿童福利政策都非常强调政府的作用，但这种过度依赖国家的福利供给模式对于普惠型福利体系的建立而言，极容易"导致国家财政不堪重负，国民过度依赖

〔1〕 吴鹏飞："中国儿童福利立法：时机、模式与难点"，载《政治与法律》2018年第12期。

政府，反而影响儿童福利供给的效率，一定意义上减损了儿童享有的福利待遇”。〔1〕20世纪90年代以来西方福利国家普遍面临的福利危机已经充分说明过度依赖国家供给的福利制度之弊端。以瑞典为例，作为福利国家的典型代表，儿童福利向来被视为是政府的职责。特别是第二次世界大战以来，瑞典的儿童福利水平一度发展至福利国家的顶层，被誉为“儿童天堂”。但是自20世纪90年代以来，随着瑞典福利国家的建设陷入危机，儿童补贴在经历了为了弥补财政赤字而主动削减继而囿于社会舆论压力而被迫提高后，执政党面对社会保障制度调整所带来的各种社会问题，逐渐认识到社会企业在分担福利供给责任方面的重要性。因此，政府与社会企业的合作以及社会企业内部的合作逐渐成为合作主义文化在瑞典儿童福利责任主体方面的重要表现，其中政府与社会企业的合作被视为国家与社会在儿童福利领域良性互动的典型。〔2〕因此，有西方国家的前车之鉴，我国宜抛弃以国家为唯一或主要供给主体的福利国家思路，采取体现合作主义思想的社会参与式福利供给模式，建立国家（政府）、企业、社会组织、家庭等多元参与的普惠型儿童福利体系。

2. 合作主义对相关民间组织培育与发展的价值

未成年人刑事司法社会支持的落地离不开社工、心理专家、教育工作者、社会志愿者等个体，但如果这些参与者仅以个人身份参与其中，缺乏维系和沟通政府与个人之间联系的中间组织，则不仅其个人利益难以得到有效维护，而且还会增加政府

〔1〕 吴鹏飞：“中国儿童福利立法：时机、模式与难点”，载《政治与法律》2018年第12期。

〔2〕 耿爱生、纪拓：“瑞典合作主义文化与儿童福利发展”，载《社会福利（理论版）》2017年第9期。

或司法机关与这些原子化的个人之间的沟通、交流成本，同时也不利于整个社会支持体系的顺畅运转。“民间组织的广泛建立使政府逐步从社会领域里的直接操作性事务中脱身出来，建立、培育和扶持民间的社会组织去承担各种社会职能，从事各项社会服务活动。”〔1〕然而，长期以来，我国的民间组织处于国家的严格监管体系之下，除了一些政府职能机构转化而来的官方或半官方民间组织之外，比如，中国青少年发展基金会、中国慈善总会、中国人口福利基金会等，完全生长于民间的非政府儿童服务组织或机构受到严格管控，包括《社会团体登记管理条例》《民办非企业单位登记管理暂行条例》《基金会管理条例》等行政法规对民间组织的建立规定了极为严格的条件。因此，在现有的强国家、弱社会，社会组织依附于政府的格局之下，一味强调市民社会的壮大和民间组织的自主发展，显然失之于激进和不切实际。

合作主义对于解决我国民间组织的培育和发展所面临的困境具有十分独特的价值。一方面，合作主义本来就是致力于解决国家与社会组织而非个人之间的关系，“合作主义正好探讨的是组织化利益团体和国家的关系，可以把原子化的个人有机的组织到各类组织中，成为国家与公民沟通的桥梁”〔2〕。因此，合作主义虽倡导国家与社会之间的合作，但绝不是以将个人纳入国家体制之中的方式，比如，给予社工、心理专家、教育专家等以检察官或其他司法人员的身份，而是通过与这些个体所在的各种专业民间组织形成顺畅的沟通、交流、合作机制，这样

〔1〕 邓伟志、陆春萍：“合作主义模式下民间组织的培育和发展”，载《南京社会科学》2006年第11期。

〔2〕 邓伟志、陆春萍：“合作主义模式下民间组织的培育和发展”，载《南京社会科学》2006年第11期。

既能保证对未成年人刑事司法持续不断的社会支持供给，又能吸收更多的社会资源加入其中，同时也避免了专家个人与国家机关之间既繁琐有时也难免尴尬的直接交流（比如，在涉及个人利益方面），保证专家能够全身心投入对未成年犯罪嫌疑人、被告人的社会支持工作之中。从这方面来看，合作主义对民间组织的培育和发展是积极倡导并且起推动作用的。另一方面，合作主义也有利于解决在我国强国家、弱社会的现状下民间组织发展受到较大限制的问题。与市民社会理论不同，合作主义“反对国家与社会两分的观点，而是一条国家与社会相互赋权的路径，认为国家与社会双方主动寻求建立公私伙伴关系以治理公共事务，最终达到强国家、强社会的发展模式”〔1〕，为保证国家与社会的和谐有序发展，合作主义强调重视国家（政府）的作用，其“反对将政府看作是中性的、无所作为的组织，他们认为政府是代表公共利益的自主性组织，它以全局利益为重从而超越于各种利益群体之上，并通过利益平衡机制协调利益竞争”〔2〕。从前述合作主义的基本观点来看，国家与民间组织是一种互利又协作的关系：从国家利益的角度来看，哪些民间组织能够得以进入政策决策和实施过程，由利益协调者——国家（政府）来决定，国家承认民间组织在其行业中的权威性，这种保护使得民间组织能够行使其具体职权。此外，对于民间组织的领袖选举、利益诉求和组织支持等事项，国家均有一定程度的管制。从民间组织的角度来看，其作为联系国家与公民个体之间的桥梁和中介机构，既代表了个体成员的利益又协助政府

〔1〕邓伟志、陆春萍：“合作主义模式下民间组织的培育和发展”，载《南京社会科学》2006年第11期。

〔2〕马建斌：“新合作主义评析及其适用性”，载《党政论坛》2008年第7期。

减少了竞争中的冲突，因此，其有机会以合法身份和地位进入国家的决策体制之中，并获得正常参与公共事务的渠道以及利益需求方面的保障。

综上，合作主义既重视民间组织的培育与发展，又强调国家在利益协调方面的积极作用，免除了国家因民间组织的蓬勃发展而最终导致出现强社会、弱国家状态的担忧，对于解决当下中国因民间组织发展而面临的国家与社会关系的两难困境具有不可替代的价值。

（二）合作主义司法模式在中国的实现路径

作为一种司法模式，合作主义不再是一种抽象的理念，而是可以在其基本理论的基础上形成具有可操作性的实现路径。目前在我国欲实现未成年人刑事司法中的合作主义，本书认为可以通过以下三个步骤来推进：

1. 国家帮助和推动各种服务于未成年人司法的专业民间组织的建立

作为与国家主义和多元主义[1]相对应的概念，合作主义本身根据国家与社会力量的对比还可以进一步区分为国家合作主义和社会合作主义两种模式。前者的合作主义特征是经过国家

---

〔1〕国家主义侧重于从国家权力取向来分析国家与社会的关系，该理论主张国家与社会的关系是自上而下的管理模式。国家利用自身的权力优势建立各级组织，无需社会组织这个中介，直接对社会各行各业实行管理。国家通过官僚组织对社会实施无孔不入的渗透并最终使国家成为权力无边的主体。多元主义则主张个人在经济活动中是独立的个体，个体为了维护自身利益拥有自愿结成团体或利益联盟的自由，各利益团体在竞争原则下影响公共政策，以此来保障成员的利益。国家主义和多元主义各有优劣，前者的优点在于高效率，缺点则在于容易导致权力腐败、社会缺乏活力、社会矛盾得不到有效解决；后者的优点在于有效限制国家权力的无限扩大，减少权力腐败，激发社会的积极性、创造性，缺点在于容易导致行业垄断、加剧社会的不平等分化、社会组织之间的冲突增加、社会不稳定等。参见卢元芬："国家治理现代化的法团主义路径探析"，载《治理研究》2018 年第 2 期。

自上而下的强力干预而形成的，即通过种种行政化或者直接明文规定的方式，国家赋予某些社会组织以特殊的地位，而对其他竞争性社会组织则根本不给予合法地位。而后者的模式中某些社会组织享有的特殊地位是通过自下而上的竞争性淘汰过程形成而非国家指定的，同时竞争性社会组织的出现在国家的法律监管体系中并没有得到禁止，只不过由于国家的力量毕竟强大，已经获得国家支持或承认的社会组织拥有丰厚的经济、政治和社会资本，新兴的社会组织无法通过竞争撼动其垄断性或主宰性地位而已。[1]由此，就未成年人刑事司法的社会支持体系建构模式来看，在市民社会已经成熟，社会组织比较发达的国家或者地区，较适宜采取社会合作主义模式，而在市民社会和社会组织尚不发达的发展中国家或地区，适宜采取国家合作主义的模式。我国目前能够服务于未成年人刑事司法的社会组织较为欠缺，不具有采取社会合作主义模式的条件，只能通过国家自上而下地强制推动各种服务性社会组织的建立，即采取国家合作主义模式。基于我国目前未成年人刑事司法的社会支持资源供给严重不足的现状，国家应大力推动各种服务于未成年人司法的专业民间组织的建立，具体而言包括社工组织、心理咨询机构、戒瘾治疗机构、职业技能培训机构等。一方面，国家要营造各类民间组织合法生存的制度环境，确立民间组织的合法地位，为民间组织的自然生长营造宽松的社会环境；另一方面，对于承接国家转移公益责任的民间组织，加大资金扶持力度，推动这些公益性民间组织快速健康发展。

---

〔1〕 参见张长东、顾昕：“从国家法团主义到社会法团主义——中国市场转型过程中国家与行业协会关系的演变”，载《东岳论丛》2015 年第 2 期。

2. 国家吸收包括公共服务机构（比如学校、医院等）、民间组织、企业等在内的社会利益团体共同参与制定未成年人刑事司法领域内的各项政策、制度，形成共同的组织目标

为实现未成年人司法的多元参与，国家在制定相关的政策和制度时，应吸收各种利益团体参与到决策过程之中，以求在国家力量和社会力量之间达成共同的目标。共识和共同目标是合作主义的基础，社会机构参与未成年人司法不应当以慈善和奉献等不可持续的方式进行，而是在满足各自利益需求的前提下实现公共利益，因此参与决策的过程实际上就是利益团体表达其利益诉求的过程，最终达成的共同目标应内在包含着各方的利益。在政策、制度制定的过程中，国家作为公共利益的代表，与其他参与主体地位平等，不能以国家权威压制其他参与主体的利益诉求，否则合作主义就会沦为国家威权主义。

3. 选择适当的合作方式

一般而言，国家与社会组织的合作有购买服务、授权委托、政策引导等方式。[1]购买服务，是指政府将原来直接提供的公共服务事项，通过公开招标或直接拨款等方式，交给有资质的社会服务组织，规定其服务的内容、范围和要求，并最终根据中标的社会组织所提供的公共服务的数量和质量，来支付其服务费用。授权委托是指社会组织通过获得立法或者政府授权、接受政府的委托等方式参与公共服务供给，而政府并不出钱购买公共服务，受委托的社会组织或者采用吸收志愿者提供社会服务的方式，或者向社会服务的使用者收取一定的费用。政策引导主要是指政府通过制定相应的法律法规，或与社会组织签

〔1〕 夏国永："国外政府与社会组织合作治理的经验借鉴与启示"，载《经济研究导刊》2012 年第 6 期。

订合作协议，实现对社会组织的引导和支持，最终达到解决社会公共事务、实现社会公共利益与公平正义，从而促进整个社会发展之目的。未成年人刑事司法领域内国家与社会的合作基本上也采取这几种方式。值得提出的是，这些合作方式之间并不是互相矛盾、排他的关系，其可能同时存在于一国的未成年人刑事司法领域之内，但这并不意味着这些合作方式地位同等、不分主次。换言之，一个国家在未成年人刑事司法领域采取的合作方式可以是多样的，但型塑国家与社会基本关系格局的只能是其中一种，这种决定国家与社会关系格局的合作方式也可以被称为结构性合作方式。不同的国家或地区选择的结构性合作方式不同，从而展现了合作主义在未成年人刑事司法领域的多种样貌。

从世界各主要国家的实践来看，美国未成年人司法倾向于使用购买社会服务的方式。根据 1974 年《未成年人犯罪与犯罪预防法》，美国司法部建立了未成年人司法与预防办公室，其职能是通过项目的设计、管理以及联邦资助等运作方式来推动各州未成年人司法的发展。各州政府在调研本州未成年人司法和犯罪预防的需求基础上，与社会组织合作制定实施计划和项目实施方案，来向联邦政府申请资金。比如，1992 年安妮凯西基金会与地方政府合作发起的“少年非羁押替代措施动议”即 JDAI，旨在消除对青少年安全拘留的不必要和不恰当的使用，该项目从 1998 年开始在全国推广，截至 2013 年，项目覆盖全美共 39 个州 200 多个县的 900 多万 10 岁到 17 岁的少年。

英国（不包括苏格兰地区）则主要通过政策引导和推行的方式实现未成年人司法领域中国家与社会的合作：一方面，在宏观层次上，英国政府和全英慈善与社区中心于 1998 年 11 月签署了《政府与志愿及社区组织关系协定》，随后由地方政府和全英慈善组织与社区中心签署的地方版协定也相继诞生。这些协定为政府和社会组织之间的合作伙伴关系提供了基本的框架，也为未成年人司法领域内的社会支持奠定了良好的合作基础。另一方面，在微观层次即未成年人刑事司法领域，1998 年英国《犯罪与社会失序法》直接规定了地方政府应组建包含警察、社工、医疗、教育、缓刑官员等在内的多机构合作组织——青少年犯罪小组（YOT），以法律的形式强力推行未成年人刑事司法社会支持机制的建立。

苏格兰地区则采取了授权委托的方式，由国家会议召集人（National Convener）负责招募社会志愿者组成苏格兰儿童听证会（Children's Hearings Scotland），对由警察、法院、地方政府、任何其他组织或个人转介过来的符合条件的儿童召开听证会，以决定是否对该儿童采取包括强制监管等在内的教育处分措施。虽然儿童听证会由志愿者组成，但根据 2011 年《苏格兰儿童听证法》的规定，其所作出的裁决具有强制力，地方政府应当予以执行。

对于我国未成年人刑事司法而言，购买服务的方式优点在于非常灵活，可以视某一地区未成年人刑事司法的现实需要和社会组织的实际供给情况决定政府可以购买哪些公共服务；其缺点在于一方面这样会过于依赖社会组织的发展现状，对于根本没有相关社会组织或者社会组织尚不发达的地区，政府即便想购买服务也无法实现，而这一点正是目前我国未成年人刑事司法社会支持面临的一个现实问题。另一方面，即便是在社会组织相对比较健全、门类也较为齐全的发达地区，政府有条件向社会组织购买服务，但由于未成年人刑事司法涉及的领域和专业多而杂，分别向不同的社会组织购买服务不仅失之零散，而且政府各部门、各司法机关、各社会组织之间仍然缺乏有效的沟通合作平台，很难建立起目标一致、衔接顺畅的社会支持体系。而组建类似于苏格兰儿童听证会的专门社会机构，并授权委托其行使对涉罪未成年人教育处分措施的裁决权，与我国司法领域的职权主义传统又格格不入。相对而言，政策引导和推行的方式由于有国家法律或者政策的强力推动，一方面有利于在全国迅速建立起服务于未成年人刑事司法的社会组织体系，并在宏观层面建立政府与社会组织之间的合作框架；另一方面则可以通过组建多机构合作组织的方式真正实现政府各部门、司法机关、社会组织之间的顺畅衔接与合作。具体而言，比如借鉴英国的做法，通过法律的方式要求各地方政府负责组建由政府各部门、公安司法机关、社会组织等各方选派的代表组成的未成年人刑事司法服务小组，负责未成年人刑事司法的各项社会支持工作。合作组织的建立是基于特定的目标或者任务，因此并不影响各社会组织的独立性，除了选派合适人员参加未成年人司法合作组织之外，各社会组织还可以参加其他合作组织，或者面向社会承接各种业务，但前提是其必须为合作组织提供保质保量的产品和服务。当然，对于那些不在司法服务小组涵盖范围内的社会支持需求，仍然可以通过购买社会服务的方式加以满足。

第二章 域外未成年人刑事司法社会支持机制的典型范例

第一节 英国的多机构合作策略理论与实践

如同其他发达国家一样，英国的未成年人司法制度也经历了漫长的探索。虽然整个英格兰半岛的未成年人司法制度都以1908年《儿童法案》为蓝图基准，强调儿童福利，秉持预防和挽救的方针，但是在具体实现方式上，英格兰和苏格兰却选择了不同的道路。苏格兰地区以福利为基础，将少年保护和犯罪案件统一到儿童听证程序之中，英格兰和威尔士地区则将儿童保护和儿童犯罪分离到家庭法院和少年法院[1]两套体系中。本节重点以英格兰和威尔士地区的未成年人刑事司法为例，来考察英国未成年人司法支持服务体系。

英国目前的未成年人司法体系是以1998年《犯罪与社会失序法》为蓝本建立，被英国学者称为新未成年人司法体系。该体系的显著特征是将预防儿童和青少年犯罪作为整个未成年人司法体系的核心原则和目标，并要求政府在预防犯罪和未成年人司法中承担更多的责任，在国家层面成立了少年司法委员会，

〔1〕 根据1991年《刑事司法法案》，未成年人的刑事责任年龄提高到18岁，所以将Jucenile Courts更名为Youth Courts。

在地方层面成立了青少年犯罪小组。青少年犯罪小组和少年司法委员会是英国新工党上台以后在多机构合作理论指导下的改革创举，将警察、社工、教育工作者、卫生健康工作者等不同专业机构力量汇集起来，共同致力于儿童和青少年的最大福祉，秉承“首先他们是孩子，其次他们才是犯罪人”的理念，彻底改变了以往的未成年人司法和未成年人司法支持服务体系。

一、英国未成年人司法支持服务体系的发展背景

要想更好地了解英国目前的未成年人司法支持服务体系，需要对其未成年人司法历史做一个详细的考察。纵观英国未成年人司法的历史进程，1908 年《儿童法案》开启了英国未成年人司法长达两个世纪的漫长改革，在这个过程中英国执政当局也一直在司法和福利之间寻找出路。在 20 世纪初期，英国未成年人司法没有像美国一样，以国家亲权理念为指导建立强调福利原则的社会化的独立少年法庭体系，而是对传统的成人刑事法庭进行改良，保护性的少年法庭则处于从属的地位，少年法庭同时处理少年保护和少年犯罪案件。[1]之后的一个世纪的探索就是少年保护性司法（care jurisdiction）和未成年人刑事司法（criminal jurisdiction）逐渐分离的过程。在此过程中福利原则从鼎盛逐渐分离到民事司法领域，未成年人司法也从最小化干预、强调正当程序转向关注犯罪行为，进行有效的积极干预。1998 年《犯罪与社会失序法》是英国未成年人刑事司法标志性的立法，该法正式确立了整个未成年人刑事司法体系的核心理念，加强了政府在未成年人刑事司法支持服务体系中的作用，对未

〔1〕 Anthony Bottoms, James Dignan, “Youth Justice in Great Britain”, *Crime & Just.* 2004（31）, p. 21.

成年人刑事司法支持服务进行创新性的机构改革，建立了以青少年犯罪小组、少年司法委员会为核心的新的未成年人刑事司法支持服务体系。

（一）保护性未成年人司法和未成年人刑事司法的分离

通过 1908 年《儿童法案》，英国首次确立少年法庭同时处理少年犯罪和少年保护案件，也就是说对少年进行惩罚和保护的角色都由少年法庭来承担。1946 年儿童保护委员会发布报告，认为由少年法庭同时承担惩罚和福利角色并不合适，该报告促进地方当局建立儿童社会服务组织，保护性的司法开始从传统未成年人刑事司法中分离。〔1〕1952 年《儿童和青少年法案》允许法庭将涉罪未成年人转移到地方安置，由社区儿童保护工作人员对其进行监督。20 世纪 60 年代，福利思想达到鼎盛，英国内政部发布的白皮书显示，少年犯罪应该全部被移出少年法庭系统，改由社会服务部门干预。20 世纪 80 年代英国对未成年人司法中的福利主义进行反思，反对将福利原则纳入未成年人司法体系。1989 年《儿童法案》正式将保护性未成年人司法转移到家事法庭，少年法庭专门负责处理少年刑事案件。〔2〕在这一阶段未成年人司法的支持服务相对分散，主要由社会服务部门的未成年人司法小组负责，小组成员一般包括社会工作者和其他非经认证的少年保护和具有少年保护工作经历的工作人员。〔3〕

（二）最小化干预原则和强调正当程序的动摇

20 世纪末，受到犯罪学犯罪年龄曲线理论以及犯罪标签理

〔1〕 Jane Piceford, Paul Dugmore, *Youth Justice and Social Work*, 2012, p. 54.

〔2〕 注：保护性司法。

〔3〕 Christina Stahlkopf, "Political, Structural, and Cultural Influences on England's Youth Offending Team Practices", *INT'L CRIM. JUST. REV.* 2008 (18), pp. 455, 472.

论的影响，[1]以最小化干预为原则的未成年人司法运动蓬勃发展。英国学者菲昂达（Fionda）认为这一时期主导未成年人司法的基础理论是发展模式，根据未成年人司法发展模式理论，少年犯罪行为只是少年发展的一个阶段，随着少年的发展，犯罪行为最终会消失，与此相适应的未成年人司法应该以尽量不影响少年的发展为原则。[2]最小化干预原则源于对国家干预原则的反思，类似于“激进的不干预”[3]，旨在减少正式司法系统对少年犯罪的干预，尽量将涉罪未成年人置于非强制的社会环境中直到他们不再犯罪，避免标签化对少年发展的不良影响。根据该原则，应对少年犯罪采取双轨制，区分轻微犯罪和严重犯罪，对于轻微犯罪尽量转移出正式的司法系统，正式的警察警告被作为起诉的替代手段大量使用；对于严重犯罪在少年法庭的刑事程序中避免福利措施的滥用，减少对涉罪未成年人的拘留和监禁，尽量将其安置在以社区为基础的替代场所。[4]这样做的结果是少年犯罪警察警告率和少年法庭有条件释放率的大量增加，以 14 岁至 16 岁的男性少年为例，1980 年到 1992 年警察警告率从 58%增加到 90%。[5]但是 1996 年英国国家犯罪统计委员会对未成年人司法体系的审查发现，不断增长的警察警

〔1〕犯罪年龄曲线理论和犯罪标签理论：犯罪年龄曲线理论认为大多数犯罪儿童随着年龄的增长最终将不再犯罪；犯罪标签理论认为刑事司法对少年犯的处理都容易给少年贴上犯罪标签，不利于他们的发展，不主张将涉罪未成年人监禁起来实施相关的干预措施。

〔2〕Jane Piceford，Paul Dugmore，“Youth Justice and Social Work”，*SAGE Publications*（2012），p. 50.

〔3〕1973 年英国学者舒尔提出激进的非干预原则“radical nonintervention”。

〔4〕Anthony Bottoms，James Dignan，“Youth Justice in Great Britain”，*Crime & Just.* 2004（31），p. 33.

〔5〕Anthony Bottoms，James Dignan，“Youth Justice in Great Britain”，*Crime & Just.* 2004（31），p. 35.

告率以及少年法庭的有条件释放并没有产生实际作用，警察的警告往往只是简单的口头警告，法庭的不起诉决定也没有对少年犯罪产生积极的影响，最小化干预实际是过多的宽恕，从而主张对涉罪未成年人采取积极有效的矫正干预。

如同时期美国未成年人刑事司法的正当程序改革一样，20世纪后半期英国未成年人司法的另一个特征即是强调未成年人司法的正当程序，国家资助的未成年人司法法律援助快速增长。法律援助的介入使得未成年人司法的法庭程序不断完善，但随之而来的是程序的繁琐和诉讼的拖延，且花费巨大。1996年国家犯罪统计委员会的报告显示，一个涉罪未成年人从被起诉至法庭审判的平均出庭次数是4次，每次出庭至少需要5名公共基金资助的法律援助和支持服务人员。报告建议将未成年人司法系统公共基金的重点从关注程序转移到如何对涉罪未成年人采取更有效的矫正行动。新工党政府也得出了同样的结论，认为过分强调正当程序会造成诉讼拖延，少年法庭的程序趋于形式化和表演化，被称为“少年法庭程序剧场”（theatre of the court processes）。总的来说，英格兰的未成年人司法从最小化的干预转向针对犯罪行为的积极干预，在注重正当程序的同时关注法庭的诉讼效率，切实围绕少年的环境和利益，重点在于改变犯罪行为本身。

（三）以预防犯罪为核心目标的新未成年人司法体系

1997年工党政府上台以后，少年犯罪问题日益严重，社会迫切需要新政府进行未成年人司法改革，以期改变之前被称为“借口文化”（excuse culture）[1]的未成年人司法政策。政府认

---

〔1〕“借口文化”由英国内政部时任大臣杰克·斯特劳（Jack Straw）提出，是指在未成年人司法体政策为自己的无能找借口，而且常常为之前的少年犯找借口，暗示他们无法控制自己的行为，因为他们所处的社会环境。他们很少面对自己的行为，也很少为自己的行为承担更多的个人责任。这一制度允许他们继续破坏自己的生活，并破坏他们的家庭和社区。

识到一项成功的刑事司法政策有赖于制定一项包容性的社会政策，为“有犯罪危险的年轻人提供适当的帮助和支持”。〔1〕1998年英国颁布《犯罪与社会失序法》，根据该法案建立的未成年人司法体系被英国学者称为新未成年人司法体系。与以往的未成年人司法体系相比，新未成年人司法体系通过一系列原则确立了未成年人司法改革的新方向。新体系的首要显著特征是确立了整个未成年人司法体系的核心目标。根据《犯罪与社会失序法》第37条第1款的规定，未成年人司法体系的核心目标是预防儿童和青少年犯罪。第2款指出在未成年人司法体系中，除了其他法定的责任和要求，所有履行未成年人司法职能的个人和机构都必须考虑该目标。〔2〕要准确理解该目标需要联系前文所述的英国未成年人司法发展历程，整个未成年人司法体系从最小化的干预转向积极有效的干预，未成年人司法关注的重点是优先考虑具有成本效率的早期干预和加强对持续涉罪未成年人的社区监督。具体而言，要求未成年人司法体系中的机构和个人将该目标作为其决策和行动的指导。以少年法庭为例，除了传统的司法裁判职能和《儿童和青少年法案》要求考虑的福利因素，〔3〕还需要考虑未成年人司法预防犯罪的核心目标，少年法庭需要实现这三者之间平衡，以作出最适合的裁判。

为更好地实现未成年人司法的核心目标，英国内政部2010年公布未成年人司法体系内所有机构和个人的责任目标包括注重未成年人司法的效率，快速有效的行政和司法；要求未成年

---

〔1〕 Christina Stahlkopf, “Political, Structural, and Cultural Influences on England's Youth Offending Team Practices”, *INT'L CRIM. JUST. REV*, 2008 (18), pp. 455, 472.

〔2〕 The Crime and Didorder Act 1998, sec37, http://www.legislation.gov.uk/ukpga/1998/37/section/37，最后访问日期：2019年7月26日。

〔3〕 英国2000年刑事法庭法案确立了少年法庭的一般职能，1993年的《儿童和青年法案》要求少年法庭考虑儿童福利因素，确保儿童的教育和培训。

人为他们的犯罪行为承担责任；采取任何干预措施都必须考虑风险因素；惩罚需要与犯罪行为以及犯罪的严重程度相适应；注意修复与未成年受害人或者社区的关系；加强父母的责任。总的来说，除了统一的核心目标，新未成年人司法体系还强调修复、效率和责任。修复是指在未成年人司法的裁判过程中，更加注重修复犯罪对被害者和社区造成的损害。效率是指针对之前未成年人司法程序过分拖延而采取的改革，强调更有效地利用现有的未成年人司法体系内的资源。责任则包括两层含义：一方面要求少年对自己的犯罪行为负责；另一方面要求父母承担相应的责任。

（四）政府主导的多机构合作未成年人司法支持服务体系

新体系下的未成年人司法支持服务也独具特色，地方政府在其中扮演了重要角色。根据《犯罪与社会失序法》第 38 条的规定，地方政府有责任联合其他社会团体和个人，围绕未成年人司法各阶段对未成年人的处置特点，为未成年人司法提供支持服务。该条款确立了未成年人司法支持服务的领导机构、资金来源以及服务内容。根据该法第 38 条、第 39 条、第 41 条的规定，未成年人司法支持服务机构主要指政府治安部门、教育部门以及当地政府支持的缓刑服务、精神卫生服务等多机构合作的青少年犯罪小组以及内政部〔1〕下设的少年司法委员会。未成年人司法支持服务的资金由当地政府或者当地政府建立和管理的基金会提供。法案还详细列举了未成年人司法支持服务的内容，其涵盖了未成年人司法程序各个阶段，包括提供合适成年人、警察警告支持服务、保释支持服务、法庭支持服务以及各类安置支持服务。〔2〕法案规定地方政府具有预防青少年犯罪的职

---

〔1〕 现在更改为司法部下设非政府部门。

〔2〕 The Crime and Didorder Act 1998, sec38. http://www.legislation.gov.uk/ukpga/1998/37/section/38，最后访问日期：2019 年 7 月 26 日。

责，需要制定每年的未成年人司法计划，明确地方政府为未成年人司法提供支持服务的内容、基金保障、机构保障等。以青少年犯罪小组（Youth offending team，YOT）和少年司法委员会（Youth Justic Board，YJB）为核心的多机构合作组织以预防儿童和青少年犯罪为核心目标，凝聚国家和社会的力量，是英国“新未成年人司法”的显著标志，其围绕少年违法者实现了国家、社会、学校以及个人的互动，为未成年人司法社会支持服务提供了统一的机构载体和实践的基础。

二、多机构合作支持服务体系的理论基础及实践路径

在英国未成年人司法体系的改革历程中，犯罪预防、国家亲权、恢复性司法、治疗模式、发展模式等都在未成年人司法的发展历程中有所体现。如前文提到的未成年人司法的发展模式，将发展的观念纳入未成年人司法体系，以发展为视角作为处理少年犯罪的基本原则。治疗模式强调对家庭、学校以及社区等进行风险评估，该模式被新体系下的青少年犯罪小组继续沿用至今。除此之外，犯罪学的相关理论比如古典犯罪学理论、环境犯罪理论、标签理论等也对新体系的建立有重大贡献，因为它回答了未成年人司法支持服务的基本问题，包括为什么他们会犯罪，如何有效控制犯罪。其中现实主义犯罪学理论为英国未成年人司法支持服务体系的建立提供了理论支撑，他们关注的重点不仅仅停留在犯罪的原因层面，而且更关注如何采取有效的措施来应对犯罪，这与新体系下未成年人司法的核心目标相一致。

（一）多机构合作支持服务体系的理论基础

从 20 世纪 80 年代开始，英国内政部开始资助一些如何有效控制犯罪的研究，这些研究以新阶段犯罪学为基础，认为犯罪

控制应该以对犯罪的成本效益分析为重点，犯罪发生在于受害者的易受侵害性，控制犯罪的资源应该被重点用于可能发生犯罪侵害或者有发生犯罪风险的地方。这种新的犯罪学研究思潮被称为“管理犯罪学”，研究关注的不是引起犯罪发生的原因而是如何采取有效的措施应对犯罪带来的影响，代表性理论有两种：一种是左派现实主义；另一种是新保守道德学派。[1]1984年学者李（Lea）和杨（Young）发表了《应当对法律和秩序做什么》一文，开创了左派现实主义的理论先河。其基本观点是必须正视犯罪的现实，其不仅包括犯罪发生的原因，还包括犯罪的真实状况和犯罪的危害，并在此基础上提倡系统解决现实的犯罪问题[2]。左派现实主义的犯罪矩形理论（the square of crime）和多机构合作理论对英国未成年人司法政策影响巨大。

1. 犯罪矩形理论：重视非正式的社会控制和受害者权利

左派现实主义犯罪学提出了犯罪矩形理论，该理论认为任何犯罪事件都需考虑四个方面的因素，他们分别构成矩形的四角，包括警察、社会控制及其他机构、罪犯以及受害者，其中前两者是官方和非官方对犯罪事件的反映，也被称为社会控制因素，后两者是对犯罪行为本身的解释。如图 2 所示，影响犯罪的因素有四个：第一是罪犯因素，即引起犯罪的原因，也是传统犯罪学的研究重点；第二是受害者因素，即受害者容易受到伤害的因素，比如，受害者的生活方式、生活环境等；第三是正式的社会控制因素，即当地的治安情况，比如，社会正式的管制机构警察的人数以及其在执法过程中的公信力、责任、安保措施等；第四是非正式的社会控制因素，即公众发起的社

---

〔1〕 Jane Piceford, Paul Dugmore, “Youth Justice and Social Work”, *SAGE Publications Inc.* 2012, p. 79.

〔2〕 参见吴宗宪：《西方犯罪学》，法律出版社 2006 年版，第 444 页。

会控制行为，比如，监视邻居的财产以及公众对犯罪行为的容忍度等。

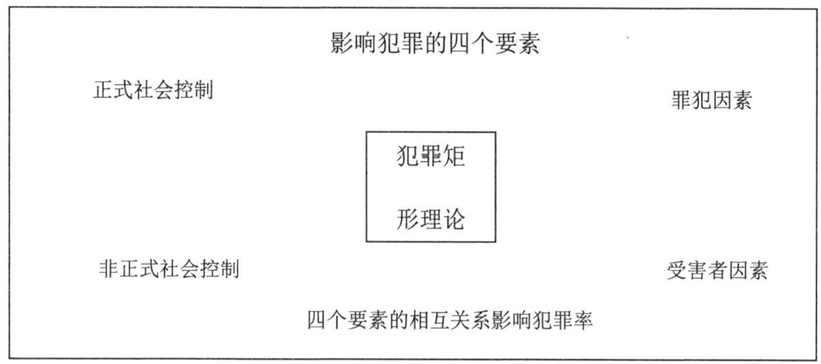

图2　犯罪矩形理论〔1〕

与传统犯罪学理论相比，犯罪矩形理论强调非正式的社会控制，认为除了正式由法律规定的社会控制机构——警察以外，其他非正式的社会控制机构在犯罪控制过程中也发挥着重要作用。工党政府上台以后，重视非正式社会控制在未成年人司法犯罪预防方面的重要性，强调公民和社会的责任；绘制犯罪地图，加强重点区域的社会管控；关注受害者权利，严厉打击性侵等犯罪，比如，实施了“走上正轨（Sure Start and On Track）”计划等。

2. 多机构合作策略：加强政府各部门各专业团体的合作

左派现实主义的多机构合作策略对英国未成年人司法实践产生了深远的影响。该理论认为应对犯罪和社会失序问题需要加强司法机构与社会机构之间的合作协调。左派现实主义的奠基人杨（Young）教授认为犯罪的控制从来都不是单一的机构可

〔1〕 Jane Piceford, Paul Dugmore, “Youth Justice and Social Work”, *SAGE Publications Inc.*, 2012, p. 80.

以完成的。犯罪控制不仅是警察、皇家检控署和法院等传统刑事司法机构的责任，还需要其他社会机构的积极参与。因为没有一种统一固定的程序可以应对所有的犯罪，不同的犯罪需要不同的应对策略。比如，应对被指控盗窃和儿童虐待所采取的干预措施和所涉及的机构就有很大的不同。他认为应该根据犯罪发展不同阶段的影响因素，由不同的机构和专业人员实行相应控制干预措施。如表 2 所示，在犯罪的产生、发现和应对的过程中，影响的因素各不相同。比如，在犯罪的产生阶段，除了失业、没有固定住所等直接影响因素，道德文化背景和物质环境现状也与犯罪行为的产生息息相关。针对不同的因素涉及的干预机构也各不相同，除传统的警察、皇家检控署、法庭、缓刑和社会服务部门之外，还包括政府、学校、企业、家庭以及社会公共机构等，为了有效地预防和控制犯罪，需要采取多机构合作的策略来应对。工党政府在改革的初期就确定采用该理论来应对少年犯罪问题，在未成年人司法改革中建立了创新型的多机构合作的支持服务体系，成立了多机构合作的青少年犯罪小组，将社会工作、警察、精神卫生、教育、法庭、缓刑等不同部门纳入其中，采用统一的风险评估框架来进行未成年人司法支持服务工作。

表 2　左派现实主义多机构干预策略〔1〕

犯罪发展的阶段	影响因素	涉及的机构
犯罪发生的原因	失业 住宿 空闲时间	当地政府 中央政府 企业

〔1〕 Jane Piceford, Paul Dugmore, "Youth Justice and Social Work", *SAGE Publications Inc.* 2012, p. 83.

续表

犯罪发展的阶段	影响因素	涉及的机构
道德文化背景	同龄群体价值观 社区凝聚力	学校 公众 家庭 大众传媒
物质环境现状	物质环境 照明设备 安全设施	地方政府 公众 警察
犯罪的发现和侦查	公共报道 侦查工作	公众 警察
应对犯罪行为	惩罚 再社会化	法庭 警察 社会服务 缓刑机构
对受害者的反映	保护 公众支持	地方当局 受害者支持 当地社区组织 社会服务

（二）多机构合作支持服务体系的组织架构

英国以青少年犯罪小组和少年司法委员会为核心建立起未成年人司法支持服务的组织体系：中央政府建立了少年司法委员会负责统筹监督整个未成年人司法系统的运行，地方政府成立了青少年犯罪小组，整合教育、医疗、精神卫生、警察、法庭等资源，共同致力于预防和控制少年犯罪。这两个机构的设立将政府和各种社会支持力量紧密而有逻辑地结合在一起，对英国的未成年人司法程序产生了重要的影响，形成独具特色的创新型未成年人司法社会支持体系。

1. 青少年犯罪工作小组

根据1998年《犯罪与社会失序法》第39条，地方政府应该联合警察、缓刑委员会以及医疗卫生机构等团体或个人成立一个或者多个青少年犯罪小组（YOT），负责为该地区未成年人司法提供支持服务，并履行当地政府制定的未成年人司法计划规定的其他职能。法案明确规定了最低限度的组织要求，该小组至少应包括以下成员：1名缓刑委员会的官员、1名地方政府社会服务局的社会工作人员、1名警察、1名本地区教育局指定的教育官员以及1名本地区医疗机构指定的健康专员。此外，还可以包括地方政府在与警察局、缓刑委员会或者医疗机构协商后选派的其他专业人员。[1]根据少年司法委员会2018年8月的统计数据：目前，英格兰和威尔士地区共有154个青少年犯罪小组，以伦敦市为例：目前，有31个青少年犯罪小组。少年司法委员会定期更新各地青少年犯罪小组的联系信息，包括联系人、联系地址和方式，方便需要未成年人司法支持服务的人员查找相关信息。

青少年犯罪小组工作的指导原则是预防儿童和青少年犯罪，具体职能主要集中在三个方面：首先是预防少年犯罪，主要集中在审前阶段通过早期干预、教育警告少年违法者，预防其进一步犯罪，创办培训中心，对轻微涉罪未成年人实施教育辅导，提高其能力，促进其重新融入社会。其次是提供与少年法庭相关的支持服务，比如，在讯问涉罪青少年过程中承担合适成年人职责、提供保释服务、向法庭提供评估和报告等。最后是协助法庭处置的执行和监督，比如，为被监禁和安置在当地居住设施的少年提供支持服务，转处法令，监督社区法令的执行，监督监禁法等。

---

〔1〕 The Crime and Didorder Act 1998，sec39.

多机构合作的青少年犯罪小组为未成年罪犯提供了一个联合处遇机会，跨专业领域的合作在于确保将不同专业技能集合来应对未成年人的犯罪、社会需求和教育等，克服未成年人司法服务中存在的结构性分离，避免不同机构之间的重复工作。在该小组中有来自不同机构、不同文化、不同专业领域的专家，他们需要相互尊敬，理解各自在未成年人司法系统中发挥的作用，进行跨专业的实践活动，满足其个性化、综合的需求，为涉罪未成年人提供整体的服务。例如，青少年犯罪小组中的社会工作人员将社会工作的沟通、共情、倾听等专业技能带到未成年人司法服务中，让未成年人在一个安全有益的氛围中探索其犯罪行为的根源，撰写审前报告向法庭提出干预方案，在法庭审理过程中担任法庭官员和监督官员等。

近年来英国学者不断对青少年犯罪小组的工作实效进行深入研究，他们将青少年犯罪小组视作一个准刑事司法机构，认为青少年犯罪小组的工作实践受到政治、组织和文化因素的影响。在小组成立的最初 10 年里，小组面临资金、人员和文化的多重压力，对其实践效果产生不良影响。比如英国学者对牛津郡约特郡青少年犯罪小组的工作进行了 17 个月的实地考察，发现青少年犯罪小组由于资金的限制，招募不到经验丰富的经理人，或者由于资金不足导致人员流动性较强等。[1]还有学者提出青少年犯罪小组成员将母机构的文化和工作原则带入青少年犯罪小组，虽然是一个创新性的方式，但是也面临挑战，调查发现由于受到母机构的影响，来自不同机构的成员在达成青少年犯罪小组整体目标方面受到阻碍，往往忽略了少年的福利因素。另外不同的青少年犯罪小组之间在沟通方面也存在一定的

〔1〕 Christina Stahlkopf, "Political, Structural, and Cultural Influences on England's Youth Offending Team Practices", *INT'L CRIM. JUST. REV.*, 2008 (18), pp. 455, 472.

问题，比如，涉罪未成年人所在地区青少年犯罪小组和案件审理的青少年犯罪小组之间信息的沟通协调问题。

2. 少年司法委员会

少年司法委员会（YJB）是英国未成年人司法支持服务的另一个机构创举。《犯罪与违法秩序法》第41条要求成立非官方的公众组织少年司法委员会，委员会由内政部指派10名至12名人员组成，其中应该包括具有未成年人司法相关经验的人员。根据法案要求，少年司法委员会的职能具体包括：（1）指导整个未成年人司法体系的运行，监督未成年人司法服务；（2）围绕如何有效地实现未成年人司法预防犯罪的核心目标给内政部提出建议；（3）从相关机构收集未成年人司法相关信息并及时发布；（4）跟踪观察青少年犯罪小组、少年法庭以及安全看护条件等，监督未成年人司法支持服务的实现程序，制定国家未成年人司法服务标准；（5）为地方政府未成年人司法服务提供财政支持、技术援助和研究支持，促进未成年人司法最佳实践。[1]

随着联合政府上台，未成年人司法领域也发生了一些变化，2010年联合政府司法部秘书发布了一项咨询报告——《打破循环：有效的惩罚、再社会化和审判犯罪》，该报告要求简化审前处置，针对儿童和少年的初次犯罪或者轻微犯罪，给警察、皇家检控署以及青少年犯罪小组更多的自由裁量权，甚至建议取消少年司法委员会，以进一步提高地方政府管理未成年人司法服务的灵活性。报告认为青少年犯罪小组已经稳固的嵌入未成年人司法体系之中，不再需要一个独立机构进行监督，而应该把更多的精力放在如何有效干预初次犯罪的未成年人，减少再犯率和监禁刑的适用。2011年少年司法委员会由司法部接管，

〔1〕 Crime and Disorder Act 1998, Sec 41.

之后的几年里不断精简机构。2017 年少年司法委员会的少年监禁和缓刑服务职能分离到少年监禁和缓刑服务部门〔1〕，委托服务的责任则转移到司法部。此外，在少年司法委员会内部成立了一个未成年人司法顾问专门小组来整理收集关于未成年人司法的观点和建议，并建立未成年人司法体系监督小组（Youth Justice System Oversight Group），从而将不同部门的高级政府官员集合在一起面对未成年人司法系统的挑战。

所有的变化都为顺应政府的未成年人司法改革，使得少年司法委员会的定位更加清晰，职能更加集中。根据少年司法委员会 2018-2019 年度报告，青少年犯罪小组的使命是在整个未成年人司法系统中，减少犯罪儿童和青少年的数量、降低再犯率、改善和提高儿童和青少年的安全状况以及行为表现、促进更加积极有效的干预结果。少年司法委员会秉持“首先他们是儿童，其次他们是犯罪人”的理念，致力于实现儿童最大利益，鼓励儿童发展潜能，减少未成年罪犯对其自身和对社区的影响，确保每一个少年儿童都生活在一个安全的环境，对社区作出有益的贡献。具体表现为未成年人司法服务以发展为导向，识别少年特殊性，优先考虑儿童的最大利益；以未来为导向，通过建立良好的社区支持关系，促进儿童亲社会属性的发展；鼓励儿童和社会的积极参与，通过儿童和社会力量的广泛参与来共同改善犯罪行为；尽量通过提前预防、转处和最小限度的干预，促进儿童脱离司法系统，避免犯罪带来的不良影响。〔2〕

---

〔1〕 2017 年皇家监狱和缓刑服务部门成立专门的少年监狱和缓刑服务部，少年司法委员会对少年监禁和安置的服务被转移到该部门。

〔2〕 Youth Justice Board Annual Report and Accounts, 2018 to 2019, https://assets.publishing. service. gov. uk/government/uploads/system/uploads/attachment_ data/file/820763/YJB_ Annual_ Report_ and_ Accounts_ 2018-19_ pages_ web. pdf，最后访问日期：2020 年 7 月 14 日。

3. 未成年人司法服务的国家标准

根据《犯罪与社会失序法》，少年司法委员会负责监督未成年人司法服务，其核心举措是制定未成年人司法服务的国家标准〔1〕。未成年人司法服务国家标准是司法部根据少年司法委员会的建议制定的，设定了未成年人司法体系中各机构服务的最低限度标准，用以指导和促进未成年人司法最佳实践。未成年人司法服务的国家标准秉持"首先他们是孩子，其次他们是犯罪人"的基本理念，为有效的未成年人司法实践搭建了基本框架，鼓励和支持创新，确保每一个儿童都生活在安全、没有犯罪的环境中，并为社会作出积极贡献。根据2019年最新发布的未成年人司法服务标准，以未成年人司法程序不同阶段为界设定了五类未成年人司法服务标准，包括在法庭外服务标准、法庭服务标准、在社区服务标准、在安全设施服务标准、转移和安置服务标准。〔2〕少年司法委员会针对每一项服务都制定了详细的标准，具体内容会在下文结合未成年人司法相关程序进一步展开论述。

总的来说，未成年人司法服务标准内容包括十个方面：①青少年犯罪小组需要制定一个有效管理计划来支持各种未成年人司法服务；②所有进入未成年人司法系统的儿童和青少年需要接受系统的评估来确定其风险和保护因素，以此来决定其应该适用何种有效的干预措施；③法庭的审判要服务未成年人

〔1〕 2000年少年司法委员会制定了青少年犯罪小组、安全屋安置以及风险评估工作的国家标准，该标准在2004年、2010年、2013年、2019年进行了更新，本书以少年司法委员会网站2019年修订的国家标准为准。

〔2〕 Standards for children in the youth justice system 2019，https://assets.publishing.service.gov.uk/government/uploads/system/uploads/attachment_data/file/780504/Standards_for_children_in_youth_justice_services_2019.doc.pdf，最后访问日期：2020年7月14日。

司法系统的主要目的，预防犯罪的同时，关注少年的福利需求；④青少年犯罪小组向少年法庭和少年犯罪专门小组（youth offending paned）提供高质量审前和审后安置报告；⑤被判处监禁刑的少年的需求和风险资料需要被有效地传递给安置机构和风险管理机构；⑥青少年犯罪小组提供有效的法庭服务，与法官和司法者就少年犯罪者建立良好的信任关系；⑦未成午人司法服务不带有任何偏见，不因年龄、性别、种族、宗教信仰、性取向等有所差异，项目和服务的目的是防止儿童和少年出现犯罪或者反社会的行为；⑧法庭外的有关措施致力于减少进一步犯罪的可能，为保释提供综合修复管理服务；⑨恢复性司法的措施被适当地适用；⑩青少年犯罪小组需要把案件所有相关的信息整理收集及时记录在管理信息系统中。

三、英国目前的未成年人刑事司法程序

英国未成年人刑事司法体系中的少年案件是指年龄在 10 岁至 17 岁的青少年违法案件。在整个刑事司法流程中涉及警察、青少年犯罪小组、皇家检控署、少年法庭、刑事法庭以及各类少年安置机构，不同的机构各司其职，相互配合，共同致力于预防少年再犯，保护少年利益。未成年人刑事司法程序中设置了庭外处置程序，作为正式刑事程序的前置程序进行司法转处和分流。总的来说，英国未成年人刑事司法程序可以分为庭外处置、起诉、法庭裁判和处置阶段。

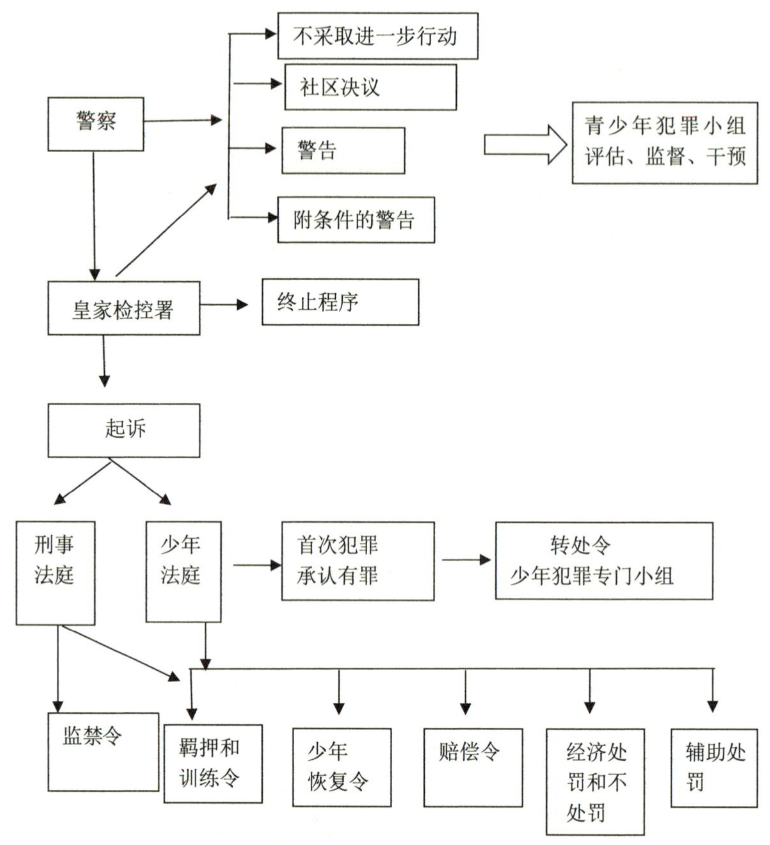

图3　英国未成年人司法流程图[1]

(一) 庭外处置程序

2012年以前，英国未成年人司法庭外处置措施主要包括训诫和最终警告，目前的庭外处置框架是根据2012年《法律援助，量刑和犯罪处罚法》建立的，针对少年的法定庭外处置包括：青少年警告和青少年附条件警告。此外，还包括一种非法

---

[1] 少年犯罪专门小组也称为转处令专门小组（Youth Offeding Penal Team）。

定的选择，通常称为社区决议。庭外处置程序主要针对罪行轻微的青少年案件，不涉及法庭审判或判决，其目的是使未成年人今后不再参与刑事司法系统，这符合未成年人和司法的最大利益。

总体来说，在法庭外处置程序中，涉及的机构主要是警察和青少年犯罪小组，庭外处置会产生四种结果：不采取进一步行动、社区决议、青少年警告和青少年附条件的警告。〔1〕当未成年人犯罪被警察发现或者逮捕，如果经调查没有实质性犯罪行为或者未成年人不认罪且没有足够的证据提起诉讼，警察会释放该未成年人而不采取进一步行动。如果未成年人承认犯罪，但是属于初次犯罪且罪行轻微，在考虑受害者意见的前提下，警察可以选择社区决议，即在涉罪未成年人、受害人以及相关利益方之间达成非正式的协议，也被称为“街头恢复性司法”。〔2〕社区决议记录会保存在当地警察系统，但不构成犯罪记录，警察可以通知青少年犯罪小组协助该协议的执行。

如果未成年人承认犯罪，且有足够的证据证明犯罪，但是起诉不符合公共利益，警察可以向未成年人发出警告处置。当警察做出警告处置时，必须通知青少年犯罪小组，如果未成年人之前有警告记录，则青少年犯罪小组必须对未成年人进行评估，实施相应的康复计划，以防止其进一步犯罪。未成年人是

〔1〕其中社区决议是非正式的庭外处置，少年警告、少年附条件警告法定的刑事处置措施。根据2012年《法律援助，量刑和犯罪处罚法》，警告和附条件的警告取代了之前的非正式警告和最终警告，成为庭外处置的新体系，作出警告和附条件警告的条件都是未成年犯罪嫌疑人承认罪行，并且有充足的证据证明其犯罪行为且达到了起诉条件，只不过出于公共利益不做起诉决定。

〔2〕Out-of-court disposal work in youth offending teams，https://www.justiceinspectorates.gov.uk/cjji/wp-content/uploads/sites/2/2018/03/Out-of-court-disposal-work-in-youth-offending-teams-reportb.pdf，最后访问日期：2019年8月4日。

否参与康复计划是自愿的，不遵守也不会受到惩罚，但是会影响未来的处置办法。当未成年人承认犯罪，且有足够证据证明，但出于公共利益不起诉，警察还可以作出附条件的警告，青少年附条件警告最长期限 3 个月。当未成年人因某项罪行获得附条件警告时，该罪行的刑事诉讼便会停止，如果未成年人遵守相关条件，检控程序通常不会展开。附条件警告所附的条件具有强制性。其既可以是惩罚性的，比如，与法院服务机构达成协议收取罚款；也可以是恢复性的，比如，与警方达成协议适用宵禁；只有在恢复和赔偿条件不适合或者不足以处理罪行时，才可采用惩罚性条件。附条件警告的执行期限一般是 16 周至 20 周，由青少年犯罪小组负责监督执行，不遵守条件又缺乏合理理由的，则可能导致原来的罪行被继续起诉，附条件警告不再生效。警告只适用于 10 岁至 17 岁的涉罪未成年人，18 岁或以上的违例者，不论他们在何时触犯法律，均应给予附条件警告，如果属于可诉罪，则需咨询皇家检控署的意见，得到授权后方可作出附条件的警告处置。此外，虽然在英国除了皇家检控署和警察以外还有其他机构可以提起诉讼，但是警告和附条件的警告只能由警察作出。

（二）起诉程序

如果警察决定起诉涉罪未成年人，案件将被转移到皇家检控署（the Crown Procecution Service），由皇家检控署来决定是否最终起诉该未成年人。皇家检控署是未成年人司法系统中的一个中立部分，检控官将根据证据情况和公共利益来综合判断是否提起诉讼，考虑的因素包括犯罪行为、证据情况以及犯罪结果、受害人以及未成年人之前的犯罪历史等。在起诉程序中会出现三种结果：终止程序、将案件返回给警察和向法庭提起诉讼。经皇家检控署审查，认为证据不足或者不符合公共利益，会被终止诉讼；如果认为尽管有充分证据证明犯罪，但是起诉不符合公共利益，也可将案件移送回警察，由警察作出庭外处置，如果警察未能作出庭外处置，应该向皇家检控署作出解释，由皇家检控署在还押听证会决定是否起诉；如果有充分的证据表明有定罪的现实可能性，且起诉符合公共利益需要，皇家检控署会提起公诉。其中 18 岁以下的未成年人犯罪案件一般会被移送少年法庭[1]，皇家检控署或者律师提出诉讼的案件、涉及死亡的案件、涉及恐怖主义或者国家机密的案件、涉及仇恨犯罪或者家庭暴力的案件、暴力斗殴的犯罪行为、造成严重人身伤害的犯罪行为、对 18 岁以下未成年人性犯罪行为以及 2003 年授权法案规定的罪行等则被直接移送刑事法庭。此外，皇家检控署必须确保青少年犯罪小组可以获得任何有关犯罪的可以写入庭前报告的内容，包含证据相关内容，复制警察笔录、证人证言以及之前的犯罪情况等。

（三）法庭裁判阶段和处置

少年法庭的设置相对不太正式，受理范围包括保释的未成年人、声称无罪的、承认严重罪行但被判处 2 年以下徒刑的案件。少年法庭可能作出罚款、转处令、训练和监禁令、赔偿令、恢复令、亲职令等。根据 2003 年《刑事司法法案》第 66 条，如果未成年人是初次犯罪，少年法庭可以作出转处令（referral order），转处令由青少年犯罪小组负责执行。青少年犯罪小组成立青少年犯罪专门小组，就改进涉罪未成年人的行为组织协商会议，以期达成一个改进行为的项目协议。青少年犯罪专门小组也被

---

〔1〕 对于刑事案件的审理，英国设有两级初审法院：治安法院和刑事法庭，少年法庭属于治安法院，负责审理 18 岁以下少年犯罪的案件，少年法庭由 1 名地区法官或者 2 名至 3 名非职业治安法官构成，且必须包含男性和女性治安法官各 1 名。参见宋英辉、孙长永、朴宗根等：《外国刑事诉讼法》，北京大学出版社 2011 年版，第 7 页。

称为转介令专门小组，由3名成员组成，其中1名来自青少年犯罪小组的成员并担任顾问，另外2名是由当地政府培训被注册的志愿者。涉罪未成年人及其家长必须参加该协商会议，如果被害人同意，被害者被要求尽量参加。转介期与犯罪行为的严重程度相适应，3个月至12个月不等。如果达成了协议，转介令专门小组将负责监控该协议，并在少年遵守协议的前提下，解除转介令。如果不能达成行为协议，或者未成年人违法协议条件，涉罪未成年人则会被送回法庭，以原罪判刑。[1]根据2008年《刑事司法和移民法案》少年法庭可以作出少年恢复令，取代了1998年未成年人司法体系中的9种社区处置，包括行动计划令、监管令、缓刑令、社区服务令等，简化了法庭量刑程序。少年恢复令是以社区为基础的法令，基于精算风险评估的结果，根据罪行严重程度选择相应的社区干预计划，最长期限是3年。根据少年司法委员会的指导，少年恢复令可以附加18项具体要求，对于附加要求的数量没有限制，但是附加要求必须与少年犯罪严重程度相适应。对于罪行轻微的未成年人犯罪，少年法庭可以作出赔偿令（rapration order），赔偿令要求涉罪未成年人向被害人或者社区进行补偿，旨在让涉罪未成年人承担犯罪行为的后果，对被害者作出实际的补偿。[2]转处令、恢复令、赔偿令都是以社区为基础的法庭裁判令，要求在社区执行。青少年犯罪小组通过审前报告向法庭提出建议，协调被害者，负责恢复令的执行。少年法庭的一个创新性的处置是羁

---

〔1〕 Referral Order Guidance，https://assets.publishing.service.gov.uk/government/uploads/system/uploads/attachment_ data/file/746365/referral-order-guidance-9-october-2018.pdf，最后访问日期：2020年7月14日。

〔2〕 修复令、亲职令贯彻了新未成年人司法体系责任性的精神，是对之前借口文化的反应，要求涉罪未成年人在经被害人同意的情况下，作出实际补偿，或者在所在社区进行无薪劳动。

押和训练令，也被称为无缝判决，该处置的前半部分在羁押场所中服刑，后半段则在社区的监督下服刑。这样的羁押安排使涉罪未成年人能够“无缝地”从羁押场所转移到社区，其重点是明确的“判决计划”，以确保羁押时间得到建设性的利用，并在释放后得到有效的监督和支持。[1]此外，还包括亲职令等辅助性处置，其中亲职令较为特殊，之前提到的刑罚都是针对未成年人本身的，亲职令的裁判对象则是未成年人的父母，亲职令包括两种情况：第一种情况要求父母参加咨询或者指导会议，最长期限3个月；第二种情况要求父母或者监护人对未成年人进行某种程度的控制，比如，确保未成年人上学或者确保其避开特定的人和地方。该命令也是由青少年犯罪小组负责执行，如果父母不遵守相关命令则可能构成刑事犯罪，最高可罚款1000英镑。

四、多机构支持服务体系与未成年人刑事司法程序的衔接机制

以青少年犯罪小组为核心的未成年人司法支持服务在英国未成年人刑事司法程序中发挥着重要作用，两者的结合使得英国的未成年人司法介于福利和惩罚之间，司法和行政达到了较好的协调效果。法律明确给予了青少年犯罪小组在不同刑事司法阶段的建议和决定权，在青少年犯罪小组和传统的警察、皇家检控署和法庭等刑事司法机构之间搭建了桥梁，从而实现了对固有社会支持模式的超越。这一模式的运行将各种社会力量和社会资源通过统一的机构青少年犯罪小组与未成年人刑事司法

---

〔1〕 Anthony Bottoms, James Dignan, “Youth Justice in Great Britain”, *Crime & Just*, 2004 (31), p. 89.

形成一个完整的对涉罪少年的社会控制之网，有符合正当程序严格的惩罚之网，也有无缝对接的全程保护和关爱，一方面起到了预防犯罪的目的，另一方面可以促进未成年人更好地回归社会，真正做到以未成年人为中心，在惩罚未成年人触法行为的同时，实现未成年人利益最大化。

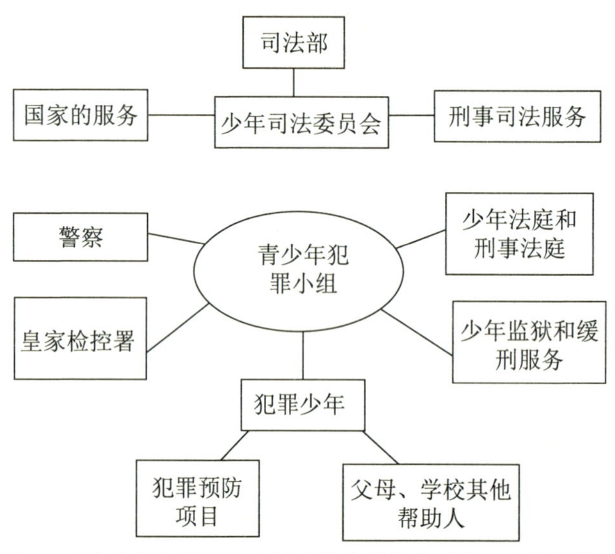

图4　以青少年犯罪小组为核心的未成年人刑事司法服务体系

（一）庭外处置阶段的支持服务

庭外处置程序是英国未成年人刑事司法的重要前置程序，涉罪未成年人是否进入正式刑事程序、是否被起诉、是否被保释都取决于该阶段。庭外处置阶段警察和青少年犯罪小组密切合作，鼓励采用恢复性司法理念[1]，重视维护涉罪未成年人的

〔1〕在庭外处置阶段，恢复性司法并不是一项正式处置措施，而是可以与庭外处置的措施结合使用，比如，在警告和附条件的警告中都可采用恢复性司法的措施。

基本权利和保护受害人利益。在庭外处置程序中，青少年犯罪小组与刑事程序的衔接体现在讯问阶段提供合适成年人服务，基于社会调查和风险评估对是否起诉、是否保释以及作出何种处置给出建议，并负责警告和附条件警告处置的监督和后续跟进。此外，在英国还有一些转处方案由警察和青少年犯罪小组合作执行，与庭外处置体系相互配合，共同服务涉罪未成年人。〔1〕

1. 协助警察作出庭外处置决定

根据2012年《法律援助，量刑和犯罪处罚法》，警察和青少年犯罪小组必须有效合作，以确保法庭外的处置体系的有效运行。当作出一个青少年警告，警察必须告知青少年犯罪小组，如果涉罪未成年人以前有过犯罪经历，警察则需要根据青少年犯罪小组的评估，由警方和青少年犯罪小组联合作出决定。为了确保真正的联合决定，青少年犯罪小组中的警察不能作为警察或者青少年犯罪小组的决策者。青少年犯罪小组必须确保做好庭外处置的记录，将处置原因、处置结果等信息录入青少年犯罪小组信息库，并制定有效的干预措施支持警告和附条件的警告的实施。

首先，做好信息共享，确保机构间合作。少年司法委员会制定了《青少年犯罪小组信息管理建议》指导青少年犯罪小组与其他机构共享相关信息。目前警察和青少年犯罪小组已经建立了信息共享机制，确保所有有关涉罪未成年人和受害人的信息可以在两者之间共享，比如警察应该在未成年人被逮捕后24小时内联系受害人，并在1个工作日内通知青少年犯罪小组，

〔1〕 Youth Out-of-Court Disposals Guide for Police and Youth Offending Services, https://assets. publishing. service. gov. uk/government/uploads/system/uploads/attachment_data/file/438139/out-court-disposal-guide. pdf，最后访问日期：2020年7月14日。

将未成年人的人口信息、犯罪相关信息、受害人信息[1]等提供给青少年犯罪小组。青少年犯罪小组中的警察在这个过程中发挥着关键的作用。青少年犯罪小组可以有效利用警察信息系统，提高交换信息的质量，帮助作出及时的评估决策。此外，青少年犯罪小组必须记录警告的类型并将信息反馈给少年司法委员会。[2]

其次，提供评估支持，确保联合决策。警察需要与青少年犯罪小组签订合作意向书，确保庭外处置的联合决策。警察需要及时将社区决议和警告通知给青少年犯罪小组，由青少年犯罪小组对未成年人进行及时有效的干预。如果不是首次犯罪行为，必须转移给青少年犯罪小组继续评估，以帮助警察作出进一步的处置决策。青少年犯罪小组一方面可以协助警察对未成年人犯罪行为严重程度进行评估，在原有的警方矩阵评估[3]的基础上，提醒警察考虑其他加重或者减轻因素。另一方面青少年犯罪小组还必须考虑受害者、犯罪行为历史、在青少年犯罪小组的干预历史等因素，就未成年人是否适用附条件警告以及如果应该附什么条件向警察提出建议。如果评估确定未成年人再犯风险高，则可适用附条件警告，因为附条件的警告具有一定的强制力。如果评估确定与少年福利有关，应将案件提交给儿童服务机构。所附的条件需要与未成年人个体情况相匹配，青

---

〔1〕 向青少年犯罪小组提供受害人信息，需经过受害人同意。

〔2〕 Youth Out-of-Court Disposals Guide for Police and Youth Offending Services, https://assets. publishing. service. gov. uk/government/uploads/system/uploads/attachment_data/file/438139/out-court-disposal-guide，pdf，pp. 12~17，最后访问日期：2020 年 7 月 14 日。

〔3〕 总警务人员协会（ACPO）设计了一个青少年犯罪严重性因素矩阵，该矩阵以刑事检控公共利益为原则，根据罪行严重程度，分为 4 等，其中最轻微行为为 1 分，最严重行为为 4 分。

少年犯罪小组会根据评估结果向警察就所附条件提出建议。[1]

最后，制定有效干预计划，监督庭外处置的执行。青少年犯罪小组需要在评估的基础上制定有效的干预计划，重点是促进亲社会的认同，帮助未成年人远离犯罪，尽量鼓励涉罪未成年人的父母及其家庭参与干预计划的制定和实施。作出庭外处置时，需要确保青少年犯罪小组成员在场，他们可以向未成年人及其家庭解释警告的效力、青少年犯罪小组的工作职责，加强与未成年人及其家庭的联系，避免转移过程中的程序和组织消耗。对于附条件的警告，青少年犯罪小组会根据其具体情况，与相关机构（比如毒品转介机构等）保持联系，监督附条件警告的执行。如果未成年人遵守附条件警告的条件，通常会排除对原罪起诉的可能性；如果未成年人不遵守其中一个或几个条件，需要由青少年犯罪小组对其不遵守的情况进行调查评估，如可以证明符合规定，则继续执行，如不符合，则该未成年人有可能面临被起诉的风险；涉罪未成年人也可以提出修改所附条件，修改所附条件需要青少年犯罪小组与未成年人重新签订协议，违反修改后的条件也是以原罪起诉；未成年人退出附条件警告的执行则被视为不遵守附条件警告，应由警察提起公诉。[2]

2. 提供庭外处置保释的支持服务

在庭外处置阶段进行保释是为了进一步调查犯罪行为或者确保庭外处置程序的有效运行，保释可以发生在警察作出警告、附条件警告或者起诉之前，也可能在此之后。在作出庭外处置

〔1〕 Code of Practice for Youth Conditional Cautions，https://www.gov.uk/government/publications/code-of-practice-for-youth-conditional-cautions，最后访问日期：2020年7月14日。

〔2〕 Code of Practice for Youth Conditional Cautions，https://www.gov.uk/government/publications/code-of-practice-for-youth-conditional-cautions，最后访问日期：2020年7月14日。

之前进行保释的原因包括三种情况：需要对未成年人犯罪行为进行进一步调查；在国家警察计算机系统中没有有罪的记录，需要转移给青少年犯罪小组对未成年人犯罪行为历史进行调查；为了确保后续正式的处置程序的作出，需要转移给青少年犯罪小组对未成年人进行评估。在作出庭外处置之后的保释原因包括两点：一是确保警告和附条件警告的作出，二是确保庭外处置程序中恢复性司法措施的运用，保障受害者的参与。警察保释不得被用于确保未成年人遵守干预行为，且需要将保释的原因告知未成年人和合适成年人。庭外处置程序中的保释需要警察和青少年犯罪小组的密切配合。〔1〕

第一，青少年犯罪小组对未成年人保释进行评估和支持。青少年犯罪小组应该建立该未成年人之前犯罪或者保释的历史档案、确认该未成年人是否在青少年犯罪小组或者其他相关机构有过接触记录、确认保释地址的适当性和稳定性，以此为基础向警察提出适当的保释建议。具体来说需要确保在犯罪严重程度评分中考虑加重和减轻因素，并在作出最终处置过程中考虑受害者信息以及其他任何可以附加的条件。如果未成年人有较大的再犯风险，比如，无人照管、无家可归、经常逃学、混迹于青少年团伙、失业等，警察应该交由青少年犯罪小组进行全面的评估。

第二，保释的决定期限由警方和青少年犯罪小组协商确定。由于越早对未成年人进行干预的效果越好，所以保释决定期限需要警察和青少年犯罪小组相互配合，最长不超过 20 个工作

〔1〕 Youth Out-of-Court Disposals Guide for Police and Youth Offending Services, https://assets.publishing.service.gov.uk/government/uploads/system/uploads/attachment_data/file/438139/out-court-disposal-guide.pdf. pp. 19～21，最后访问日期：2020 年 7 月 14 日。

日，青少年犯罪小组应在 10 个工作日内使用风险评估工具对涉罪未成年人进行评估，警察应该在 10 个工作日内根据青少年犯罪小组的评估报告作出处置决定。根据警察的保释决定，未成年人在警察作出处置前可以待在家里，除非已经被起诉，一般不会强加保释的条件。

第三，确保保释程序顺利进行。如果在警署以外的地方发出警告，青少年犯罪小组会邀请该未成年人及其父母、监护人或者合适成年人前往该地点。如果该未成年人及其父母、监护人或者合适成年人出席了会议，并且发出了警告，警察会发出释放通知，正式解除保释。如果警告处置没有达成，该未成年人则继续保释，或者等待警方进一步延长保释期或者起诉。如果庭外处置没有达成，而该未成年人又违反了保释条件，则可能会因保释罪而被捕，并有可能同时被控保释罪和原罪。

3. 提供合适成年人服务

根据 1984 年《警察与刑事证据法》的规定，当未满 17 岁的未成年人被警察逮捕或者警告讯问时，其父母或监护人或其他成年亲属应当在警察讯问时作为合适成年人在场。当上述人员不能到场时，青少年犯罪小组必须提供合适成年人到当地的警局，无论该未成年嫌疑人是否来自本地区。青少年犯罪小组提供的合适成年人服务必须做成手册放置于警察局，同时提供给担任合适成年人的人员。这种合适成年人服务必须保证一周 7 天都予以提供，且覆盖警察讯问可能发生的主要时段（比如早上 9 点到晚上 9 点），非工作时段应安排电话联系人。合适成年人由青少年犯罪小组负责在社区招募，但遴选必须依照严格程序进行，并考虑其性别、种族等相关因素。青少年犯罪小组负责对被招募的合适成年人进行培训并提供支持。当未满 17 岁的未成年人被捕时，青少年犯罪小组应当按照警察的通知提供合适成年人到场，同时应当与未成年人的父母或监护人取得联系并使其了解作为合适成年人的职责，在其父母不愿意担任合适成年人时应向其解释基本的诉讼程序并提供相应的支持（比如交通或者看管婴儿）以促使其能够到场。青少年犯罪小组提供的合适成年人必须在2个小时内到达警局并履行以下职责：

第一，在警局前台登记并与拘禁警员会谈，查询未成年人的拘禁记录，并且面见被逮捕的未成年人。通过与被拘禁的未成年人的交谈，合适成年人应了解以下内容：评估未成年人的福利以及其对当前诉讼程序的理解（特别要考虑未成年人是否有精神疾患、学习障碍、语言或交流困难等）；向其解释合适成年人角色（包括告知其不是法律顾问）；向其解释需要保密和公开的问题；阐明任何与其拘禁相关的问题。该未成年人有权要求在羁押的任何时间于警察不在场的情况下会见其合适成年人。

第二，告知并建议未成年人可以获得免费的法律帮助。当未成年人提出不需要法律帮助的情况下，合适成年人有权为实现未成年人利益最大化而要求法律帮助，但不能强迫未成年人会见律师或法律代理人。未成年人有权在被警察讯问前在合适成年人不在场的情况下会见其律师，因为合适成年人不负责提供法律方面的帮助而且有可能在之后的程序中作为证人被传唤作证。

第三，在警察讯问时在场并向未成年人提供建议和帮助。讯问开始时合适成年人应提供其姓名和职业身份并且在讯问结束时在笔录或录音录像带上签名。在讯问时，合适成年人应该：为未成年人提供建议、监督讯问是否合法正当进行、促使警察与被讯问人之间顺畅交谈（考虑到未成年人可能存在精神疾患、沟通交流障碍等问题）等等。

第四，在警察提出指控，采集指纹、照片、DNA样本，贴身搜查，脱衣搜查等侦查行为过程中在场。合适成年人应确保未成年人理解其所受到的指控，贴身搜查或脱衣搜查时必须由与未成年人同性别的合适成年人在场，除非未成年人要求某一特定不同性别的合适成年人在场或者同性合适成年人不可得。此外，合适成年人必须确保警察以书面或口头的方式向未成年人提供了关于如何获得法律帮助、如何获得青少年犯罪小组服务、法院所在地、违反保释条件的后果、关于最后警告等庭外处理的信息等，并确保未成年人理解这些信息的含义。

第五，在警察可能拒绝保释的情况下立即通知青少年犯罪小组。在确认被逮捕的未成年人存在自残或者被其他人伤害的危险或者未成年人可能对社会造成危险时应立即通知青少年犯罪小组。青少年犯罪小组应立即联络其他相关机构以启动相应的安全程序。合适成年人必须记录与未成年人拘禁有关的信息并提交给青少年犯罪小组。这些信息包括：合适成年人到场的时间、是否联络了律师及联络原因、任何重要问题、有关父母监护人责任的详细信息、向父母提供的任何信息以及父母提出的任何意见、任何有关安全和公共保护的考虑、警察讯问的详细情况以及讯问持续时间和是否告知权利、讯问的结果以及保释的所有条件。〔1〕

（二）法庭审判程序的支持服务

前文论述了庭外处置阶段的支持服务体系，青少年犯罪小组扮演着重要角色，甚至是庭外处置的决策者之一。在法庭审判阶段青少年犯罪小组仍然是支持服务的核心，对法庭非监禁处置的判决影响巨大，但具体的指导原则和服务方式略有不同，

---

〔1〕 National standards for the development and provision of appropriate adult schemes in England and Wales，https://www.appropriateadult.org.uk/index.php/downloads/national-standards，最后访问日期：2020 年 7 月 15 日。

在法庭审判阶段青少年犯罪小组的支持服务以法庭审判为主导，建立在法庭审判的基本框架之上，处于辅助性地位，比如提供审前报告，向法庭提出裁判建议。少年法庭需要考虑青少年犯罪小组的建议但不受其限制。未成年人司法服务是建立在与涉罪未成年人及其父母、监护人良好信任的基础上的，需要专业技能和专业工具。支持服务的内容包括三个方面：法庭职能服务、审前报告和裁判安置服务。其中审前报告是法庭审判支持服务的核心职能，也是青少年犯罪小组专业性和创新性的体现，对整个未成年人司法裁判产生了重大的影响。

1. 提供法庭职能服务

法庭职能服务是指为了确保法庭程序正常运转，青少年犯罪小组协调相关机构和个人，并向涉罪未成年人及其父母、监护人提供相应支持帮助。比如，帮助未成年人及其父母、监护人理解法庭命令和法庭程序，了解青少年犯罪小组的职能等。在这个过程中，青少年犯罪小组来自法庭的工作人员发挥着重要作用。

在法庭程序开始之前，警察必须在决定起诉后的 24 小时内通知青少年犯罪小组，如果青少年犯罪小组认为起诉行为不适当，需要与皇家检控署讨论建议采用庭外处置措施。在正式庭审之前，提供保释和还押的支持工作。当未成年人被警察提起诉讼，在审判日期到来之前可以对其进行保释。如果未成年人承认了一个严重的罪行或者他们已经处于保释状态，警察必须尽快将其带到法庭由法官来决定保释决定是否合适，是否对社会治安有危险。在这种情况下，青少年犯罪小组将与法庭联系派出一名职员来评估保释的决定是否适当。这名出席法庭的职员通过综合评估，向法庭提出保释建议。这一角色很重要，因为保释决定关乎未成年人的自由和社会的安全，需要青少年犯罪小组本着道德和伦理信念，根据客观专业的评估给出专业的建议。此外，青少年犯罪小组必须提醒未成年人及其父母、监护人，他们有权聘请律师或者法律援助等，律师可以在法庭听证之前，从青少年犯罪小组了解涉案少年的相关情况，并可复制审前报告的内容。

如果正式开启法庭程序，青少年犯罪小组会在开庭前一天收到法庭开庭清单，其中包含被审判未成年人的相关信息，青少年犯罪小组需要准备好与该未成年人相关的信息，比如审前报告。如果该未成年人不属于本地，则应该联系所属地区的青少年犯罪小组，与其一起讨论该案例，共同应对庭审。因为审判地的青少年犯罪小组没有该未成年人的相关基础数据，比如是否有犯罪历史，是否曾被审判，所以需要未成年人所在地的青少年犯罪小组将审判前报告和相关信息在开庭前发送到审判地的青少年犯罪小组，这对于未成年人的审判以及给予何种处遇方式有很大帮助。根据不同地区青少年犯罪小组规模的不同，在法庭审判阶段，青少年犯罪小组会派出一名或者多名法庭工作人员出席少年法庭。青少年犯罪小组在开庭通知后，需要确保未成年人衣着得体，不受酒精等影响，在开庭当日准时出现在法庭。与未成年人父母及其监护人保持良好的联系，向他们说明法庭程序，尽量鼓励他们参与法庭裁判。如果庭审涉及其他相关机构，青少年犯罪小组需要联系相关机构，比如儿童服务部门、学校等，提醒其出席法庭。如果未成年人案件引起了媒体和社会关注，青少年犯罪小组则需要积极与媒体部门沟通协调，确保不会干涉法庭程序或者对未成年人造成不利影响。青少年犯罪小组还负责记录法庭的裁判结果，建立未成年人历史档案。

2. 提供审前报告

根据 2003 年《刑事司法法案》第 158 条的规定，青少年犯罪小组有权向法庭提供审前报告（pre-sentence report）帮助法庭找到处置涉罪未成年人最合适的方式。[1]审前报告是青少年犯罪小组的法庭职责之一，出席法庭的工作人员会就报告内容及未成年人的情况接受法官提问。审前报告对法官的量刑裁量具有重大影响，其目的是以未成年人的福利和未成年人的最大利益为原则，尽量促成未成年人非监禁刑罚的适用。如果青少年犯罪小组不能如期提供审前报告，必须向法庭作出说明。虽然法庭可以在没有审前报告的情况下作出判决，裁判的效力不会受到影响，但是根据2003年《刑事司法法案》第156条的规定，可以就该判决提起上诉。[2]

根据庭审的具体情况，审前报告可以具体分为五种类型：使用现有报告、休庭报告、特定量刑报告、转介小组报告和审前报告，其中前四种是特定情况下的简易报告，最后一种是法定的完整意义上的审前报告。使用现有报告（use of an existing report）是指青少年犯罪小组在庭审前3个月经过Asset Plus评估完成的报告，之后没有新的情况，在庭审过程中可以使用现有的报告，但是青少年犯罪小组的法庭工作人员必须出席法庭就新的犯罪行为作出口头或者书面的补充；休庭报告（stand down report）是指如果未成年人的情况相对比较简单，青少年犯罪小组对该未成年人很熟悉，可以选择在开庭当日以书面或者口头的方式完成报告。休庭报告必须包含审前报告的核心要素，且必须符合法定的审核签字程序。休庭报告可以确保法庭程序的迅速执行，但是如果涉罪未成年人可能被法庭判处监禁刑罚，则不允许使用休庭报告；特定量刑报告（specific sentence report）是指如果未成年人可能被法庭被判处特定的刑罚或者恢复令，

〔1〕 Criminal Justice Act 2003, Sec 158.
〔2〕 Criminal Justice Act 2003, Sec 156.

青少年犯罪小组可以提供特定量刑报告，向法庭提出适合的干预措施。特定量刑报告需要在提出请求的当日完成，同样必须符合审前报告的核心要求以及相应的审核签字程序。如果该未成年人可能被判处监禁，同样不允许使用特定量刑报告；转介小组报告（referral panel report）是指当未成年人首次犯罪，少年法庭准备适用转介令，青少年犯罪小组则提供转介报告，在转介小组会议上提供转介报告，帮助达成适合未成年人转介的干预方案；审前报告，是青少年犯罪小组根据少年法庭的要求在量刑前提交的报告，该报告就未成年人犯罪的原因、对犯罪的反应进行分析，对未成年人危险程度继续作出评估，并基于此提出量刑意见。[1]

审前报告一般有固定的格式，包括前言（front sheet）[2]、信息来源[3]、犯罪行为分析、未成年人评估、家庭支持性评估、风险评估以及结论和量刑建议[4]。审前报告应简洁明了，

---

〔1〕 How to use reports：section 5 case management guidance，https://www.gov.uk/government/publications/how-to-use-reports/how-to-use-reports-section-5-case-management-guidance，最后访问日期：2020年7月15日。

〔2〕 前言部分是标准化的格式，包括：①涉罪未成年人的基本人口学信息，比如姓名、出生年月、犯罪时的年龄、家庭地址等；②审议中的罪行类别及日期；③法庭名称及小型会议室地址；④报告提供人的姓名、职务和地址；⑤报告声明："本报告是2003年《刑事司法法案》第158条所界定的判刑前报告，是根据国家青年司法服务标准和相关指导编写的"。

〔3〕 信息来源部分应该包括：①至少与涉罪未成年人访谈两次；②至少与涉罪未成年人父母及其监护人访谈一次；③皇家检控署提供的该案件相关信息资料；④Asset Plus和其他专家评估的资料，包括创伤和受剥削经历；⑤其他相关人士的报告，比如少年所在学校；⑥受害者的陈述及其观点。

〔4〕 审前报告的最后一部分是根据之前的分析和评估，向少年法庭提出量刑的建议，并制定与该未成年人情况相匹配的干预计划供法庭选择。干预计划的目的是有效地防止再犯，降低对他人以及社会的风险。如果法庭正在考虑判处监禁，审前报告详细说明监禁对该未成年人教育、就业、培训以及家庭、心理健康等的影响，尽量促成非监禁的裁判结果。

如果不是特别严重的罪行，比如，多次犯罪，一般不超过 4 页。青少年犯罪小组会采用与涉罪未成年人访谈的方式获取一些基本信息，利用机构本身的资源和信息对该未成年人进行综合调查评估，并利用少年司法委员会开发的 Asset Plus 风险评估工具对未成年人的风险进行评估。其中犯罪行为的分析应该建立在少年法庭的指导意见〔1〕的基础上，但是不受其限制，分析的重点是犯罪的原因，即为什么未成年人会犯罪，但是分析的因素与皇家检控署的关注点不同，主要分析加重或者减轻因素、实施犯罪行为的背景、预谋和计划的程度、是否被他人利用、涉罪未成年人的社会心理成熟度、犯罪行为模式、犯罪的动机、对受害者的态度、补救的愿望和行动等。其中比较特殊的是关于未成年人否认的态度，比如，坚持认为自己无罪，或者认为不是自己的责任。对于前者应该在报告中说明，对于后者则应视具体情况而定。如果一味推卸责任，比如，认为不是自己的错，是受害者原因等则不予考虑；如果是具有积极因素的发展性表述，比如，“如果我没有喝酒，就不会做出这样的行为”，说明其愿意承担改变未来行为的责任。〔2〕

总的来说，评估是审前报告的核心内容包括少年综合评估、风险评估以及危险性评估。少年综合评估是对之前犯罪行为分析的补充，但不是重复地提供一个完整的生活史，而是选择与犯罪行为密切相关的因素进行评估，包括父母的支持性评估、少年参加帮派情况等。风险评估包括再犯风险、伤害他人的风

〔1〕 当少年法庭要求青少年犯罪小组准备审前报告时，会对涉罪未成年人的罪行严重性以及可能判处的刑罚作出非限制性说明，比如罪行是否严重需要社区惩罚或者严重到不能仅靠罚款或者社区惩罚等，青少年犯罪小组需要在此基础上准备审前报告。

〔2〕 就像承认犯罪不会降低风险因素一样，否认犯罪并不代表会增加风险因素，因此积极性的否认因素也会被考虑。

险和伤害自己的风险，其中再犯风险可以使用 Asset Plus 风险评估工具。根据 2003 年《刑事司法法案》，当法庭判处法案附表 15[1]罗列的严重犯罪行为，可能判处监禁刑罚时，在裁判过程中需要考虑未成年人的危险性程度（dangerousness），也就是说只有在法庭明确要求的情况下，审前报告才会考虑危险性评估。关于危险性评估，少年司法委员会专门制定了相关指南，对危险性行为和实践进行界定，用以指导青少年犯罪小组的评估。[2]需要注意的是，这里的危险性评估不被用于前文所述风险评估，对危险的定性权在法庭。根据 2003 年《刑事司法法案》第 229 条的规定，对危险性界定的最终决定权在法庭，如果法院认为该未成年人有进一步犯罪行为，会对公众和社会造成严重伤害，则将该未成年人评定为危险。[3]青少年犯罪小组需要在审前报告中提供未成年人过去犯罪历史的事实情况，比如犯罪行为性质和情况、之前未被起诉的行为情况等，但是不对危险性作出判断。

（三）审判后安置阶段的支持服务

1. 社区刑的安置服务

如前文所述，在英格兰法庭处置程序中有三种主要的社区刑罚：转处令、恢复令、赔偿令。执行以社区为基础的刑罚，需要青少年犯罪小组与涉罪未成年人及其父母保持密切的联系，并采取有效的干预措施，预防未成年人再犯。

如果未成年人是初次犯罪，法庭可能作出转处令。青少年

---

〔1〕 Criminal Justice Act 2003, SCHEDULE 15.

〔2〕 Public Protection Sentences and ‘Dangerousness’ Guidance for youth offending teams, https://webarchive.nationalarchives.gov.uk/20110205191310/http://www.yjb.gov.uk/publications/Resources/Downloads/Public% 20Protection% 20Sentences% 20and% 20 Dangerousness%20-%20Guidance%20for%20YOTs, pdf，最后访问日期：2020 年 7 月 15 日。

〔3〕 Criminal Justice Act 2003, Sec 229.

犯罪小组必须在法庭作出转处令 20 天内招募培训社区志愿者建立转处令专门小组，并向转介专门小组提供转介报告。转介报告不能提出任何有关协议的建议，主要是提醒专门小组考虑法庭量刑关注的重点以及受害者可能接受的赔偿方式。转介专门小组包括一名青少年犯罪小组成员和两名经过资格认证的社区工作人员，其中青少年犯罪小组成员担任顾问和监督的角色，负责向社区工作人员提供少年背景信息和建议并监督未成年人的行为，社区工作人员是转介小组的决策者。转介小组会议至少每 3 个月召开一次会议，如果未成年人不参加，则由社区工作人员决定是否转移回法庭。转介协议由转介小组和未成年人及其父母共同商定，青少年犯罪小组负责监督协议的执行，并与转介小组有效协调。[1]

如果未成年人罪行轻微，法庭可能作出赔偿令或恢复令。赔偿令要求涉罪未成年人直接向受害者或者向整个社区做出补偿，服务补偿时间不超过 24 小时，需要在 3 个月内完成。青少年犯罪小组需要使用 Asset Plus 风险评估工具评估未成年人犯因性需求，指导补偿令实施，并指定一名案例经理负责补偿令的执行，积极联络受害者，监督涉罪未成年人补偿行为。恢复令是以社区为基础刑罚，包括一系列的附加条件和需求。青少年犯罪小组会选派专门的案例经理负责监督附加条件的执行。附加条件或者需求的干预可以由青少年犯罪小组提供也可以由其他社会机构提供，青少年犯罪小组选派的案例经理主要负责监督具体需求的执行。比如，监管的需求，主要是处理导致违规行为的态度、行为和思维模式，一般由外部机构提供，青少年

〔1〕 Referral Order Guidance October 2018，https://assets.publishing.service.gov.uk/government/uploads/system/uploads/attachment_data/file/746365/referral-order-guidance-9-october-2018，pdf，最后访问日期：2020 年 7 月 15 日。

犯罪小组负责每月与监管人会面一次，监督该条件的执行。

此外，经过法庭审判，未成年人还可能被判处的刑罚有拘留和训练令，当未成年人被判处服刑时，青少年犯罪小组必须与安全机构工作人员密切联系，以保证该未成年人能够成功地被重新安置上，并在整个刑期中始终保持一致，做到信息的有效共享，并进行有效的干预措施。

2. 监禁刑的安置服务

监禁刑的执行主要是在少年监狱部门，从少年法庭作出监禁处置到转移到少年监狱的过程中，青少年犯罪小组负责提供相应的支持服务。如果法庭对未成年人判处监禁处罚，青少年犯罪小组应该在 24 小时内通知少年监狱的服务部门，将其掌握的相关评估资料转移给少年监狱的服务部门，并在庭审结束后完成安置评估报告提供给少年监狱的服务部门，帮助其作出合适的安置行为。青少年犯罪小组必须确保未成年人理解法庭裁判的最终结果，并协助裁判的执行。青少年犯罪小组还需要与护送少年的工作人员保持联系，获取护送记录，并重点关注其是否有自杀或者自残行为，并将之纳入后续的审后安置报告。如果青少年犯罪小组对少年监狱服务部门的安置决定有异议〔1〕，可以申请对安置决定进行审查。青少年犯罪小组可以提供相关信息，建议少年监狱服务部门改变安置决定，采取更符合未成年人利益、更能规避风险的安置方式。

五、多机构合作支持服务的效果评估及其启示

1998 年《犯罪与社会失序法》颁布以来，以青少年犯罪小组和少年司法委员会为核心的多机构合作支持服务体系逐渐发

〔1〕 除了青少年犯罪小组，未成年人及其父母、监护人及其律师、指定的地方委员会等都可以提起异议。

展完善并取得了显著的成效。根据少年司法委员会发布的年度工作报告，近年来首次进入未成年人刑事司法体系的人数、再犯人数、监禁人数都在不断下降，在 2017-2018 年度，首次进入未成年人刑事司法系统的平均年龄是 15.2 岁，10 岁至 17 岁未成年人首次进入未成年人刑事司法体系的人数下降了 14%，再犯率下降了 40.9%，使用监禁刑的比例虽然有所上升，但也是近年来首次上升，相比上一年上升了 3%。[1]

总的来说，英国的未成年人司法支持服务体系的以下几个特征值得深入思考：

第一，重视多机构合作，明确支持服务的机构。英国未成年人司法支持服务体系的显著特征是成立了专门的青少年犯罪小组，创造性地纳入了其他机构和专业力量，使得支持服务更加精准和全面。虽然英国学者认为青少年犯罪小组作为一个刑事司法机构的地位有些争议，但是不可否认的是，作为未成年人刑事司法服务机构，它在传统未成年人刑事司法和社会支持服务之间搭建了桥梁。跨部门、跨专业的合作已经是未成年人司法领域的共识，英国创立的青少年犯罪小组为其他国家未成年人司法改革提供了良好的范例。各国在未成年人司法改革过程中，都在寻求未成年人司法的多部门联动机制，在这个过程中，是否可以像英国一样在政府和法律的强制力保障下，建立明确的多机构合作的支持服务机构值得深入思考。从英国青少年犯罪小组的司法服务实践可以看出，不管是程序还是服务内容，它已经稳定地嵌入未成年人刑事司法程序之中，成为未成年人刑事司法程序的一部分，并发挥着重要的作用。我国近年来也不断倡导建立多部门合作的未成年人司法社会联动机制，

---

〔1〕 未成年人司法支持服务效果评估有三个核心指标：首次进入未成年人刑事司法体系人数、监禁刑罚的使用、再犯率。

鼓励政府购买社会支持服务，但是我国服务于未成年人司法的社会支持力量相对分散，还需进一步加强。以社会支持体系建设相对比较完善的北京和上海为例，社会支持的主体主要还是社会工作者，包括教育、医疗、卫生等在内的政府职能部门参与不足，政府的主导作用没有得到重视和强调。在推进社会支持体系建立的过程中，英格兰的多机构合作策略颇值得我国学习和借鉴，在政府和法律的强制力保障下建立综合多方力量的多机构合作体系，是在短期内加速少年司法社会支持体系建设的较好选择。

第二，强调风险评估工作，确保支持服务专业化。在青少年犯罪小组实践过程中，风险评估工作发挥了重要作用，几乎贯彻其服务的全过程。少年司法委员会从成立之初就致力于研究开发系统的风险评估工具 Asset，目前 Asset 已经升级到 Asset Plus，覆盖未成年人司法程序的各个阶段。风险评估并不是传统刑事司法关注的重点，但是近年来，风险评估不断向刑事司法领域渗透，比如缓刑中风险评估工具的使用，再如美国近年来的保释改革争论的核心即围绕着是否从法律上纳入风险评估。鉴于未成年人司法的特殊性，风险评估契合了未成年人个性化处置的要求，可以根据未成年人的风险、需求因素进行个性化干预。在英国未成年人司法的实践中，风险评估是核心内容，其指导着青少年犯罪小组的工作，在其服务的不同阶段都发挥着重要作用。少年司法委员会开发的 Asset Plus 风险评估工具包含不同的模块，工作人员在使用该工具的时候，可以根据不同需要选定不同模块进行评估服务。在我国的未成年人刑事司法程序中，虽然确立了全面社会调查的原则，有的地方也委托社会工作者或者其他机构工作人员对涉罪未成年人进行社会调查，相比之前的未成年人刑事司法实践是一个明显的进步，但是里面也隐含了一系列问题。比如，其一，社会调查与风险评估的区分和界定问题。现有的社会调查报告虽然有时也会纳入一些心理学评估量表，给检察机关提供一定的再犯可能性和社会危险性的评估，但是在各地发展不均衡，目前的调查评估并不规范，没有形成系统的评估规则，也没有相应的专业技术支持。英国青少年犯罪小组提供的审前报告实际上同时包含了风险评估和社会调查的内容，并对评估内容进行了进一步的划分：综合评估、风险评估和危险性评估。总的来说，英国青少年犯罪小组最后呈现给少年法庭的报告相比我国的社会调查报告更综合、更专业。其二，风险评估研究的匮乏。虽然我国刑事司法领域有学者关注风险评估的相关成果，但是没有深入、系统的研究，其中可能的原因是专业和技术的限制。在国外，风险评估一般由心理、医学领域学者主导，我国目前相应的交叉学科研究还属于刚刚开始探索的阶段，需进一步加强。

第三，重视庭外处置，尽量采用出罪的方式处理未成年人案件。在英国未成年人司法体系中，庭外处置是未成年人司法支持服务的重地，国家刑事司法联合调查署的统计报告显示：庭外处置在青少年犯罪小组工作中所占比例越来越高，占到其工作的30%~80%。[1]庭外处置的目的是尽量避免未成年人进入刑事司法程序，这也符合英国未成年人司法体系的核心目标——预防和减少儿童和青少年犯罪。在英国，警察和青少年犯罪小组必须合作确保庭外处置体系的有效运行。英国的庭外处置及相应的社会支持体系带给我国的启示在于：一方面，重视审前分流，尽量减少涉罪未成年人进入正式刑事司法程序，避免标签化对未成年人发展产生不利影响；另一方面，明确多机构合

〔1〕 Out-of-court disposal work in youth offending teams, https://www.justiceinspectorates.gov.uk/cjji/wp-content/uploads/sites/2/2018/03/Out-of-court-disposal-work-in-youth-offending-teams-reportb.pdf，最后访问日期：2020年7月15日。

作小组在审前分流中的核心作用，通过综合评估积极干预，与警察和检控部门配合，避免庭外处置程序的虚化，通过支持体系将庭外处置程序落到实处。相比较而言，在我国的未成年人刑事案件中，公安机关在侦查阶段没有自行处置案件的权力，对于犯罪事实清楚、证据确实充分，依法应当追究刑事责任的案件，必须一概移交人民检察院审查起诉。审查起诉阶段的酌定不起诉和附条件不起诉处分是审前阶段仅有的出罪机制，但因为酌定不起诉只是一种单纯不追究刑事责任的处理，没有后续的监督考察处分与之衔接，并非转处机制，因此只有附条件不起诉处分是目前未成年人刑事案件唯一的审前转处措施。从实践的角度来看，附条件不起诉目前的适用率较低，而且各地区之间极不平衡，比如，2015 年北京市海淀区人民检察院的附条件不起诉率达到了 16%〔1〕，而同期西南地区的四川省某市的附条件不起诉率仅为 1.77%。〔2〕究其原因，主要在于不同地区的社会支持资源呈不均衡分布状态，并导致了刑事诉讼法规定的制度在各地实施时呈现出较大的差异性。这种社会支持严重不足的现状也极大地制约了我国审前转处在立法和司法中的扩张适用。大量轻微未成年人刑事案件通过侦查、起诉程序进入审判环节，而无论法院最终如何予以轻缓处理，被定罪的未成年人都会被贴上犯罪标签，即便是目前正在扩展适用的认罪认罚从宽制度也不能避免大量未成年罪犯的产生。笔者认为，与其通过犯罪记录封存制度避免犯罪记录影响未成年人的未来发展，不如通过审前转处使其彻底摆脱犯罪标签的影响，并通过

---

〔1〕 杨新娥等："附条件不起诉实证研究报告"，载《国家检察官学院学报》2017 年第 3 期。

〔2〕 李红豆："附条件不起诉制度实施问题研究"，载《北京警察学院学报》2019 年第 1 期。

警察、检察官与社会支持机构、社区之间的合作实现对其的保护和教育，相较于定罪后的非刑罚化处置，这种非罪化处置更符合犯罪预防的初衷。因此，借鉴英国的经验，可以在我国建立起多机构合作的社会支持体系，为审前转处提供足够的支持和服务，在此基础上赋予警察和检察官在侦查和审查起诉阶段庭外处置案件的权力，尽可能避免轻微刑事案件进入刑事审判程序。

第四，提倡少年承担，鼓励恢复性司法。英国未成年人司法支持服务实践还注意采用恢复性司法措施，关注受害者，提倡未成年人自己承担犯罪的责任。具体表现在未成年人司法裁判体系上，比如，转介令、赔偿令、恢复令、亲职令等，要求未成年人直面犯罪的后果，分析犯罪的原因并积极干预，在干预过程中，注重恢复性司法理念，尽量修复未成年人与受害者、社区的关系，此外，还要求未成年人的父母承担相应的责任。在我国，随着经济和城市化的发展，农村留守儿童和城市“隐形流动儿童”的犯罪率较高，其中很大的原因是父母管教的缺位，可以考虑在我国的处置体系中增加父母的责任，或者是鼓励未成年人修复与父母、家庭的关系，这对从根本上预防和防止再犯有很大的帮助。但是恢复性司法措施执行的关键在于有稳定的社区力量支持，恢复性司法一般会要求在社区执行，比如英国未成年人司法转介令的执行，主要由社区志愿者主导，问题的关键还是在于稳定的支持服务体系。

正如英国学者提出的，未成年人司法需要的或许不是一项成功的刑事司法政策，而是包容的社会控制政策，政府和社会需要为未成年人司法提供稳定的支持和服务。刑事司法的社会化趋势必然要求传统的刑事司法体系作出变革，尤其在社会性需求如此明显的未成年人司法领域。当然，本书对英国未成年人司法的考察只是为我国未成年人司法改革的方向提供一些思考和建议。英国未成年人司法体系虽经历近百年的探索，但也并不是完美的，也面临一些挑战。比如，尽管未成年人犯罪数量比十年前大幅度减少，但也有新的问题；再如，未成年人抢劫和毒品犯罪的数目有所增加、来自黑人、亚洲人和少数民族（BAME）背景的未成年人的监禁比例较高等。[1]面对问题，英国未成年人司法在近二十年的发展历程中一直秉持“首先他们是儿童，其次他们是犯罪人”的理念，正是这种理念确保了少年司法改革不偏离儿童最大利益原则。

第二节　苏格兰的儿童听证制度

一、苏格兰[2]儿童听证制度的发展概况

在儿童听证制度产生之前，苏格兰地区也是由法院系统审理未成年人违法犯罪问题。除了谋杀、强奸、叛国等非常严重的刑事案件专属高等法院管辖外，其他未成年人案件都由高院下面的简易法院管辖。其中郡治安法院是最重要的简易法院，管辖了1/3的苏格兰未成年人犯罪案件，格拉斯哥的治安法院（也是简易法院系统的一部分）管辖了另外1/3，剩下的案件分散在其余法院。[3]

---

〔1〕 Annual report and accounts 2018/19, https://assets. publishing. service. gov. uk/government/uploads/system/uploads/attachment_ data/file/820763/YJB_ Annual_ Report_ and_ Accounts_ 2018-19_ pages_ web. pdf，最后访问日期：2020年7月15日。

〔2〕 苏格兰，是大不列颠及北爱尔兰联合王国（英国）的政治实体之一。苏格兰历史上是一个独立王国，1707年与英格兰王国合并为大不列颠王国，但在其内部实行的是区别于英格兰的独立的法律体系。故，在上一节介绍过英国的相关制度后，本节单独介绍苏格兰的儿童听证制度。

〔3〕 Sanford J. Fox, “Juvenile Justice Reform: Innovations in Scotland”, *American Criminal Law Review*, 1974 (15), pp. 63~64.

苏格兰未成年人司法的发展特点是围绕着对违法犯罪的年轻人的适当待遇进行辩论。一方面，福利主义者寻求保护和改善个体年轻人的福祉；另一方面，惩罚性强制措施旨在保护和捍卫更广泛的社会公共利益。例如，1908 年《儿童法案》限制对年轻罪犯使用监禁，但保留刑事处罚作为处理那些被认为是“真正堕落和不守规矩”的人的手段，并保留了对儿童的鞭刑。直到苏格兰国务卿委托基尔布兰登委员会进行重大审查之前，未成年人司法改革仍然是零碎的，并且在福利主义和刑事司法要求之间徘徊不前。[1]

1964 年 4 月，经过近三年的调查和审议，苏格兰国务卿向议会提交了基尔布兰登委员会提出的一项改革苏格兰少年法庭的报告，即基尔布兰登报告。这份报告对苏格兰未成年人司法制度产生了深远的影响，正是它促使建立了苏格兰儿童听证制度。基尔布兰登委员会于 1961 年 5 月成立，负责寻求解决二战后苏格兰青少年犯罪率上升的办法。该委员会由苏格兰高级法官基尔布兰登主持，其他成员包括 4 名治安法官、4 名律师、1 名警察局长、1 名校长、1 名精神病医生和 1 名观护官，委员会的成员组成影响了报告的内容和风格。在基尔布兰登委员会进行调查和审议时，青少年犯罪是一个比儿童成为受害人严重得多的问题。[2]但是委员会发现，以犯罪为理由提交给少年法庭的大多数案件也有潜在的（欠缺）照料问题，而且他们的大多数罪行在性质上是琐碎的、微不足道的。所以委员会主要关注

---

〔1〕 Michele Burman, Susan McVie, “Scotland” in Scott H. Decker and Nerea Marteache (eds), *International Handbook Of Juvenil*, 2nd edn, Springer International Publishing Switzerland, Switzerland, 2017, pp. 371 ~ 372.

〔2〕 Michele Burman, Susan McVie, “Scotland” in Scott H. Decker and Nerea Marteache (eds), *International Handbook Of Juvenil*, 2nd edn, Springer International Publishing Switzerland, Switzerland, 2017, pp. 371 ~ 372.

的是“陷入困境的儿童”，包括：（1）有犯罪行为的人；（2）需要照顾或保护的人；（3）父母无法控制的人；（4）持续旷课的人。尽管这比单纯的“青少年犯罪”范围更广，但这些孩子都有一个共同点，那就是在正常的成长经历中失败了。[1]为此委员会提出一系列建议，这些建议的核心原则是：（1）将儿童案件的事实认定体系和案件处理的裁判决定体系分开；（2）由非专业人员小组（lay panels）决定对困境儿童的处置；（3）儿童的需要是首要和主要的考虑因素；（4）家庭在解决儿童问题方面有重要作用；（5）采用早期预防和教育的方式解决问题。[2]

基尔布兰登报告将未成年人司法从法院系统转变到“社会教育”系统的提议引起了激烈的讨论。尽管如此，政府还是在原则上和大部分细节上接受了这些建议。1966 年《社会工作与社区》白皮书发布，其中保留了基尔布兰登委员会的大部分核心建议，并首次使用了“听证会”（hearings）、“儿童听证小组”（children’s panels）这些具体术语。1968 年，《苏格兰社会工作法》对新制度予以立法确认。[3]1971 年，听证会从法院接管了处理犯罪或需要照顾、保护的 16 岁以下儿童的大部分责任[4]，儿童听证制度正式实施。

自儿童听证制度建立以来，社会的发展和法律问题特别是

---

〔1〕 Fred H. Stone, “INTRODUCTION” in Stewart Asquith (eds), *THE KILBRANDON REPORT- CHILDREN AND YOUNG PERSONS SCOTLAND*, HMSO: EDINBURGH, Edinburgh, 1996, p. X.

〔2〕 Fraser of Carmyllie, “Foreword”, Stewart Asquith (eds), *THE KILBRANDON REPORT- CHILDREN AND YOUNG PERSONS SCOTLAND*, HMSO: EDINBURGH, Edinburgh, 1996, p. vii.

〔3〕 Scottish Government, “The Children’s Hearing System in Scotland”, https://www2.gov.scot/Publications/2003/01/16151/16388，最后访问日期：2020 年 7 月 15 日。

〔4〕 法院保留了对儿童触犯严重罪行的管辖权。

人权法的发展导致听证制度发生了一些重大变化。最初儿童听证会涉及的对象主要是犯罪的儿童，但在20世纪70年代末，关于虐待儿童的事件报告有所增加。20世纪80年代，儿童性虐待开始被认为是一个普遍存在的问题。听证会中保护儿童的案件逐渐增加，直到现在远远超过了儿童犯罪的案件。这一时期社会的变化给儿童和他们的家庭带来了压力，儿童听证制度必须适应这一社会的变化。[1]1991年，英国加入《联合国儿童权利公约》，在一定程度上增强了公众对为儿童提供最高水平服务的必要性的认识，使儿童的需求获得了前所未有的更高的政治地位。1995年，《苏格兰儿童法》颁布，其以儿童及其家庭的需求为中心，界定了与儿童有关的父母责任和权利，并取代了《苏格兰社会工作法》中关于儿童的相关内容。《苏格兰儿童法》于1997年4月1日实施。1998年，英国议会颁布了《人权法》和《苏格兰法》，这两项法律都对苏格兰的宪法和法律产生了深远的影响，当然也包括儿童听证制度。在新的法律环境下，儿童听证制度进行了结构性改革，2011年1月6日，《苏格兰儿童听证法》通过批准，取代了《苏格兰儿童法》中关于儿童听证制度的内容。新法的变革包括建立苏格兰儿童听证会（Children's Hearings Scotland）、设立国家会议召集人角色（National Convener）、允许律师作为代理人参与儿童听证会等。《苏格兰儿童听证法》是苏格兰儿童听证制度的现行法，下文对该制度的介绍都是基于这部法律的内容。

〔1〕 Scottish Government, "The Children's Hearing System in Scotland", https://www2.gov.scot/Publications/2003/01/16151/16388，最后访问日期：2020年7月15日。

二、苏格兰儿童听证制度的组织和人员

（一）儿童听证制度的主要组织

1. 启动组织：儿童报告员和苏格兰儿童报告员管理局

报告员的角色有点类似于刑事案件中的检察官，他的职责是接收被认为需要强制监管的儿童的转介申请，起草案由陈述并决定是否将该儿童转介给儿童听证会。任何人和机构都可以向报告员提出儿童转介申请，但是大多数转介请求都来源于警方。在收到转介信息后，报告员将进行初步调查，然后决定是否对儿童采取以及采取何种行动。一旦报告员作出将儿童转介至听证会的决定，程序将无法回转，案件只能按照听证程序继续进行。作出将儿童转介听证会的决定后，报告员的职责是安排、组织、管理听证庭，并记录每名儿童的听证过程。报告员不需要有法律背景，他们受雇于苏格兰儿童报告员管理局（the Scottish Children's Reporter Administration）。苏格兰儿童报告员管理局是一个非部门公共机构〔1〕（a non－departmental public body），依据《苏格兰地方政府法》（1994年）［Local Government (Scotland) Act 1994］成立，自1996年4月1日运行至今，负责为儿童报告员的工作提供便利以及为儿童听证会提供合适的场所等〔2〕。

2. 审理组织：苏格兰儿童听证会、儿童听证小组和儿童听证庭

苏格兰儿童听证会（Children's Hearings Scotland）依据《苏

---

〔1〕 非部门公共机构是国家政府运行过程中发挥作用的机构，但不是政府或政府部门的一部分。

〔2〕 Scottish Children's Reporter Administrator, "About SCRA-SCRA's role and purpose", https://www.scra.gov.uk/about-scra/，最后访问日期：2020年7月15日。

格兰儿童听证法》(2011 年) 成立，由苏格兰国家会议召集人 (National Convener) 领导和管理[1]，于 2013 年 6 月 24 日正式运行，负责招募、培训和支持苏格兰儿童听证小组的成员 (members of children's panels)。苏格兰儿童听证会也是一个非政府公共机构，目前拥有 20 名左右付薪雇员，2500 名儿童听证小组成员。[2]

儿童听证小组的成员均为志愿者，是儿童听证庭的组成人员，负责关注儿童的行为、需求及福利，并决定是否对儿童采取强制监管令。国家会议召集人须确保听证小组成员来自苏格兰所有地方区域。[3]每一小组成员的名单必须由全国召集人公布，连同有关小组成员生活或工作的地方当局的资料，供公众查阅。[4]

儿童听证庭由 3 名儿童听证小组的成员组成，其中必须有 1 名女性和 1 名男性，[5]听证小组成员有权请假参加儿童听证会。[6]儿童听证庭的 3 名成员当中会产生 1 名首席听证员，每个小组成员都有资格担任首席听证员。虽然首席听证员在处理案件方面没有比其他成员更大的发言权，但他负责掌控整个听证庭，为参与听证的人提供信息和相关解释，并需要确保儿童的有效参与。[7]

---

〔1〕 Children's Hearings (Scotland) Act 2011, s1 (1).

〔2〕 National Convener, "Feedback Loop 2015/16 Report under Section 181 of the Children's Hearings (Scotland) Act 2011", 28 July 2017, http://www.chscotland.gov.uk/media/131236/Foreword-and-Analysis-v03.pdf, 最后访问日期：2020 年 7 月 15 日。

〔3〕 Children's Hearings (Scotland) Act 2011, s.4 (2) (b).

〔4〕 Children's Hearings (Scotland) Act 2011, Schedule 2 para. 2.

〔5〕 Children's Hearings (Scotland) Act 2011, s.6 (3) (a).

〔6〕 Employment Rights Act 1996 s.50 (2) (b).

〔7〕 Kenneth McK. Norrie, *Children's Hearings in Scotland* 3rd, W. Green, Edinburgh: 2013, p. 16.

3. 执行组织：地方政府

虽然地方政府本身没有资格参加儿童听证会，而且在任何意义上也不是诉讼的当事人，但它在整个制度中仍然发挥着核心作用。首先，总会有当地政府的雇员以社工的形式出席。此外，地方政府负有与儿童有关的各种调查责任，如果案件被提交至儿童听证会，则必须为每一个儿童提供一份社会背景报告。[1]这份报告几乎总是包含对儿童听证会的建议，而这些建议总是会被听证庭认真考虑。

除了上面提到的调查和报告的责任外，地方政府还有实施强制监管令和临时强制监管令的义务。[2]尤其，执行部门必须遵循任何施加的关于儿童的要求，这可能包括需要地方政府提供其本身不具备的保障和便利儿童的服务。[3]

强制监管令和临时强制监管令必须载明实施强制监管令所列措施的地方主管机关，该地方主管机关即实施机关。儿童听证会在作出强制监管令或临时强制监管令时，没有选择执行其命令的政府机构的自由，只能根据法律关于“相关地方政府”的规定，选择儿童主要居住地的政府，如果儿童没有主要居住地，就选择与儿童联系最密切的地方政府。[4]然而，有时，地方政府认为其所在的区域不是与儿童有最密切联系的区域，但是被错误地指定为强制监管令的执行机构。在这种情况下，当地政府可以通过治安法官来复核这项任命。治安法官将会依据2011年《苏格兰儿童听证法》第201条关于“相关地方政府”的规定来判断该政府是否是适格的执行政府。[5]

---

〔1〕 Children's Hearings (Scotland) Act 2011, s. 60 and 66 (4)-(6).

〔2〕 Children's Hearings (Scotland) Act 2011, s. 83 (1) (b) and 86 (1) (b).

〔3〕 Children's Hearings (Scotland) Act 2011, s. 144 (2) and (3).

〔4〕 Children's Hearings (Scotland) Act 2011, s. 201.

〔5〕 Children's Hearings (Scotland) Act 2011, s. 166.

（二）儿童听证会的主要参与人

1. 儿童

儿童是整个听证制度的核心。在苏格兰儿童听证制度中，儿童指的是不超过 16 周岁的未成年人[1]，听证会在一开始就会确认儿童的年龄。不过，在某些情况下，超过 16 周岁也可能被视为听证制度管辖范围内的“儿童”，具体如下：（1）对于因逃学而被转介至儿童听证会的情况，“儿童”是指学龄儿童。[2]（2）如果报告员在儿童 16 周岁生日之前就已经作出了转介的决定，即使儿童后来超过了 16 岁，也可以转介到儿童听证会。[3]（3）如果一个人在他 16 周岁生日时收到强制监管令，或强制监管令是在他 16 周岁生日当天或之后作出，这个人将一直保持“儿童”身份直至 18 周岁或强制监管令的终止。[4]（4）当一个大于 16 周岁但不超过 18 周岁的人在刑事法庭已认罪或被判有罪，并且法院已经将案件转介至儿童听证会，这个人将被视为儿童，直到听证会或法官取消转介，或强制监管令终止，或他已超过 18 周岁。[5]

儿童听证制度对儿童的权利进行了详细的规定，包括：（1）儿童有接收通知的权利，包括任何儿童保护令的申请通知，[6]儿童听证会的转介通知，或儿童听证前小组会议的通知。[7]（2）儿童有权向听证会或儿童听证前小组会议成员提交的任何

[1] Children's Hearings (Scotland) Act 2011, s. 199 (1).

[2] Children's Hearings (Scotland) Act 2011, s. 199 (2).

[3] Children's Hearings (Scotland) Act 2011, s. 199 (3)-(5).

[4] Children's Hearings (Scotland) Act 2011, s. 199 (6) and (7).

[5] Children's Hearings (Scotland) Act 2011, s. 199 (8) and (9).

[6] Children's Hearings (Scotland) Act 2011, s. 43.

[7] Rules of Procedure in Children's Hearings 2013, r. 22 (2) and 45 (2).

文件，以表达自己的意见。[1] (3) 儿童有权要求儿童听证前小组会议对“与儿童有关的人”予以确认，并要求儿童听证前小组会议考虑可能涉及的其他事项。[2] (4) 参加儿童听证会或儿童听证前小组会议。(5) 接受或拒绝2011年《苏格兰儿童听证法》第67条的听证案由。[3] (6) 出席对听证案由作出裁决的治安法庭。[4] (7) 当出席对听证案由作出裁决的治安法庭时，有被代理的权利。[5] (8) 有权对案由裁决申请复核，[6] 并有权出席治安法院进行的复核。[7] (9) 有权由1名委托代理人陪同出席儿童听证会，该代理人如具有法律资格，可由苏格兰法律援助委员会支付报酬。[8] (10) 有权在所有听证中表达意见、考虑这些意见。[9] (11) 有权对任何实质性决定（即处理转介的决定）提出上诉。[10] (12) 有权要求对强制监管令进行审查。[11]

2. 与儿童有关的人（Relevant Persons）

“与儿童有关的人”指的是被听证儿童的父母以及有父母责任或权利的监护人，已经被剥夺监护权的父母不属于“与儿童有关的人”。[12] 每一个“与儿童有关的人”均有义务出席儿童听证会的所有阶段；有权接受报告员所述与该儿童有关的适用

[1] Rules of Procedure in Children's Hearings 2013, r. 8.
[2] Children's Hearings (Scotland) Act 2011, s. 79 (2).
[3] Children's Hearings (Scotland) Act 2011, s. 90.
[4] Children's Hearings (Scotland) Act 2011, s. 103 (4).
[5] Children's Hearings (Scotland) Act 2011, s. 104 (2).
[6] Children's Hearings (Scotland) Act 2011, s. 110.
[7] Children's Hearings (Scotland) Act 2011, s. 112 (3).
[8] Children's Hearings (Scotland) Act 2011, s. 78 (1) (b).
[9] Children's Hearings (Scotland) Act 2011, s. 27.
[10] Children's Hearings (Scotland) Act 2011, s. 154.
[11] Children's Hearings (Scotland) Act 2011, s. 132.
[12] Children's Hearings (Scotland) Act 2011, s. 200.

2011年《苏格兰儿童听证法》第67条的听证案由，或拒绝接受这些听证案由，并责成报告员在治安法官面前对听证案由进行举证；有权对听证会作出的决定、变更、终止儿童强制监管令提出上诉；有权要求审查任何此类命令。[1]

3. 保障人（Safeguarders）

2011年《苏格兰儿童听证法》第30条规定，在听证会进行任何和儿童有关的事项时，都必须考虑是否任命一个人即"保障人"来维护听证会中儿童的利益。儿童听证前小组会议也可以在没有设立保障人的情况下，为儿童指定1名保障人。此外，治安法官在进行第67条听证案由的诉讼程序以及审查、上诉程序时，也可为儿童任命保障人。任何保障人的任命都将由国家保障人小组（National Safeguarders Panel）作出。只有具备核心能力和适当经验，并受过委任前培训的人，才能成为保障人小组的成员，但是已经在儿童听证制度中从事其他工作的人不能担任保障人。[2]除非儿童听证会已指示报告员向治安官提出申请以确定2011年《苏格兰儿童听证法》第67条——关于将儿童转介至儿童听证会的理由。保障人在被指定时，必须准备一份报告，列明他认为在儿童听证会之前与审议事项有关的任何事项。保障人在起草报告时，必须在可行的条件下考虑儿童的年龄和成熟度，并给儿童机会去表达观点、考虑观点以及对如何得出这样的观点予以解释。此外，保障人必须：（1）在合理可行的情况下，出席儿童听证会，即出席在委任后直至作出决定性决定前的所有听证会；（2）准备儿童听证会要求保障人员准备的任

---

〔1〕 Kenneth McK. Norrie, *Children's Hearings in Scotland* 3rd, W. Green, Edinburgh: 2013, p. 22.

〔2〕 Children's Hearings (Scotland) Act 2011 (Safeguarders Panel) Regulation (SSI 2012/54) reg. 5.

何报告。一般的情况是，在起草报告之前，保障人将会见儿童、儿童的家庭和任何其他重要人士。[1]为协助保障人履行职责，报告员有义务将听证会事宜告知保障人，并把提供给儿童、与儿童有关的人以及儿童听证会成员的信息和文件也提供给保障人。[2]

三、苏格兰儿童听证制度的基本程序

（一）转介程序

转介是儿童听证制度的启动程序，虽然不是很恰当，但该阶段类似于刑事诉讼程序中的立案、调查和审查起诉环节。报告员负责将需要被听证的儿童转介至儿童听证会。据统计：儿童听证制度在20世纪70年代早期刚开始实施时，每年约有20 000名儿童进入转介程序。此后人数缓慢增长，直至2000年前后开始剧增，在2006年至2007年度达到近56 000人，随后又快速减少，目前每年的数量约为15 000人。[3]任何人发现有需要被听证的儿童都可以向报告员作出转介申请，但实践中大部分转介申请来源于警方。数据显示：每年约有75%来源于警方，剩下的有17%来源于社会工作人员，4%左右来源于教育部门。[4]报告员需要判断是否存在将儿童转介至儿童听证会的法定案由，如果决定转介，报告员需要安排听证会，通知相关人员参加听证会，并把合适的文件送给有权接收文件的相关人员。2011年

〔1〕 Children's Hearings (Scotland) Act 2011, s. 33.

〔2〕 Rules of Procedure in Children's Hearings 2013, r. 22 and 26.

〔3〕 Education and Skills Committee, "The Children's Hearings System-Taking Stock of Recent Reforms", 25 April 2017, www. parliament. scot/S5_ Education/Reports/ESS052017R05. pdf，最后访问日期：2020年7月20日。

〔4〕 Education and Skills Committee, "The Children's Hearings System-Taking Stock of Recent Reforms", 25 April 2017, www. parliament. scot/S5_ Education/Reports/ESS052017R05. pdf，最后访问日期：2020年7月20日。

《苏格兰儿童听证法》第 67 条规定了对儿童进行强制监管的法定案由，这也是报告员将儿童转介至听证会的前提之一，只要儿童存在该法第 67 条规定的一种或多种情形，儿童听证会就有权对该儿童进行听证。

1. 转介依据

2011 年《苏格兰儿童听证法》第 67 条规定的听证案由具体如下：(1) 该儿童可能遭受不必要的痛苦，或由于缺乏父母照顾，该儿童的健康或发展可能受到严重损害；(2) 该儿童触犯 1995 年《苏格兰刑事诉讼法》附表 1 罪行；(3) 该儿童与触犯 1995 年《苏格兰刑事诉讼法》附表 1 罪行的人有或可能有密切关系；(4) 该儿童与触犯 1995 年《苏格兰刑事诉讼法》附表 1 罪行的儿童属于或可能成为同一家庭的成员；(5) 该儿童正在或可能接触到的人可能会使儿童受到伤害或将对儿童的健康、安全或发展带来严重的不利影响；(6) 该儿童与实施家庭虐待的人有或可能有密切关系；(7) 该儿童与根据 2009 年《苏格兰性侵犯法》(asp .9) 第 1、4 或 5 部分所犯罪行的人有或可能有密切关系；(8) 该儿童居住在地方政府根据 1995 年《苏格兰儿童法》第 25 章提供得住所，并需要特别措施援助；(9) 该儿童受永久性命令约束，需要采取特别措施援助；(10) 该儿童犯了罪；(11) 该儿童滥用酒精；(12) 该儿童滥用药物（不论是否为管制药物）；(13) 该儿童的行为对儿童或另一个人的健康、安全或发展产生或可能产生严重的不利影响；(13) 儿童脱离了相关人员的控制；(14) 该儿童在没有合理理由的情况下未能按时上学；(15) 该儿童正在或可能在承受订立婚姻[1]或其他民

---

[1] 苏格兰的法定结婚年龄是 16 周岁，未达法定结婚年龄婚姻自始无效。因为 2011 年《苏格兰儿童听证法》中的“儿童”有可能是超过 16 周岁的未成年人，所以此处订立婚姻的压力指的是超过 16 周岁的未成年人被强迫成立婚姻关系。

事关系的生理、心理等压力或该儿童正在或可能成为与该等儿童属于同一家庭的成员。[1]

根据相关数据统计：1990 年之前占多数比例的案由为“犯罪”，1990 年之后为“照料和保护”类案由。2015 年至 2016 年度，约 20%的案由是“犯罪”，相比之下，十年前这一比例是 39%。[2]

2. 初步调查和信息收集

报告员在作出决定前必须充分掌握儿童的情况，因此他需要从包括政府、学校、福利机构、警察等渠道获取与该儿童有关的资料。

（1）从地方政府获取。地方政府通过他们的社会服务和教育部门，在获取本地儿童信息方面处于独特的有利地位，报告员所依据的大部分信息都来源于这个渠道。[3]因此，地方政府有责任将儿童的信息提供给报告员。地方政府在向报告员提供信息前，需要作出两个类似但本质上不同的判断。首先，地方政府需要考虑儿童是否需要保护、指导、治疗或控制，是否有必要对儿童采取强制监管措施；如果需要，地方政府有义务根据法律的规定对该儿童的情况作出一切必要的调查。其次，地方政府在作了充分的调查后，需要继续考虑儿童是否确实需要保护、指导、治疗或控制，以及是否有必要对儿童采取强制监管措施；如果需要，地方政府有义务根据法律的规定向报告员

〔1〕 Children's Hearings (Scotland) Act 2011, s. 67.

〔2〕 Education and Skills Committee, “The Children's Hearings System-Taking Stock of Recent Reforms”, 25 April 2017, www. parliament. scot/S5_ Education/Reports/ESS052017R05. pdf，最后访问日期：2020 年 7 月 20 日。

〔3〕 Kenneth McK. Norrie, *Children's Hearings in Scotland* 3rd, W. Green, Edinburgh: 2013, p. 57.

提供其所掌握的关于儿童的所有资料。[1]地方政府对儿童的调查工作通常是由其社会工作部门进行，如有必要也会包括其他政府部门，以便作出合理的判断。如果地方政府认为没有必要进行调查，例如，显然存在2011年《苏格兰儿童听证法》第67条规定的一项或多项理由，或显然不存在任何理由，那么地方政府就没有义务进行调查。如果父母没有合理原因拒绝政府接触儿童，阻碍调查的进行，那么地方政府可以向治安法院申请儿童保护令，以允许他们履行调查儿童的法定职责。[2]

（2）从警察和其他来源获取。另一个关于儿童信息的常见来源是警察。如果警察认为一个儿童需要保护、指导、治疗或控制，并且可能有必要对儿童采取强制监管措施，那么该警察依法有义务将其已发现的与该儿童有关的信息提供给报告员。此外，警察也有义务向适当的公诉机关报告他们所注意到的罪行，并且在向报告员提供信息时说明这一情况。[3]

除了地方政府和警察以外（这两者都有法定责任提供信息），任何人认为一个儿童需要保护、指导、治疗或控制，并且可能有必要对儿童采取强制监管措施时，都可以向报告员提供他已经掌握的和该儿童相关的信息。[4]

另外，报告员还可能从法院获得儿童的信息，因为在其他诉讼过程中，经常能发现一些儿童具备2011年《苏格兰儿童听证法》第67条规定的情况。[5]

---

〔1〕 Children's Hearings (Scotland) Act 2011, s. 60.

〔2〕 Children's Hearings (Scotland) Act 2011, s. 38.

〔3〕 Children's Hearings (Scotland) Act 2011, s. 61.

〔4〕 Children's Hearings (Scotland) Act 2011, s. 64.

〔5〕 Kenneth McK. Norrie, *Children's Hearings in Scotland* 3rd, W. Green, Edinburgh: 2013, p. 61.

3. 作出决定：是否转介儿童听证会

在做完了必要的调查后，报告员必须根据已有信息决定是否需要安排儿童听证会。这个决定需要考虑两个因素：（1）儿童是否存在 2011 年《苏格兰儿童听证法》第 67 条规定的案由；（2）如果存在，是否有必要作出强制监管令以保护、指导、治疗或控制儿童。

如果报告员认为 2011 年《苏格兰儿童听证法》第 67 条的任何情形都不适用于该儿童，或者证据不足，或者即使这些情形确实适用，但没有必要作出强制性的监管措施，他（她）将不会，实际上也不能安排儿童听证会。[1]如果报告员决定不安排儿童听证会，那么他可以（但不是必须）将该儿童转介到当地的社会工作部门，让社工对儿童给予帮助，或者将儿童送回警察局，让警方给予警告或其他措施。[2]

苏格兰儿童报告员管理局公布的数据显示：2014 年至 2015 年度，8 岁至 17 岁的儿童因犯罪案由被转介至报告员处的有 2891 人，共涉嫌 9610 项罪名。最常见的指控是威胁、辱骂、殴打和破坏行为。转介至报告员处不一定会导致儿童听证会，上述统计中仅有 232 名儿童被安排涉及犯罪案由的听证会。报告员不安排听证会的原因有：没有迹象表明需要采取强制措施、已有相关措施、转介到地方政府部门、证据不足以继续听证程序、家人已经采取了行动、转用其他措施。[3]

---

〔1〕 Children's Hearings (Scotland) Act 2011, s. 68 (1).

〔2〕 Anthony Bottoms, James Dignan, "Youth Justice in Great Britain", *Crime & Just*. 2004 (21), p. 47.

〔3〕 Scottish Parliament Information Centre, "Children and the Scottish Criminal Justice System", 14 June 2016, p12, www. parliament. scot/ResearchBriefingsAndFactsheets/S5/SB_ 16-54_ Children_ and_ the_ Scottish_ Criminal_ Justice_ System. pdf, 最后访问日期：2020 年 7 月 15 日。

当报告员得出不安排听证会的结论时，这一结果必须告知该儿童、与儿童有关的人、相关地方政府、儿童保护令中的相关人员，以及任何向报告员提供儿童的信息的人。与此同时，报告员需要履行整理报告、信息并通知相关人员的责任。〔1〕

当报告员决定将儿童转介至儿童听证会时，他需要在听证会举行前向儿童提供各种报告、文件和信息。如果报告员在前期调查中没有要求当地政府提供关于该儿童的报告，那么此时他必须要求政府提供，同时他也可以要求当地政府提供任何补充材料。〔2〕如果儿童不具备理解通知或信息的能力，报告员则无需通知儿童听证会的时间、地点，也无需提供其他任何报告、文件和信息。

需要向儿童及与儿童有关的人通知的事项具体如下：（1）儿童及与儿童有关的人可以获得法律意见的信息；（2）确认儿童有出席听证会的义务；（3）确认与儿童有关的人有出席听证会的义务；（4）确认儿童和与儿童有关的人有权要求儿童听证前小组会议或儿童听证会确定可由儿童听证前小组会议决定的事项；（5）关于儿童向儿童听证会发表意见的方式的信息；（6）确认儿童及与儿童有关的人有权提供任何报告或文件，以供儿童听证会或儿童听证前小组会议决策。〔3〕

当儿童听证会开始进行“案由听证”时，报告人在上述信息通知之外，还需要给儿童、与儿童相关的人、保障人、组成听证庭的3名儿童听证小组成员提供以下材料：（1）根据2011年《苏格兰儿童听证法》第89条编写的案由陈述书副本；（2）在经过上诉安排儿童听证会后治安法官提出的任何要求；（3）有

〔1〕 Children's Hearings (Scotland) Act 2011, s. 68 (3) and (6).

〔2〕 Children's Hearings (Scotland) Act 2011, s. 69 (5).

〔3〕 Rules of Procedure in Children's Hearings 2013, r. 23.

关保存儿童 DNA 和其他记录的信息，苏格兰部长根据 1997 年《警察法》(a) 第 113A (6) (ba) 条（刑事记录证明书）作出的命令所指明的罪行的资料；(4) 由保障人编制的可供使用的报告或者临时报告的副本（无需送给保障人）；(5) 地方政府向报告人提供的报告或者资料的副本；(6) 儿童或者其他人向报告人提供的有关儿童意见的文件副本；(7) 儿童听证会考虑的任何其他报告或文件材料的副本。[1]

（二）听证程序

儿童听证会由 3 名儿童听证小组的成员组成，其中必须有 1 名男性，1 名女性，并产生 1 名首席听证员。首席听证员必须采取一切合理手段，将同时出席儿童听证会的人数限制到最少。[2]有权出席儿童听证会的有：该儿童，该儿童的委托代理人，与儿童有关的人，与儿童有关的人的委托代理人（除非其被 2011 年《苏格兰儿童听证法》第 77 条排除在外），报告员，已经被任命的保障人，行政司法与法院理事会成员（Administrative Justice and Tribunals Council）或该理事会的苏格兰委员会成员（Scottish Committee of that Council），地方支持小组的成员，符合法律规定下的报社或新闻机构的代表。除上述人员以外，非经法律授权其他人不可出席听证会。[3]出席儿童听证会既是儿童及与儿童有关的人的权利，也是他们的义务。当儿童未经法定程序豁免而未出席儿童听证会时，经报告员申请，儿童听证会可以向该儿童发布令状以保证其出席。[4]当与儿童有关的人未经法定程序豁免而未出席听证会时，即属犯罪，经简易程序定

[1] Rules of Procedure in Children's Hearings 2013, r. 27 and 28.

[2] Children's Hearings (Scotland) Act 2011, s. 78 (4).

[3] Children's Hearings (Scotland) Act 2011, s. 78 (1) and (2).

[4] Children's Hearings (Scotland) Act 2011, s. 73.

罪，可处基本罚金标准三级以下的罚款。[1]另外，儿童的个人信息、住址和学校受到法律的保护，任何人不能发布与之有关或能够识别这些情况的信息。违反这一条规定，经简易程序定罪，可处以不超过基本罚金标准四级的罚款。[2]

1. 听证前小组会议

在儿童听证会开始之前，报告员可以主动或应儿童、与儿童有关的人及保障人的要求，将一些“程序性事项”提交至听证前小组会议处理。听证前小组会议也是由国家召集人选出的儿童听证小组里的 3 名成员组成的。国家召集人必须确定听证前小组会议由各性别成员组成，并在可行的情况下，只由在当地居住或工作的儿童小组成员组成。除了某些出席事项外，适用于听证会的一般章程及程序规则也适用于听证前小组会议。听证前小组会议必须被安排在儿童听证会召开的日期之前，如果时间不允许，则听证前小组会议要解决的问题将由儿童听证会在正式听证的一开始解决。听证前小组会议的儿童听证小组成员可以（但不一定）成为儿童听证会的成员。[3]

听证前小组会议需解决的程序性问题是：（1）该儿童是否应当免于参加儿童听证会；（2）与儿童有关的人是否应当免于参加儿童听证会；（3）儿童听证会是否会考虑作出强制监管令，包括就该儿童作出安全住宿授权书；（4）2011 年《苏格兰儿童听证法》第 177 条第 2 款 a 项所指明的事项，即苏格兰部长可能会制定的规则里的事项。[4]

---

〔1〕 Children's Hearings (Scotland) Act 2011, s. 74.

〔2〕 Children's Hearings (Scotland) Act 2011, s. 182.

〔3〕 Kenneth McK. Norrie, *Children's Hearings in Scotland* 3rd, W. Green, Edinburgh: 2013, p. 78.

〔4〕 Children's Hearings (Scotland) Act 2011, s. 79 (3).

2011 年《苏格兰儿童听证法》第 79 条规定，听证前会议还有一项工作是决定某人是否应当“视为与儿童有关的人”。当申请“视为与儿童有关的人”和其他事项同时提交时，听证前会议必须先解决前者，然后才能决定其他事项。“视为与儿童有关的人”指的是，未满足 2011 年《苏格兰儿童听证法》第 200 条规定的“与儿童有关的人”定义的人是否能够被“视为与儿童有关的人”。2011 年《苏格兰儿童听证法》第 81 条第 2 款规定，如听证前会议认为某名人士目前或最近曾经与该名儿童的抚养有重大关系，则该名人士将必须被视为“与儿童有关的人”。

听证前小组会议可以为儿童听证会涉及的儿童指定一名保障人，并做好委任记录。听证前小组会议需对任命的决定进行说明，如果儿童已有保障人，则无需重复任命。听证前小组会议对保障人的任命和儿童听证会有同等效力。[1]

2. 案由听证

报告员需要准备案由陈述书，就被听证儿童属于 2011 年《苏格兰儿童听证法》第 67 条的哪项情形进行说明，并提供事实支撑。儿童听证会一开始，首席听证员必须向儿童和每一个与儿童有关系的人解释案由陈述书中指明的每一条符合 2011 年《苏格兰儿童听证法》第 67 条的案由，并询问他们是否接受该案由适用于该儿童。[2]

（1）案由被接受[3]。如果儿童和每一位与儿童有关的人接受了案由陈述书中的每一种情形或至少一种情形，并且听证会认为在已被接受的案由上考虑是否作出强制监管令是合适的，那么这个案由即成立。案由听证也可以推迟决定是否对该儿童

---

〔1〕 Children's Hearings (Scotland) Act 2011, s. 82.

〔2〕 Children's Hearings (Scotland) Act 2011, s. 89 and 90.

〔3〕 Children's Hearings (Scotland) Act 2011, s. 91.

作出强制监管令，直至随后的儿童听证会再做决定。如果已决定推迟对该儿童作出强制监管令，但听证会同时认为就儿童目前的情况来看，为了保护、指导、治疗或控制儿童，由于情况紧急，很有必要对儿童作出临时强制监管措施，那么听证会可以对该儿童作出临时强制监管令；如果认为在后续儿童听证会之前很有必要取得进一步资料或进行进一步调查，那么听证会可以作出体检令。如果案由听证会没有推迟决定是否对儿童作出强制监管令，那么如果其认为有必要对儿童进行保护、指导、治疗或控制，则其应当直接作出强制监管令，如果认为没必要，就终止转介，相应的，后续的儿童听证会也无需举行。

（2）案由不被接受〔1〕。如果在案由陈述书中没有任何一项案由被儿童和与儿童有关的人接受，或者被接受的案由不足以让听证会作出强制监管令，那么听证会应当指示报告员申请治安法官审理该案由是否成立，或者就此终止听证程序。向治安法官申请审理该案由时，儿童听证小组的主席应当向该儿童和与儿童有关的人解释申请的目的，同时告知儿童其仍有义务在法院审理前出席听证会，除非治安法官豁免。如果此时听证会认为，就儿童目前的情况来看，为了保护、指导、治疗或控制儿童，由于情况紧急，很有必要对儿童作出临时强制监管措施，那么听证会可以对该儿童作出临时强制监管令。此处的临时监管令不包括对儿童进行特定的医学或其他检查。

（3）案由不被理解〔2〕。如果案由听证会认为该儿童或者与儿童有关的人没有能力理解或不理解案由陈述书中对情况的解释，那么听证会应当指示报告员申请治安法官审理该案由是否成立，或者终止听证程序。对于儿童及与儿童有关的人没有

〔1〕 Children's Hearings (Scotland) Act 2011, s. 93.

〔2〕 Children's Hearings (Scotland) Act 2011, s. 94.

能力理解的情况，儿童听证小组的主席无需解释；但对于儿童和与儿童有关的人不理解案由的情况，如果决定指示报告员申请治安法官审理案由，则听证会主席在合理可行的条件下，需要向该儿童和与儿童有关的人解释向法院申请的目的，同时告知儿童其仍有义务在法院审理前出席听证会，除非治安法官豁免。

（4）向治安法官申请案由是否成立。当儿童或与儿童有关的人不接受或不理解案由时，报告员应当应听证会要求向治安法官申请审理该案由。对该项请求的审理不得公开，且需在申请提出的 28 天之内进行。[1]治安法官审理听证案由时，适用民事简易程序的证据原则，但是如果儿童被听证的案由中有一项是犯罪行为，则适用刑事诉讼的证明标准。在这一程序中，儿童和与儿童有关的人都可以委托代理人，代理人不必是律师。[2]

如果治安法官裁决该申请之前，儿童和每一位与儿童有关的人接受了案由，除非治安法官认为在所有的情况下都应当对有关案由的证据进行听证，否则应当免除证据听证，直接决定该案由成立。[3]如果儿童没有理解能力，但每一位与儿童有关的人都在治安法官裁决该申请之前接受了案由，治安法官可以不经过听证就对该申请进行裁决，除非该儿童、与儿童有关的人、保障人或报告员提出需要听证，或者治安法官认为不进行听证就对申请进行裁决是不适当的。[4]如果在申请被裁决前，由于报告员可获得的情况或信息发生变化，报告员不再认为申请所涉及的任何案由适用于该儿童，则报告员必须撤销该申请。如果一项或多项案由在案由听证时已被接受，那么报告员必须

〔1〕 Children's Hearings (Scotland) Act 2011, s. 101.

〔2〕 Children's Hearings (Scotland) Act 2011, s. 102.

〔3〕 Children's Hearings (Scotland) Act 2011, s. 105.

〔4〕 Children's Hearings (Scotland) Act 2011, s. 106.

组织儿童听证会决定是否对该儿童作出强制监管令。如果没有案由被接受，那么，任何临时强制监管令或保证出席的令状就会在申请被撤销时失去法律效力。[1]最后，也是最重要的，如果治安法官认为申请中的一项或多项案由是成立的，或者一项或多项案由被儿童和与儿童有关的人接受了，那么，治安法官必须指示报告员继续安排儿童听证会，以决定是否对儿童作出强制监管令。在其他任何情形下，治安法官均应当驳回申请。[2]

3. 听证裁决

案由的成立并不能回答是否有必要对儿童作出强制监管令，也不能回答如果有必要，对儿童应当采取哪种形式的强制监管。儿童听证会需要根据已经成立的案由和其他可获得的信息，在接下来的听证中作出决策。在儿童听证会开始时，首席听证员必须介绍儿童听证会的成员，解释听证会的目的，询问儿童、与儿童有关的人、保障人是否已经收到了所有相关的信息和文件，并确认儿童、与儿童有关的人、保障人是否审阅及理解了这些文件。如儿童听证会认为合适，可以邀请其他人员出席听证会，就听证会所考虑的事项或行动发表意见或提供任何其他有关的资料。[3]如果儿童指出文件未能准确反映其意见，首席听证员必须努力将该儿童的观点表达清楚。[4]另外，首席听证员须确保儿童知晓其可以被提供辩护服务。一旦这些解释和确认已经给出，并且听证会认为这些解释和确认已经被理解，并且在诸如介绍和确定孩子的年龄等其他准备工作之后，听证会就可以继续审议上面提到的两个问题。[5]

---

〔1〕 Children's Hearings (Scotland) Act 2011, s. 107.

〔2〕 Children's Hearings (Scotland) Act 2011, s. 108.

〔3〕 Rules of Procedure in Children's Hearings 2013, r. 58 (1).

〔4〕 Rules of Procedure in Children's Hearings 2013, r. 58 (2).

〔5〕 Children's Hearings (Scotland) Act 2011, s. 122.

听证会采用讨论的形式，因为讨论能让儿童和与儿童有关的人都有机会更有效地参与决策。讨论的目的是让听证会的所有参与人员确定儿童的利益所在，确定哪一种选择对儿童的未来最有利。不过，最终的决策权只在听证会手中。听证会在作出决策时必须遵循以下三个原则：第一，儿童福利至上原则。根据2011年《苏格兰儿童听证法》第25、26条，儿童听证会、听证前小组会议或法庭在就与儿童有关的事项作裁决时将保障和促进儿童在整个童年时期的福利需要作为最高原则。如果为了保护公众免受严重伤害（无论人身伤害与否），听证会或法庭可以将儿童福利作为主要考虑因素，而非最高原则。〔1〕第二，儿童发表观点和有效参与原则。儿童是讨论过程的核心人物。儿童听证会需要在考虑儿童的年龄和成熟度前提下，确认儿童是否有意愿表达自己的想法，如果儿童有意愿，那么须给儿童提供表达机会，并认真考虑儿童的意见。一般而言，年满12周岁的儿童即被推定已经足够成熟来独立发表意见。实践中，儿童通常会被提问简单的问题，比如，他是否同意、是否理解等，来给儿童更多参与的机会。〔2〕第三，最小干预原则。2011年《苏格兰儿童听证法》第28条规定，只有在儿童听证会认为作出、变更或延长各种监管命令对儿童更有利的情况下，才会作出、变更或延长各种监管命令。这一规定的意思是只有在必要时，并且可以表明干预比不干预对儿童更有利时，国家才能参与儿童的抚养。〔3〕

在经过充分的讨论之后，儿童听证会一般会作出以下三种决定：（1）当儿童听证会的成员认为现有的信息不足以作出符

〔1〕 Children's Hearings (Scotland) Act 2011, s. 25 and 26.

〔2〕 Children's Hearings (Scotland) Act 2011, s. 27.

〔3〕 Children's Hearings (Scotland) Act 2011, s. 28.

合儿童利益的合适决定，或一些其他的信息有可能会改变他们原本倾向于作出的决定时，听证会应当推迟作出决定，并安排下一次听证会。[1]如果有紧急情况，为了儿童的利益，听证会可以在推迟决定的同时对儿童作出临时监管令。[2](2) 如果充分考虑了儿童的情况、被转介的案由、相关报告材料，以及儿童、与儿童有关的人和任何其他参与讨论的人的意见，儿童听证会认为没有必要通过强制监管令来保护、指导、治疗或控制儿童，那么儿童听证会会驳回对儿童的转介。(3) 如果儿童听证会认为没有必要等到下一次听证会再作决策，并且考虑到儿童福利原则、儿童和其他参与儿童听证会人员的讨论，认为对儿童作出强制监管令比不作更有利于保护其利益，那么听证会应当作出强制监管令。[3]听证会的裁决不会有惩罚因素，例如，不会对儿童及其家长作出罚款。听证会所有的裁决约束的都是儿童本人。

4. 复核听证

由于儿童的情况和需求可能会很快改变，为了确保其不受国家超出必要的干预，强制监管令在实施后至少一年复核一次。通常，当强制监管令即将在 3 个月内到期且到期前暂未被安排复核时，报告员有义务主动发起复核听证。[4]被监管的儿童及其监护人也有权申请复核，但是需在强制监管令实施满 3 个月之后。[5]负责儿童的社会工作人员有权在任何时候提起复核。另外，当执行机关认为强制监管令应当被终止或更改或没有被遵守时，应当要求进行复核听证。

---

〔1〕 Rules of Procedure in Children's Hearings 2013, r. 7.

〔2〕 Children's Hearings (Scotland) Act 2011, s. 92 (2) and 120 (3).

〔3〕 Children's Hearings (Scotland) Act 2011, s. 91 (3) and 119 (3).

〔4〕 Children's Hearings (Scotland) Act 2011, s. 133.

〔5〕 Children's Hearings (Scotland) Act 2011, s. 132.

在复核听证程序中，执行机构需要向报告员提供关于儿童情况的报告以及任何对儿童听证会可能会有帮助的其他信息。儿童听证会对强制监管令的复核标准基本和前期听证会进行案由听证时一样。经过审理后，听证会可以作出终止、延长或变更强制监管令的裁决。[1]

根据苏格兰儿童报告员管理局的统计：2015 年至 2016 年度，苏格兰共组织了超过 35 000 场儿童听证会。其中为复核强制监管令听证的有 22 502 场，占了绝大多数。[2]

（三）执行和上诉程序

1. 执行程序

强制监管令由负责实施强制监管令中各项措施的地方当局配合执行。[3]强制监管令的内容有：（1）要求儿童居住在特定地点；（2）授权负责该儿童所居住地点的人在适当范围内限制该儿童的自由；（3）禁止披露儿童被安排的特定地点；（4）行动限制条件[4]；（5）安全住宿授权[5]；（6）为儿童提供特定

---

〔1〕 Children's Hearings（Scotland）Act 2011，s. 138.

〔2〕 Education and Skills Committee，"The Children's Hearings System-Taking Stock of Recent Reforms"，25 April 2017，www. parliament. scot/S5_Education/Reports/ESS052017R05. pdf，最后访问日期：2020 年 7 月 15 日。

〔3〕 Children's Hearings（Scotland）Act 2011，s. 83（1）（b）.

〔4〕 见 2011 年《苏格兰儿童听证法》第 84 条，对儿童的"行动限制条件"指的是，以"行动限制条件"所规定的方式限制儿童的行动，以及要求儿童遵守"行动限制条件"里的安排以检测其遵守的情况。

〔5〕 "安全住宿授权"指的是将儿童被安置在儿童之家（residential establishment）里能够限制人身自由的安全住宿的授权。儿童之家指的是：（1）苏格兰地区：依据 2011 年《苏格兰儿童听证法》、1995 年《苏格兰儿童法》、1968 年《苏格兰社会工作法》为儿童提供的住宿，无论这一住宿是地方政府管理还是其他志愿者和组织管理。（2）英格兰或威尔士地区：1989 年《儿童法案》第 53 条所指社区居所、志愿之家或私人的儿童之家。（3）北爱尔兰地区：1995 年《北爱尔兰儿童令》第八部分所指的志愿之家或注册的儿童之家。

医学或其他检查以及治疗；（7）管理儿童与特定人群的联系；（8）要求儿童遵守其他明确条件；（9）要求执行机关履行与儿童有关的特定职责。其中，只有当该儿童曾经潜逃过并可能再次潜逃或者该儿童可能自伤和伤人时，强制监管令才可包括行动限制条件和授权的安全住宿。[1]

在大多数情况下，儿童将继续住在家里，但是需要接受社会工作者的监管。在某些情况下，儿童听证会将决定儿童应当与亲属或其他照顾者（如养父母）住在离家很远的地方，或住在由地方当局或志愿组织管理的几个机构之一，如儿童之家、寄宿学校或安全住所。强制监管令中可能包括限制儿童或青少年活动，这涉及通过电子“标签”设备进行监控，被监管的儿童或青少年被限制或远离特定地点。电子监控有一整套强有力的措施来支持，以帮助年轻人改变他们的行为。[2]执行机关在此期间应当时不时调查儿童在该住所居住期间是否遵守强制监管令施加的任何条件，如果执行机关认为该儿童没有遵守附加条件，应当对该儿童采取合理的措施。[3]

强制监管令可包括要求儿童遵守任何其他指定条件。儿童听证会的自由裁量权在这里非常广泛，可能会强加任何其认为可能对孩子有益的条件。对儿童的一个条件可能是他或她定期上学，或参加一些小组工作或培训项目，或在规定的基础上与社会工作者会面，或与社会工作部门制定的计划合作，或参加药物或酒精康复单位或愤怒管理计划，或做听证会指定的任何其他事情。唯一的限制是其目的必须是保护、指导、治疗或控

〔1〕 Children's Hearings (Scotland) Act 2011, s. 83 (2).

〔2〕 Scottish Parliament Information Centre, "Children and the Scottish Criminal Justice System", 14 July 2011 http://www.parliament.scot/ResearchBriefingsAndFactsheets/S4/SB_ 11-53. pdf，最后访问日期：2020年7月15日。

〔3〕 Children's Hearings (Scotland) Act 2011, s. 145.

制孩子。[1]每一项强制监管令执行的期间最长不超过一年，届满前3个月需要复核。当儿童年满18周岁，无论强制监管令是否到期，都自动终止。[2]

临时强制监管令一般是在儿童听证会决定暂不作裁决时，却由于情况紧急，为保护儿童而对儿童作出的临时强制措施。临时强制监管令可以将儿童安置在远离儿童主要居住地的任何安全地点。[3]这里的安全地点指的是：当地政府提供的住所，《儿童法案》(1989年）第53条规定的社区之家、警察局、医院或手术室（其管理人员愿意暂时接收儿童），或其他人志愿提供的合适场所。[4]临时强制监管令的期限为22天，可以延长或变更，至下一场儿童听证会时自动终止。[5]

2. 上诉程序

虽然儿童听证程序是一项由非专业人员组织的、和儿童等相关人员一起讨论的、“非正式”的程序，但是其作出的决定却是有正式法律效力的。对于儿童听证会作出的非程序性决定，相关当事人有上诉的权利。具体规定在2011年《苏格兰儿童听证法》第十五部分“上诉”之中。

根据规定，被听证的儿童、与该儿童有关的人以及参与听证会的保障人有权提起上诉，可其中一人提出，也可多人共同提出。可以被上诉的决定是：(1）作出、变更、延长强制监管令的决定；(2）驳回报告员转介的决定；(3）终止强制执行令的决定；(4）作出临时强制监管令的决定；(5）作出临时变更

---

〔1〕 Kenneth McK. Norrie, *Children's hearings in Scotland*, 3rd., W. Green, Edinburgh: 2013, p. 202.

〔2〕 Children's Hearings (Scotland) Act 2011, s. 83 (7).

〔3〕 Children's Hearings (Scotland) Act 2011, s. 86.

〔4〕 Children's Hearings (Scotland) Act 2011, s. 202.

〔5〕 Children's Hearings (Scotland) Act 2011, s. 86 (3) (e).

强制监管令的决定；（6）作出医学检查令的决定；（7）签发强制出席手令的决定。权利人须在以上决定作出之日起 21 天之内向治安法官提起上诉。[1]对于作出强制监管令、作出临时强制监管令、临时变更强制监管令、作出医学检查令以及签发强制出席手令等决定提起的上诉，治安法官应当在上诉提起后 3 日内审理或受理，否则以上命令或手令将停止发生效力。[2]

上诉审理依旧不得公开进行。权利人提起上诉后，报告员须将儿童听证会的决定以及作出该决定的理由、儿童听证会的报告等材料的副本提交给法院书记员。本案的儿童、与儿童有关的人、报告员、安全住宿负责人等有权利提供证据，法官可以但不必须在裁决前听取以上证据。[3]

经过审理后，如果治安法官认为听证会作出的决定是合理的，应当驳回上诉、确认该决定。如果确认自作出决定以来儿童的状况已经改变，则可以采取以下一种或多种措施：（1）要求报告员根据本法的规定安排儿童听证会；（2）延长、变更或终止任何生效命令、临时变更或手令；（3）驳回儿童与该案由相关的任何进一步听证或其他程序；（4）作出临时强制监管令或临时变更强制监管令；（5）发出强制出席手令。在任何其他情况下，治安法官都应当终止或撤回儿童听证会作出的决定，或者可以要求报告员根据本法的规定继续安排儿童听证会，或者可以自行作出延长、变更、终止任何命令等。[4]如果驳回儿童与该案由相关的任何进一步听证或其他程序，治安法官也必须终止任何与该儿童有关的生效命令或手令。治安法官在作出、

---

〔1〕 Children's Hearings（Scotland）Act 2011, s. 154.

〔2〕 Children's Hearings（Scotland）Act 2011, s. 157.

〔3〕 Children's Hearings（Scotland）Act 2011, s. 155.

〔4〕 Children's Hearings（Scotland）Act 2011, s. 156（1）（2）（3）.

延长、变更命令、手令时并不影响儿童听证会延长、变更或终止该命令、手令。[1]

四、苏格兰儿童听证制度的特点和效果分析

苏格兰儿童听证制度改变了以往未成年人刑事司法领域国家与社会的合作方式。无论是前述英国的多机构合作策略还是后文即将介绍的美国未成年人司法项目制，都是以多机构合作组织或者社会组织参与到少年刑事司法的过程中并为其提供服务为特征，而苏格兰的儿童听证会则是经法律授权的、专门负责裁决针对困境儿童所应采取的教育保护措施的非政府部门的社会公共机构，儿童听证会不介入刑事司法过程，其只接受从法院、地方政府、警察等渠道转介过来的需要采取强制性教育保护措施的儿童，并在该儿童及与其有关的人充分参与的情况下通过讨论的形式作出相应裁决。儿童听证制度自基尔布兰登委员会提出蓝图至 2011 年《苏格兰儿童听证法》颁布，制度的运作结构发生了很多变化（例如，儿童报告员管理局和苏格兰儿童听证会依次成立，将听证制度的职权逐渐由地方归拢到中央统一管理），但是听证制度的核心特点经过近半个世纪依然保持稳定，包括：以儿童福利为中心，用同一套程序听证有犯罪行为的儿童和需要保护的儿童，以“非专业”的志愿者对儿童进行听证，以及法院处理争议、听证会负责裁决的二元模式等。这些特征的稳定性说明支撑该体系的哲学已自证其非常强大[2]。另一方面，随着儿童听证制度内设机构的独立，即儿童报告员管理局和苏格兰儿童听证会的成立，以及听证制度全国行政首

---

〔1〕 Children's Hearings (Scotland) Act 2011, s. 156 (4) (5).

〔2〕 Kenneth McK. Norrie, *Children's Hearings in Scotland*, 3rd., W. Green, Edinburgh: 2013, p. 2.

脑“国家会议召集人”的设立，儿童听证制度的数据统计和反馈机制越来越公开透明，使得我们可以从其公布的数据和第三方调查的报告中更直观地了解该制度的运行效果。下面笔者将从苏格兰儿童听证制度的核心特点和运行效果两方面入手对这一制度进行分析。

（一）苏格兰儿童听证制度的特点

1. 制度的理念：以儿童福利为核心

苏格兰儿童听证制度最核心的特点就是以儿童福利为核心。基于这一原则，儿童听证会在处理未成年人犯罪时，考虑的不是如何惩罚他们、震慑他们，而是去了解他们生活偏离正常轨道的原因，并从他们的需求出发讨论何种措施最能保护、照料、管理他们。儿童福利原则体现在以下几个方面：第一，2011年《苏格兰儿童听证法》第25、26条明确规定，儿童听证会、听证前小组会议或法庭在就与儿童有关的事项作裁决时将保障和促进儿童在整个童年时期的福利需要作为最高原则，这一原则的唯一例外是为了保护公众免受严重伤害。第二，从听证会的组织来看，所有的人员和程序设计都是围绕如何保障儿童福利展开的。例如，受害人虽然与案子相关，但由于和被听证儿童福利无关，所以不会出现在听证庭上与有犯罪行为的儿童对峙，警察也同样不是必须出席的人员。第三，从听证会的裁决来看，犯了罪的儿童不会被处以惩罚措施，只可能被采取强制监管，所以儿童不会被判处罚金或强制赔偿等刑罚。[1]采取福利原则的原因是出于保护主义政策。从保护主义角度出发，由于儿童尚未成熟，所以他们不能被看成是理性自主的个体；他们受所生活的环境支配，他们的任何犯罪行动都可归因于该环境中的不良因素。[2]

---

〔1〕 Anthony Bottoms, James Dignan, “Youth Justice in Great Britain”, p. 53.

〔2〕 Anthony Bottoms, James Dignan, “Youth Justice in Great Britain”, p. 29.

因此，在儿童听证制度中，儿童被看成是整个家庭中的一员，儿童出现问题通常是源于家庭环境的问题，或者是常规养育的失败[1]。用一句话概括就是，儿童的罪过应当从家庭和社会找原因，所以儿童听证制度强制父母参与到整个程序中，并让志愿者和社区人员成为制度的主体。

2. 制度的对象：将侵害人与被害人归入同一体系

将侵害人与被害人归入同一体系与上文所说的福利原则有重合的地方，因为正是出于儿童福利的考虑才将这两类儿童同等对待。儿童听证制度假设，实施犯罪行为的儿童尽管应当受到谴责，但是他们和被犯罪行为侵害的儿童一样需要保护、指导、治疗和控制。[2]无论是儿童出现犯罪行为，还是儿童被忽视、被虐待，社会需要解决的问题都一样，就是儿童需要被采取特殊的教育、培训、干预。确实，从解决问题的角度出发，儿童犯罪人和被害人可以被归为同一类人，因为他们都需要国家介入到其抚养过程中去。另外，苏格兰儿童听证制度还有一个理论基础是：个人既是受害人也是犯罪人，防止（不良）行为的唯一方法是满足需求。[3]基于此，儿童听证制度的对象既包括有犯罪行为的儿童，也包括被伤害的儿童。

将侵害人与被害人归入同一体系使得苏格兰儿童听证制度与其他国家以福利为导向的未成年人司法制度区别开来。事实上，在儿童听证制度建立之前，苏格兰法院在处理未成年人犯

[1] Kenneth McK. Norrie, *Children's Hearings in Scotland*, 3rd. , W. Green, Edinburgh：2013, p. 4.

[2] Kenneth McK. Norrie, *Children's Hearings in Scotland*, 3rd. , W. Green, Edinburgh：2013, p. 3.

[3] Scottish Parliament Information Centre, "Children and the Scottish Criminal Justice System", 14 July 2011, http://www.parliament.scot/ResearchBriefingsAndFactsheets/S4/SB_ 11-53. pdf, 最后访问日期：2020 年 7 月 20 日 .

罪时就已经将儿童福利作为考虑因素，目前世界上有很多国家以福利原则处理未成年人案件。但苏格兰儿童听证制度与其他国家不同的是，该制度用同样的听证庭、在同样的程序下、用同样的规则处理所有儿童，无论该儿童是实施了犯罪行为还是受到虐待或被忽视。[1]

用同一套体系处理侵害人和被害人使得苏格兰儿童听证制度的福利政策实施得更加彻底。首先，这一设计让制度内部的工作人员和整个社会不会用有色眼镜去区分犯了罪的儿童和其他儿童，有助于儿童回归社会。其次，很多人实施犯罪行为是由于他们曾经遭受侵害，或者需要社会帮助的时候被忽视和遗忘了，将这两类人归入同一体系，有助于尽早发现儿童的困境、保护儿童权益，预防其受环境影响而实施犯罪。另外，用同样的制度解决侵害人和被害人有利于将社会资源集中在对儿童福利的保护上，这样就无需为了对犯罪儿童给予特殊对待而重新招募、培训另外一批了解儿童需求的人。

3. 制度的形式：采用“非正式形式”处理“正式案件”

采用“非正式形式”的意思是，儿童听证庭的组成人员为非专业的志愿者，并且儿童听证庭的组织形式是与儿童一起讨论，而非像法院那样有控辩双方的对抗和专业法官的裁决。“正式案件”的意思是，儿童听证制度是一项未成年人司法制度，刑事犯罪案件是其管辖的重要类型，并且儿童听证庭具有和法院类似的决策权，其作出的决定可以限制儿童人身自由并具有法律效力。

儿童听证制度的“非正式”特色在基尔布兰登委员会进行制度设计时就已经确立。采用这种方式处理儿童犯罪案件的原因是：第一，未成年人司法制度应当与成年人的司法制度分开。

[1] Kenneth McK. Norrie, *Children's Hearings in Scotland*, 3rd., W. Green, Edinburgh: 2013, p. 3.

苏格兰未成年人司法的目标是避免将儿童送到监狱，无论监狱系统的效率是否更高。第二，儿童听证制度希望儿童的成长和发展能够融入社区，所以让更多社区的成员参与进来。第三，苏格兰的未成年人司法政策假定大部分未成年人都能从犯罪中走出来，一个过于正式或控诉型的程序会妨碍未成年人的自然成长进程。所以儿童听证制度不会指控儿童，也不会给犯罪的未成年人打标签，而是鼓励他们在社会中成长。[1]第四，采用这种“非正式”的形式可以增加儿童的参与度，帮助发掘儿童出现困境的深层次原因。

那么，“非正式形式”的听证庭是否意味着违反了公平裁判的要求？答案是否定的，因为在出现争议时法院会适当介入并在听证制度中发挥作用。例如，如果提交听证的案由有争议，该案件将根据 2011 年《苏格兰儿童听证法》第 93 条的规定移送治安法院，由治安法官决定转介案由是否成立；对儿童听证会作出的决定也有向治安法院提出上诉的权利，以便对听证裁决进行审查。[2]另外，为了平衡这种相对非正式的程序与保护参与者合法权利之间可能存在的冲突，苏格兰儿童听证法扩大了儿童听证制度内法律援助的范围和适用性。[3]在 2011 年《苏格兰儿童听证法》颁布之前，法律援助仅限于向个人提供关于儿童听证会的建议，并且不允许在儿童听证会上委托代理人。

---

〔1〕 Anonymous, “For the Good of the Child, for the Good of Society: Using Scotland and Jamaica as Models to Reform U. S Juvenile Justice Policy”, *Harvard Law Review*, 2002 (115), pp. 1980~1981.

〔2〕 Anna Poole, “Human Rights and Children's Hearings”, *Juridical Review*, 2016 (2), p. 4.

〔3〕 Scottish Parliament Information Centre, “Children and the Scottish Criminal Justice System”, 14 June 2016, www.parliament.scot/ResearchBriefingsAndFactsheets/S5/SB_16-54_Children_and_the_Scottish_Criminal_Justice_System.pdf，最后访问日期：2020 年 7 月 15 日。

2011 年《苏格兰儿童听证法》改变了此项规定，现在律师可以接受委托出席儿童听证会。[1]

4. 制度的内容：法院负责“争议”，听证会负责“解决”

这是苏格兰儿童听证制度非常独特的一项设计，在前文中也多次提及，概括起来就是：儿童听证会只负责解决儿童的需求并决定是否对儿童采取监管措施；如果听证的过程和结果中出现争议，比如，对转介案由或者听证会的裁决有异议，就将案件移送至法院处理；法院解决完争议事项后，一般仍然会将儿童转介回听证会，由听证会继续讨论儿童的需求并作出裁决。一句话总结：法院负责“争议”，听证会负责“解决”。

这种二元模式与听证制度的福利理念分不开。具有对抗性特点的法院是解决争端的合适场所，但是却不是福利背景下确定如何保护、指导、治疗、控制儿童的地方。儿童的需求应当通过一个精心设计的相对非正式的讨论来确定，并且儿童及其监护人需要参与其中。法院明显不是能够帮助儿童积极参与讨论的地方，所以应当在一个非正式的听证庭里决定采取何种措施来干预儿童的生活。只有通过培训了解了儿童需求的人才有资格成为儿童听证庭的人员，他们都是在本地招募并服务本地的志愿者，如此才能真正解决儿童的需求。[2]

二元模式也是“非正式”听证庭能够成功稳定运行的关键。正如上文所述，听证会采用“非正式”的形式可以避免给过错儿童打上“犯罪”的标签，但是由志愿者组成的听证庭可能会让人质疑其公正性和权威性。将事实和争议这类比较复杂而且

---

[1] Anna Poole, “Human Rights and Children's Hearings”, *Juridical Review*, 2016 (2), p. 5.

[2] Kenneth McK. Norrie, *Children's Hearings in Scotland*, 3rd. , W. Green, Edinburgh: 2013, pp. 3~4.

是法院更加擅长的问题交给法院，就可以让人们很难在争议纠纷方面寻找听证会的错处，这样听证会就可以集中精力解决儿童的需求和问题，帮助过错儿童尽快回归社区和社会。

（二）苏格兰儿童听证制度的效果分析

1. 未成年人犯罪控制是否有效

未成年人司法制度是否有效的评价标准之一就是能否有效控制未成年人犯罪，包括预防、降低未成年人犯罪以及降低未成年人再犯乃至降低整个社会的犯罪率，这也是苏格兰儿童听证制度设计的目标之一。

（1）青少年犯罪数据统计。苏格兰没有全地区统一的犯罪调查统计，各职能部门会根据自己的职责范围公开自行统计的数据，虽然统计标准不一，数值也不一样，但大体的趋势依然有参考价值。下面，我们通过两组数据来了解苏格兰的青少年犯罪率的情况。

警察关于未成年人犯罪的数据。警察负责调查所有的犯罪案件，同时也是向报告员提供儿童听证转介信息的最主要来源。根据警方公布的数据：8 岁至 17 岁未成年人因犯罪而被侦查的人数从 2008—2009 年度的 78 572 人降低到 2012—2013 年度的 43 117 人，下降了 45%；恢复性司法警告的数量从 2008—2009 年度的 2479 人降低到 2012—2013 年度的 216 人；另外，苏格兰近几十年的犯罪率也持续下降，有关证据表明，犯罪率下降在很大程度上是由于青少年犯罪量的减少。[1]

下图为苏格兰儿童报告员管理局关于儿童犯罪案由转介的数据。苏格兰国会信息中心在《儿童和苏格兰刑事司法制度》（2016 年）中根据苏格兰儿童报告员管理局提供的数据绘成的

〔1〕 Kenneth McK. Norrie, *Children's Hearings in Scotland*, 3rd. , W. Green, Edinburgh：2013, p. 379.

图表。由于儿童可以被多次转介，所以因犯罪被转介的人数要小于被听证的人数。数据显示，2005 年至 2015 年这十年当中，无论是因犯罪而被转介还是被听证的儿童人数都呈下降趋势。

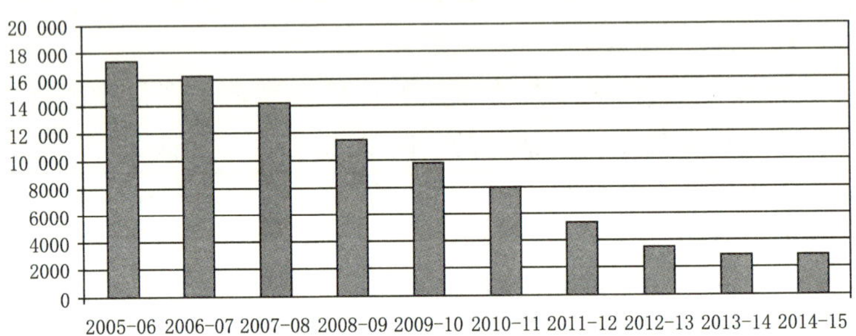

图 5　18 岁以下儿童因犯罪案由被转介的人数[1]

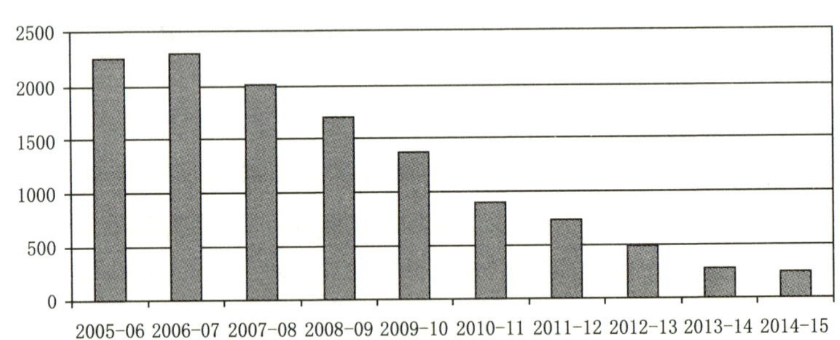

图 6　苏格兰 18 岁以下儿童因犯罪案由被组织听证的人数[2]

[1] Scottish Parliament Information Centre, "Children and the Scottish Criminal Justice System", 14 June 2016, www. parliament. scot/ResearchBriefingsAndFactsheets/S5/SB_ 16-54_ Children_ and_ the_ Scottish_ Criminal_ Justice_ System. pdf, 最后访问日期：2020 年 7 月 15 日。

[2] Scottish Parliament Information Centre, "Children and the Scottish Criminal Justice System", 14 June 2016, www. parliament. scot/ResearchBriefingsAndFactsheets/S5/SB_ 16-54_ Children_ and_ the_ Scottish_ Criminal_ Justice_ System. pdf, 最后访问日期：2020 年 7 月 15 日。

无论是警方公布的数据，还是苏格兰儿童报告员管理局统计的转介数据，都表明苏格兰近十年的犯罪人数持续下降，儿童听证制度的效果至少没有偏离预期设想。

（2）司法政策对犯罪率的影响。然而，犯罪率受很多因素影响，社会生活水平的变化、国际环境的影响、司法政策的宽严等都会造成国内犯罪情况的波动。在考察苏格兰儿童听证制度对控制犯罪的效果时，尤其不能忽视 2011 年以后苏格兰司法政策的变化。

2011 年苏格兰政府推出“针对儿童和青少年犯罪的整体系统方法”项目（The Whole System Approach for Children and Young People who Offend，简称 WSA 项目）。该项目更加强调将儿童排除在司法系统之外，主要包括三项政策：早期有效干预（Early and Effective Intervention），旨在通过转介前筛查措施减少将儿童转介到儿童听证制度；从检方转移（Diversion from Prosecution），旨在让年轻人远离刑事诉讼程序；重返社会和平稳过渡（Reintegration and Transition），帮助被采取监禁措施的年轻人规划重新融入社区。WSA 项目的目标是尽力确保只有真正需要被采取强制监管措施的未成年人才会被送入儿童听证系统或刑事诉讼系统。数据显示：2011—2012 年度被转介到早期有效干预项目的有 650 人，2013—2014 年度增加到了 2637 人，[1]被转介至儿童听证制度的人数减少有部分原因是早期有效干预项目的分流。

总之，未成年人司法应当是一个集早期干预、中期挽救、后期修复于一体的制度。虽然苏格兰的政策越来越强调早期有效干预和让儿童远离司法系统，但是儿童听证制度依然是苏格

〔1〕 Michele Burman, Susan McVie, “Scotland”, in Scott H. Decker and Nerea Marteache (eds.), *International Handbook Of Juvenile*, 2nd, p. 380.

兰未成年人司法的核心。青少年犯罪率的下降与苏格兰更加福利化的司法政策有关，但不能因此否认儿童听证制度在其中所起的作用。

2. 儿童的参与是否有效

儿童及其家庭的参与是儿童听证会制度的核心精神。儿童听证制度的理念之一是，将儿童看成独立个体，而非依附于父母、需要成年人代为表达、任由成年人处置的人。为了鼓励儿童的参与，儿童会获得保障人、社工、老师等群体的协助，可以提交自己对于案件的意见，在听证会上也会被鼓励多参与讨论、发表观点。儿童的实际参与情况是听证制度是否达到预期效果的关键指标之一。

（1）儿童参与数据反馈。苏格兰儿童听证会在 2017 年 3 月 17 日公开的文件中介绍了他们为促进儿童参与而采取的新举措，并公布了一组儿童参与情况的反馈数据〔1〕。据苏格兰儿童听证会介绍，他们与苏格兰儿童报告员管理局合作推出了新型儿童听证室以及一些小规模试点项目，例如测试表情卡、使用小组成员简介等。社区卫生服务中心还与年轻人合作，编写与年龄相适应的关于小组成员和听证会的材料，以帮助不同阶段的儿童更好地理解这一制度。另一方面，自 2008 年以来，苏格兰儿童报告员管理局进行了 4 次儿童和家庭调查，最新的调查结果显示：77%的年轻人认为自己是听证会最重要的人（2012—2013 年度为 71%）；76%的年轻人在听证会上表达了自己的观点（高于 2015 年的 73%）；在发表意见的年轻人中，74%的人觉得自己的意见得到了倾听（低于 2015 年的 88%）。以上数据表明，

〔1〕 Children's Hearings Scotland, "The Children's Hearings System Taking Stock of Reforms", 13 March 2017, www. parliament. scot/S5_ Education/General%20Documents/20170313ChildrensHearingsScotlandSubmission. pdf，最后访问日期：2020 年 7 月 15 日。

绝大多数年轻人在儿童听证会当中进行了有效参与，他们得到了关注，表达了自己的意见，并感受到自己获得了倾听。但是苏格兰儿童听证会认为儿童的参与度应当更高，他们的目标是让所有参加听证会的儿童和年轻人都感到他们是听证会上最重要的人物，并有机会参与决策过程。

（2）儿童参与障碍反馈。为了评估2011年《苏格兰儿童听证法》实施后儿童听证制度的实施效果，苏格兰教育和技术委员会进行了一些调查研究，并在2017年4月25日发表了题为《儿童听证制度——评估近期改革》的报告。在这份报告中，部分儿童反馈自己的参与仍然存在障碍，问题主要体现在以下两个方面[1]：其一，对于低龄儿童，阅读和理解听证会材料存在困难。在大多数案件中，为了解儿童的背景，听证会需要社工、教师、儿童心理学家等群体提供报告，这些报告往往有一定长度和复杂性，年龄较小的儿童在阅读这些关乎自己的报告时存在障碍。其二，儿童未能充分理解自己有参与的权利。一些年轻人在调查中提到，他们不确定或不知道自己可以在儿童听证会上发言以及向听证小组成员发表意见，只是在参加了多年的很多次听证会之后，才意识到自己有这样的权利。

儿童听证制度已经实施近五十年，保障儿童参与权是该制度设计之初就订立的目标，然而最新的数据显示仍然有部分儿童不太了解自己在听证会上的权利，并认为听证会中的材料对儿童阅读理解并不友好。这可能与儿童的年龄和理解能力有关，同时也说明儿童听证会存在做得不到位的地方，另外也从侧面反映出让儿童真正参与司法制度是一项有一定难度系数的工作，

〔1〕 Education and Skills Committee, “The Children's Hearings System-Taking Stock of Recent Reforms”, 25 April 2017, www. parliament. scot/S5_ Education/Reports/ESS052017R05. pdf，最后访问日期：2020年7月15日。

我们在进行保障儿童参与权相关方面的工作时要做好心理准备。

3. 程序运行是否稳定高效

评价一项司法制度的效果不仅要考虑其制度目标是否实现，也要关注其运行过程是否稳定高效。下面笔者将从程序时间、成员稳定性和部门间组织协调情况三个角度分析听证会运行的效率。

（1）听证程序花费时间统计。

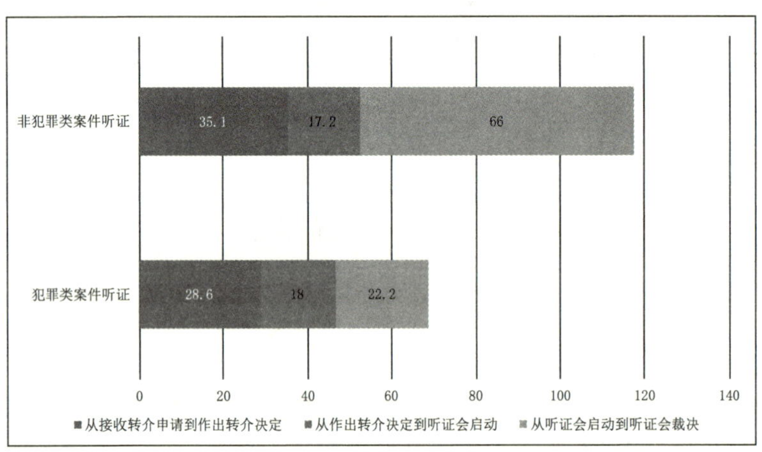

图 7　2017—2018 年度从转介申请接收到听证决定作出的平均工作日统计[1]

图 7 是苏格兰儿童报告员管理局公布的 2017 年 4 月 1 日至 2018 年 3 月 31 日儿童听证程序花费的平均工作时长。从图 7 可以看出，犯罪案由的听证程序较非犯罪案由的听证程序花费时间更短。在犯罪案由的听证中，从接收转介申请到报告员作出转介决策约花费 28.6 个工作日，从报告员作出决策到听证会启动需要 18 个工作日，从听证会启动到作出决定需要约 22.2 个工

[1] Scottish Children's Reporter Administration, "STATISTICAL ANALYSIS 2017/18", https://www.scra.gov.uk/wp-content/uploads/2018/07/Full-statistical-analysis-2017-18.pdf，最后访问日期：2020 年 7 月 15 日。

作日，全部加起来整个程序从立案到裁决需花费约69个工作日。

（2）听证小组成员稳定性情况。听证小组的成员都是志愿者，任期为3年。根据苏格兰教育和技术委员会发布的调查报告，由于每个案件通常需要召开多次听证会，志愿者往往不能每次都有时间参加，所以同一案件每次听证时的听证人员不能保证一致，而这会影响儿童的参与效果和听证效率。调查中有儿童反馈：听证小组里永远都是不同的人。整个听证的事情都让人生畏，所有这些陌生人坐在一张大桌子后面。如果保持相同的听证小组成员，我相信他们会更多地了解我。调查中也有社工反映：每次都由完全不同的听证小组成员进行听证已成为常态。听证会之间欠缺连续性，第一场听证会被提问的信息会被第二场忽视，被第三场遗忘，然后在第四场再次被问起。这说明听证小组成员的不稳定影响到了听证决策的连续性和效率。然而这一问题短时间内也许很难解决，苏格兰儿童和幼儿部长在调查中提出：听证小组成员没有连续性是为了平衡整个系统的效率……如果依据听证小组成员的时间来安排听证会，虽然能保持听证人员的持续性，但可能会导致案件处理的延迟〔1〕。

（3）听证会与法院衔接情况。如前文所述，儿童听证制度的特色之一是听证会与法院并行的二元结构，当案由和裁判结果出现争议时，案子会移送至法院进行审理，法院对事实部分审理结束后，若认为儿童确有必要被强制监管，会继续将案件移送回听证会继续听证。这样的制度设计有利于保障儿童福利，但在实际运行中仍存在一些衔接问题，主要体现在：第一，法院诉讼时间较长，拖延整体程序进度。苏格兰社会工作组织在

〔1〕 Education and Skills Committee, "The Children's Hearings System-Taking Stock of Recent Reforms", 25 April 2017, www. parliament. scot/S5_ Education/Reports/ESS052017R05. pdf，最后访问日期：2020年7月15日。

调查中反馈，听证会和法院两个系统之间的相互作用是“麻烦的”，在治安法院建立证据的程序可能长达四五个月的时间，这对家庭来说是一个困难的经历。第二，法院和听证会在证人待遇上的处理有冲突。例如，有关家庭虐待的案子，法院是采用保护弱势受害者和证人的方式，在刑事法庭上可能会通过视频提供证据避免犯罪者与受害儿童联系；但到了儿童听证会，儿童和虐待他的家人会被安排坐在同一个房间里[1]。

通过上面的数据和反馈报告可以发现，听证程序整体运行的效率比较高，这可能与听证会不需要处理案件事实争议有关；但是听证制度基于其本身是志愿者作为主体来运行的性质，儿童听证庭的人员稳定性难以保障；听证会与法院的协调工作也需要加强。

第三节 美国循证实践下的未成年人司法项目制

与英国的情况不同，美国联邦制政体决定了美国未成年人司法体系的分散和强烈的地方性色彩，不仅各州均拥有与联邦不同的未成年人司法制度体系，且州下属的各地方郡县在未成年人司法方面也拥有很大的自由度，这决定了美国很难通过全国性或者全州性的法律或者政策强力推行类似于英国的青少年犯罪小组（YOT）或者苏格兰的儿童听证会这种统一实施的社会支持机制。但是美国未成年人司法社会支持服务体系也呈现出一些共同特点，体现在总体服务目标、建立社会支持体系的方式、服务的内容等方面。美国未成年人司法社会支持服务的

〔1〕 Education and Skills Committee, “The Children's Hearings System-Taking Stock of Recent Reforms”, 25 April 2017, www. parliament. scot/S5_ Education/Reports/ESS052017R05. pdf，最后访问日期：2020 年 7 月 15 日。

宗旨是通过有效的干预措施教育、矫治少年，维护公共安全。各州政府通过财政拨款、购买服务的方式，以项目化运作为载体，支持和引导当地社会力量进入未成年人司法体系为涉罪未成年人提供相应的支持服务。支持服务覆盖未成年人司法的各个阶段，从支持服务内容上看主要包括羁押、缓刑以及矫正三个方面，具体包括审前羁押替代、分流转处、缓刑监督、教育矫正等。近年来，青少年科学的发展以及随之而来的支持服务策略正在逐步改变各州的未成年人司法服务体系，各州开始采用循证实践的理念，选择被证实有效的项目，通过风险需求评估工具来确定少年需求，以求最大限度的服务少年的福祉。

一、美国未成年人司法社会支持项目制

美国未成年人司法社会支持的模式选择根植于美国历史的传统以及完善的社会服务体系。美国两百年的市民社会发展，培育了大量的社会组织，且与未成年人司法的基本服务理念有内在一致性。此外，为了保证政府购买社会支持制度的有效运行，加强政府的作用，美国从联邦层面还通过立法的方式，确立了未成年人司法和预防犯罪服务的联邦最低标准，从资金、机构、内容等方面建立了配套体系，指导和帮助各州完善政府购买的未成年人司法支持服务体系。

（一）政府购买社会支持项目制的模式选择

美国未成年人司法社会支持服务主要通过政府购买社会服务的方式，以项目为载体运作。之所以选择政府购买模式有社会资源、理念共识和合作传统三个基本前提。首先，稳定的社会资源是美国未成年人司法选择政府购买模式的前提和基础。美国有发达的市民社会和大量非营利社会组织，他们是政府处理社会问题的最佳合作伙伴。非营利性社会组织是独立于政府、

市场部门之外的为社会提供服务的“第三部门”，是美国现代社会的三大支柱。20世纪初，美国的非营利性社会组织的数量就达到了180万个，它们在教育、医疗、环保等公共服务领域发挥着重要作用，对美国现代社会民主进程作出了重大贡献。[1]同样，在未成年人司法服务领域，也积累了大量的社会资源，为政府购买服务提供了基础。[2]其次，社会组织的志愿服务理念与未成年人司法的核心价值具有内在一致性，是政府购买服务的理论基础。未成年人司法建立的初衷就是拯救涉罪未成年人，通过特殊的少年法庭制度来达到康复和保护的目的。而在基督教影响下，慈善、感恩、回馈等志愿服务意识则是社会组织的核心理念。从本质上说两者的内在的价值理念是相同的，都是致力于拯救、帮助少年回归社会。虽然近百年的未成年人司法在探索过程中有过动摇和质疑，但是近年来神经科学和心理学的科学研究重申了未成年人司法教育矫治的核心理念，促进了未成年人司法基本理念的复归。最后，司法机构和社会机构的合作传统是美国未成年人司法选择政府购买模式的历史基础。在未成年人司法体系中，少年康复和少年保护的实现离不开社会力量的支持。“城市精英与未成年人司法制度”的结合是美国少年法院制度创设和发展的主要原因。[3]美国城市中产阶级倡导儿童救助活动，积极奔走推动未成年人司法的改革，在传

〔1〕 李培林、徐崇温、李林：“当代西方社会的非营利组织——美国、加拿大非营利组织考察报告”，载《河北学刊》2006年第2期。

〔2〕 Tina Maschi; Mary Lou Killian, “The Evolution of Forensic Social Work in the United States: Implications for 21st Century Practice”, *Journal of Forensic Social Work*, 2011 (1), pp. 8~36.

〔3〕 ［美］玛格丽特·K. 罗森海姆、富兰克林·E. 齐姆林、戴维·S. 坦嫩豪斯、伯纳德·多恩编：《少年司法的一个世纪》，高维俭译，商务印书馆2008年版，第5页。

统的刑事司法体系和社会组织之间搭建了桥梁。曾任联邦儿童局局长、见证未成年人司法成立的来斯罗普曾发表演讲，她认为“公共机构与私立机构之间的持续合作”是未成年人司法制度历史的特征，“这项合作如此有益，如果想要少年法院运动永葆活力，就必须继续坚持”。[1]

（二）政府购买社会支持项目制的配套建设

20 世纪后期，面对日益严重的未成年人犯罪问题，社会公众迫切希望加强政府在未成年人司法和预防犯罪方面的作用，1974 年的《未成年人司法与预防犯罪法》正是在这一背景下应运而生的。《未成年人司法与预防犯罪法》在美国未成年人司法中发挥着重要作用，它是第一个联邦层面关于未成年人司法和犯罪预防的法案。2018 年美国国会签署了《未成年人司法改革法》，对《未成年人司法与预防犯罪法》进行了重新授权和实质性修改，加强了联邦对各州政府购买社会支持服务的指导和帮助。法案强调对涉罪未成年人的核心保护，要求各州遵循联邦关于保护儿童的最低标准，倡导使用监外管教的办法，支持以治疗矫正为目的的循证做法，呼吁消除监禁危险并实现问责制。根据法案要求，联邦对各州购买未成年人司法支持服务的支持和指导主要包括三个方面：

1. 制定联邦未成年人司法服务最低标准

为了更好地指导各州政府购买社会支持服务，联邦政府通过多次修改《未成年人司法与预防犯罪法》形成了未成年人司法与预防犯罪服务的联邦最低标准和核心要求。各州必须遵守法案规定的四个核心要求才能获得联邦资金的支持。第一，未

〔1〕［美］玛格丽特·K. 罗森海姆、富兰克林·E. 齐姆林、戴维·S. 坦嫩豪斯、伯纳德·多恩编：《少年司法的一个世纪》，高维俭译，商务印书馆 2008 年版，第 7 页。

成年人身份犯罪非监禁化。该要求是1974年法案颁布之初确立的，是指对身份犯罪的未成年人不得拘留或者监禁，鼓励其接受社区为基础的服务，比如，寄宿家庭治疗、心理咨询与辅导等。第二，未成年人与成人罪犯分开监禁。该要求是指对除了触犯重罪需要在成人法庭接受审判的未成年人外，其余触法未成年人原则上不得将其关押在成人监狱或者看守所。这一规定旨在保护未成年人免受成人罪犯的心理虐待、人身攻击等的伤害。第三，禁止未成年人与成人罪犯的任何接触。当未成年人被关押在成人监狱或看守所时，禁止与成人有任何接触，比如，未成年人不能被安置在成人牢房旁边，不能与成人罪犯共用餐厅、娱乐区或任何其他公共空间等。第四，少数族裔触法比例。研究表明，在未成年人司法程序的各个阶段，少数族裔未成年人的人数在整个触法未成年人的比例与其所属人种在整个美国人口中的比例不协调。在美国人口中有色人种未成年人人数占1/3，但是未成年人司法系统中有色人种未成年人的比例却达到了2/3。法案要求各州评估未成年人司法体系中少数族裔的情况，并努力改善未成年人族裔触法比例失调的问题。

2. 组建相关机构

根据《未成年人司法与预防犯罪法》在联邦层面成立了未成年人司法和预防犯罪办公室、未成年人司法和预防犯罪协调委员会以及联邦未成年人司法咨询委员会。在州层面建立了各州的未成年人司法顾问小组。

(1) 联邦层面：

第一，未成年人司法和预防犯罪办公室（Office of Juvenile Justice and Delinquency Prevention 简称OJJDP）。根据《未成年人司法与预防犯罪法》第201条的规定，在司法部司法项目办公室下设立未成年人司法和预防犯罪办公室。[1]它的使命是联合不同领域的专家，共同致力于改善未成年人司法的政策和实践，帮助和支持各州、各地方以及部落司法辖区实施有效的未成年人司法项目，保护公共安全。办公室主任由总统根据参议院建议任命，一般由具有未成年人司法项目管理经验的人担任，副主任由司法部长任命。办公室下设干预部门、特殊受害者和暴力犯罪部门、协调各州关系和援助部门、传播和协调部门、预算部门等。主要职能包括资助未成年人司法相关研究、项目和培训计划；制定联邦政策指导各州的未成年人司法；传播联邦未成年人司法的倡议；为地方政府支持的未成年人司法项目提供资金。

第二，未成年人司法和预防犯罪协调委员会（Coordinating Council on Juvenile Justice and Delinquency Prevention 简称 CCJJDP）。根据《未成年人司法与预防犯罪法》第 206 条的规定，在联邦层面设立了未成年人司法和预防犯罪协调委员会。[2]主要职能是协调联邦、州和地方的未成年人司法和预防犯罪项目、拘留和无人照管少年的项目以及失踪和受剥削儿童有关的项目。委员会通过协调联邦、州和地方政府关系推进未成年人司法项目，向总统和国会提出改善未成年人司法服务的政策和计划。该协调委员会是一个独立的联邦政府行政机构，由 9 名当然成员以及 10 名由总统和国会指定的非联邦未成年人司法从业人员组成。当然成员包括司法部部长、卫生和公共服务部部长、劳工部部长、教育部部长、国土安全部部长、住房和城市发展部部

〔1〕 Juvenile Justice and Delinquency Prevention Act Reauthorization 2018, Sec. 201. https://ojjdp. ojp. gov/sites/g/files/xyckuh176/files/media/document/jjdpa-as-amended_0. pdf, 最后访问日期：2020 年 7 月 15 日。

〔2〕 Juvenile Justice and Delinquency Prevention Act Reauthorization 2018, Sec. 206.

长以及未成年人司法和预防犯罪办公室主任、国家麻醉品控制政策办公室主任、国家和社区服务公司的首席执行官。此外，总统和国会也可以指定其他具有重大决策权力的重要联邦官员担任委员会成员。

第三，联邦未成年人司法顾问委员会（Federal Advisory Committee on Juvenile Justice 简称 FACJJ）。根据《未成年人司法与预防犯罪法》第 223 条的规定，成立联邦未成年人司法顾问委员会。主要职责是通过分析、审查未成年人司法立法、政策、实践以及研究成果等，向总统、国会和未成年人司法和预防犯罪办公室主任提供建议，并评估未成年人司法项目的进展和成就。[1]它本质上是一个小型的工作咨询委员会，由州顾问小组代表组成，共有 14 名成员，每年举行四次会议，讨论和寻找改善未成年人司法系统的方法。该委员会还设有小组委员会，专注于具体主题，并为整个委员会提供最佳信息和数据。小组委员会每月通过电话会议召开会议，并提出建议草案供全体委员会审议。[2]

（2）州层面：未成年人司法顾问小组（State Adversiory Group 简称 SAG）。为了保障政府购买服务的科学性和有效性，法案要求各州都必须设立州未成年人司法顾问小组，负责制定和审核各州的未成年人司法和预防犯罪计划，并确保各州未成年人司法计划遵守联邦未成年人司法和预防犯罪最低标准。根据 2018 年最新修订的法案要求，未成年人司法顾问小组的成员应该包括：①至少一名地方政府官员；②执法和未成年人司法部门的代表包括少年和家庭法院法官、检察官和少年辩护律师、

〔1〕 Juvenile Justice and Delinquency Prevention Act Reauthorization 2018, Sec. 223.

〔2〕 Federal Advisory Committee on Juvenile Justice: https://facjj.ojp.gov/about, 最后访问日期：2019 年 7 月 17 日。

缓刑工作人员；③预防犯罪有关的公共机构代表，例如，福利、社会服务、心理健康、教育、青少年滥用药物、特殊教育、残疾少年服务等机构；④私立非营利社会组织代表，例如，家长团体组织和家长自助团体组织，少年发展组织、犯罪预防和治疗组织、被遗弃儿童组织、未成年人司法服务组织以及教育组织等；⑤服务违法犯罪风险少年的志愿者；⑥羁押替代项目的代表，包括项目提供组织娱乐活动等的代表；⑦具有解决学校相关问题特殊经验和能力的工作人员；⑧经国家认证具有预防和解决心理健康或者药物滥用专业知识的人员，且需要满足犯罪风险较高的少年的需求；⑨被害人或者证人组织代表，包括至少一名具有应对性侵、虐待专业知识的人，尤其是在少年进入未成年人司法体系之前的性侵、虐待和创伤的处理；⑩对于有一个或多个印第安部落的州需要有部落未成年人司法方面的专家代表。此外，法案要求该顾问组成员不能是全职政府雇员，至少 1/5 的成员必须是 28 岁以下的年轻人，且至少有 3 名成员必须之前或目前在未成年人司法体系的管辖范围内，如果该少年目前被羁押或者条件不允许，可以由他们的父母或者监护人来代表。[1]

3. 确定联邦拨款资助项目类型

联邦拨款在未成年人司法支持工作中发挥着至关重要的作用，它影响着各州的未成年人司法支持服务的质量和方向。根据《未成年人司法与预防犯罪法》的规定，未成年人司法和预防少年犯罪办公室主要职能之一是管理联邦资助各州的拨款，收集少年犯罪的全国性数据，资助有关少年犯罪的研究，监督

〔1〕 See ACT4 Juvenile Justice，http://www.act4jj.org/sites/default/files/resource-files/SAG%20Members%20Fact%20Sheet%20-%20FINAL_ 0.pdf，最后访问日期：2020 年 7 月 15 日。

联邦最低标准的落实，与各州政府、司法机构、社会组织一起致力于发展和完善有效的未成年人司法服务体系。根据《未成年人司法与预防犯罪法》规定，美国联邦政府主要资助以下几类未成年人司法服务项目：

第一，《未成年人司法与预防犯罪法》第二章：各州固定财政拨款（Title II State Formula Grants）。未成年人司法和预防犯罪办公室根据各州未成年人人数以及各州的未成年人司法计划直接向州提供资金，帮助各州实施创新性的未成年人司法项目。为获得联邦拨款，各州必须详细调研本地需求，提交三年改革计划。各州的未成年人司法顾问小组（SAG）负责指导三年改革计划的制定、实施和筹资，支持并监督其实现《未成年人司法与预防犯罪法》的四个核心要求。该类项目旨在通过各州努力，保障涉罪未成年人的基本权利，确保公平对待少数族裔青年，改善处理违法行为的方式，并通过各州未成年人司法顾问小组的参与来实现未成年人利益的最大化。[1]

第二，《未成年人司法与预防犯罪法》第五章：当地预防犯罪项目（Title V Local Delinquency Prevention Program）。《未成年人司法与预防犯罪法》第五章专门为预防犯罪项目设计了联邦资助计划。该项资助强调基于循证的方法，对高风险未成年人进行预防和干预，且要求州和地方政府给予相应的财政支持。此外，《未成年人司法与预防犯罪法》第5条规定的11%的资金必须拨给印第安部落，用于部落未成年人预防犯罪服务，并减少对风险或者违法未成年人的拘留和监禁。

第三，未成年人责任整体性拨款（The Juvenile Accountability Block Grant 简称 JABG）。根据《综合犯罪控制和安全街道

〔1〕 张文娟：《中美少年司法制度探索比较研究》，法律出版社2010年版，第218页。

法》授权，该项联邦拨款通过未成年人司法体系的法官、缓刑官、案件管理人员、执法部门和其他未成年人司法专业人员对涉罪未成年人提供一系列类似羁押替代项目等具有成本效益的服务来减少未成年人犯罪行为。[1]根据2018年重新授权的《未成年人司法与预防犯罪法》，联邦将拨款1.76亿美元，用于2019-2023年度的未成年人司法与预防犯罪法项目，包括固定财政拨款Titles Ⅱ和当地犯罪预防项目拨款Titles Ⅴ。根据法案各州将根据居住在该州的未成年人的人数来获得Titles Ⅱ的拨款，人口较少的州每年将获得至少40万美元的拨款。如果发现各州不遵守该法案的四项核心要求，就必须减少拨款，对于一个州没有满足的每一项核心要求，该法案将第二项拨款减少20%。用于Titles Ⅴ的财政拨款不超过960万美元，该项拨款用于部落少年、帮派预防和干预以及其他未成年人司法支持服务项目。[2]

近年来联邦政府不断缩减联邦资助，从2014年起JABG项目没有再进行拨款。据统计2002年到2018年联邦对关键未成年人司法项目的支持在不断下降[3]，这直接影响了各州未成年人司法支持服务的水平，同时也削弱了联邦与州的合作关系。许多州不得不缩减服务，在未成年人司法联盟的调查中，89%的州报告说，联邦拨款的减少将会影响各州政府为未成年人司法提供

〔1〕 See Title II, Title V and JABG, http://www.act4jj.org/federal-funding/title-ii-title-v-and-jabg，最后访问日期：2019年4月4日。

〔2〕 See Juvenile Justice and Delinquency Prevention Act (JJDPA) Fact Sheet Series Funding, http://www.act4jj.org/sites/default/files/resource-files/Funding%20Fact%20Sheet%20-%20FINAL.pdf，最后访问日期：2020年7月15日。

〔3〕 See Historical Federal fuding Chart, http://www.act4jj.org/sites/default/files/resource-files/Historic%20Funding%20Chart%20-%20FY19.pdf，最后访问日期：2020年7月15日。

支持服务的质量。[1]2018 年《未成年人司法改革法》签署以后，联邦资助有所回升，但主体拨款项目都明显下降。这一趋势又开启了另一轮的改革浪潮，即如何确保政府的财政投入有效的项目，使得纳税人的钱得到最佳的经济效益。

（三）未成年人司法项目制的实践样态——以新泽西州 JDAI 项目为例

未成年人司法与预防犯罪办公室通过对被监禁未成年人进行调查发现，许多未成年人因为非暴力犯罪被拘留，且在拘留中面临着“羁押风险”。羁押对未成年人的福祉、教育和就业前景产生了负面影响。自 2010 年以来，未成年人司法与预防犯罪办公室与安妮凯西基金会合作，旨在全美范围内推行羁押替代项目。

1. 项目运营的背景

审前羁押替代（Juvenile Detention Alternatives Initiative，简称 JDAI）项目是全美最有效且影响广泛的未成年人司法项目之一。该项目于 1992 年由安妮凯西基金会发起和支持，旨在通过羁押替代措施来减低对羁押设置的依赖、改善公共安全、减少种族差异与偏见，推动未成年人司法的整体改革。早期的试点项目主要在县一级推行，取得了显著的成功。2003 年新泽西州政府引入该项目，开始在全州范围内推广，取得巨大成功，并被评为示范点，其他各州开始纷纷效仿。截至 2016 年，项目覆盖全美 39 个州和哥伦比亚特区的 300 多个司法辖区。未成年人羁押替代倡议追求八项核心价值：第一，加强机构间合作。主要指未成年人司法机构、其他政府机构和社会组织之间的协作。第二，有效利用数据，主张通过数据收集、分析来进行未成年

---

〔1〕 See Federal funding，http://www.act4jj.org/federal-policy/federal-juvenile-justice-appropriations.

人司法系统的评估和改革。第三，制定客观标准，采用科学工具、手段来作出审前羁押决定。第四，鼓励使用羁押替代措施。第五，引进案件处理改革，加快案件在未成年人拘留程序中的流转速度。第六，特殊案件处理，对因缓刑违反、司法令状违反以及等待安置的未成年人案件必须重新审查，并结合新的实践加以落实，以尽量减少他们在设防拘留所的期限。第七，减少适用中存在的种族差异，确保公平的司法环境。第八，改善拘禁条件，由专业人员定期对有关设施进行例行检查。[1]

2. 项目运营的配套建设

与美国其他各州一样，新泽西州的未成年人审前羁押也面临着严重的问题，未成年人羁押设施中人满为患，暴力、威胁、自杀等在羁押场所中不断上演。面对严重的羁押现状，新泽西州政府迫切进行未成年人羁押改革。2003 年新泽西州政府开始引入 JDAI 项目，并为项目的运营进行了相应的配套建设。

首先，筹集项目资金。项目推进的前期，资金主要来源于安妮凯西基金会和联邦未成年人司法专项拨款。JDAI 项目是由新泽西州少年司法委员会负责引进的，在项目筹备阶段少年司法委员会的领导人员发挥着重要作用，其积极争取安妮凯西基金会的资金支持，并号召州政府主要未成年人司法领导人支持 JDAI 项目。在项目推进前期，安妮凯西基金会每年向新泽西州提供 20 万美元资助，支持 JDAI 项目在新泽西州的推广。在试点项目取得成功以后，州政府设立专项资金保障项目的持续发展，2008 年州立法机关通过决定，每年提供 400 万美元支持该项目。总的来说，项目资金来源于三个方面：安妮凯西基金会、联邦未成年人司法专项拨款和州政府配套基金。

---

〔1〕 张鸿巍：《少年司法通论》，人民出版社 2008 年版，第 359 页。

其次，建立领导团队。在项目推进过程中，领导团队的建立至关重要。为了有效地推进该项目，在少年司法委员会的牵头下，在州和地方都成立了JDAI领导委员会，负责指导开展未成年人羁押改革。领导委员会由少年法院法官、检察官、辩护人、少年司法委员会、少年服务机构代表等未成年人司法相关机构代表组成，由州司法机构和少年司法委员会共同监督，其服务宗旨是从逮捕、审判到处置等环节系统审查新泽西州未成年人司法，推广JDAI核心战略，改善少年羁押现状。具体职责包括研发全州统一的风险评估工具、关注少数族裔差异以及刑事法庭的豁免、拘留设施的利用、未成年人司法职业和资格认证等。

再次，聘请专家团队。组建专家团队帮助和指导试点领导委员建立数据驱动的羁押改革方案是新泽西州推进JDAI项目的关键举措。州领导团队从加利福尼亚州主要大学的刑事司法研究机构聘请了研究刑事羁押问题的学者，对试点县的未成年人羁押数据进行分析研究。虽然在改革以前，各县也会定期向少年司法委员会报告少年羁押人数以及被羁押少年的人口学信息，但是这些信息都是静态的，对于是否羁押的决策以及改革没有参照价值。专家团队的引入旨在建立一个动态、丰富的羁押数据库，对未成年人的羁押时间、触犯不同罪行未成年人的羁押决定、等待法庭审判的时间等影响羁押决策的数据进行收集和深入分析。通过数据分析帮助JDAI领导小组学会处理数据，深入理解JDAI的八项核心战略，指导领导小组制定改革计划。

最后，配套文化建设。州政府每年召开一次全州范围内的JDAI会议，在全州范围内倡导JDAI定期颁发奖励，表彰优秀领导，推进各地JDAI改革的进程。此外，在专家团队指导下开发统一的数据系统，通过数据收集和分析，为改革提出科学建议。

为该项目确定了一个标准化的申请推广程序，对该项目感兴趣的地方可以按照固定的流程申请推广，复制试点经验，组建领导团队，开发数据系统，聘请专家团队指导实施。

3. 项目运营的推广方式

项目推广的方式是通过试点项目逐渐扩展的，试点的推进也有固定的流程，一般是先成立试点地方的指导委员会[1]，在专家团队的帮助和指导下制定改革的方案并有效推进实施。新泽西州 JDAI 项目推广可以分为三个阶段：项目筹备试点阶段、复制扩展阶段和巩固阶段。领导团队最开始选定五个县作为试点单位，其中两个县面临着严重的羁押危机，其他三个则是根据地理位置以及人口多样性选出。试点取得成果之后，开始在其他县复制推广 JDAI 模式。复制推广阶段的地点不再采用之前的试点选择模式，而是由对 JDAI 项目感兴趣的县自主申请。与试点模式相同，复制扩展阶段，州一级领导团队指导、帮助当地成立领导团队，指派一名拘留专家，协助当地的 JDAI 小组进行数据分析，帮助推进改革进程。新泽西州进行 JDAI 项目改革以后，试点县的少年羁押率不断下降。以最初的五个试点县的数据为例，2000 年到 2006 年，羁押人数从 515 人下降到 284 人，平均羁押时间从 40 天下降到 20 天，此外，还关闭了部分少年羁押场所。

总的来说，新泽西州 JDAI 项目的成功不是偶然的，除了州政府的大力支持外，围绕项目的配套保障建设也至关重要。具体包括以下几个方面：第一，资金保障。新泽西州 JDAI 项目的

[1] 根据新泽西州《未成年人司法改革法》，各县都设置了少年服务委员会，但是该委员会关注的重点不是未成年人司法改革政策，而是分配政府和联邦的资金并监督未成年人司法项目。所以领导团队在试点县成立了新的地方指导委员会，专门负责指导当地实施 JDAI 项目。

资金来源主要是安妮凯西基金会、州政府配套基金、联邦未成年人司法专项拨款。第二，领导团队。核心领导团队在新泽西州少年羁押改革中的作用不可忽视。领导团队集合了未成年人司法相关的主要领导人，是跨部门、跨学科的合作团队。第三，专家团队。聘请刑事司法专家是 JDAI 项目的一个创新举措，专家团队的加入使得 JDAI 项目的推广更具科学性。第四，技术支持。技术的支持体现在两个方面：一是在专家团队指导下开发统一的数据系统，通过数据收集和分析，为改革提出科学建议；另一个是全州统一的风险评估工具。该工具的研发使得全州未成年人在少年羁押改革中得到法律上的平等机会和对待。第五，制度建设。该项目确定了一个标准化的申请推广程序，对该项目感兴趣的地方可以按照固定的流程，申请推广，复制试点经验，组建领导团队，开发数据系统，聘请专家团队指导实施。第六，文化建设。由州政府主导每年召开一次 JDAI 年度会议，汇集全州 JDAI 项目工作人员共同探讨项目推广经验教训，并建立下一阶段目标，使得 JDAI 少年羁押改革成为全州未成年人司法从业人员的共识，促进项目更进一步发展。

二、循证实践理念下未成年人司法社会支持项目制的改革

未成年人司法社会支持项目制面临的最大问题莫过于项目的有效性问题，有效的项目固然能够为未成年人刑事司法目标的达成提供强有力的支持，但无效的项目带来的则不仅是大量人财物资源的浪费，甚至危及整个未成年人司法体系的存在。循证实践正是解决项目制这一难题的良药。循证实践是 21 世纪美国未成年人司法改革的主流方向，它在未成年人司法研究者、管理者和实践之间搭建了桥梁，推动了世界范围内未成年人司法改革的浪潮。未成年人司法循证实践的主要特征是以数据为

驱动，以研究为导向。循证实践最开始围绕项目的有效性展开，随着近年来最新科学的进展，未成年人司法康复理念的复归，传统的未成年人司法支持项目在循证理念的指导下，以更加科学、高效的方式吸引了政府管理者。换言之，就是在原来政府购买模式的基础上，纳入循证实践的理念，通过研究机构对各类未成年人司法支持服务项目进行有效性评估，选择最佳项目来推进未成年人司法支持服务的改革。基于经济成本的分析，循证实践能有效改变政府的购买决策，确保政府财政投入的有效性。研究表明，在一个证实有效的项目上投入 1 美元，可以给纳税人带来 7 美元至 10 美元的收益。[1] 奥巴马政府上台以后，将犯罪学领域的研究进展落实到改革政策中，鼓励各州以循证为基础方法来预防和控制犯罪，开启了未成年人司法新的改革浪潮。[2]

（一）未成年人司法循证实践的发展背景

未成年人司法循证实践的发展与整个未成年人司法体系的发展密切相关，要解决的都是未成年人司法最本质的问题，即如何达成少年康复的使命。虽然美国未成年人司法的理念经历了康复、正当程序、惩罚等的变革，但是近年来最新科学的进展以及联邦最高法院的判例促进了康复理念的复归，这为循证实践的开展奠定了基本的价值基础。循证实践在未成年人司法领域的发展，主要集中于未成年人司法社会支持项目的有效性问题上，同时项目有效性的发展也影响着整个未成年人司法的发展进程，这两者不是彼此孤立的，比如，“马丁森炸弹”加速

---

〔1〕 See Peter W. Greenwood; Brandon C. Welsh, Promoting Evidence-Based Practice in Delinquency Prevention at the State Level: Principles, Progress, and Policy Directions, Criminology & Pub. Pol'y, p. 493.

〔2〕 See Donna M. Bishop, “Evidence-Based Practice and Juvenile Justice”, *Criminology & Pub. Pol'y*, 2012 (11), p. 483.

了未成年人司法的严惩趋势，项目有效的理念也开启了新的未成年人司法改革。

1. 未成年人司法核心理念的复归——从治疗（treatment）到疗效（therapeutic）

近年来心理学和神经科学的发展对青少年的发展提出了新的见解，并验证了青少年和成年人在成熟和变革能力方面的重要差异，重申了未成年人司法的核心理念，促进了未成年人司法循证实践的进一步发展。现代心理学和神经科学的发展表明虽然未成年人的基本认知能力在 16 岁已经成熟，但是影响未成年人做出决策和判断的社会情感能力，例如，冲动控制、未来导向、对同伴（同龄人）群体影响的抵抗等能力需要到成年时期才能成熟。〔1〕大多数犯罪的未成年人在成年以后不再犯罪，只有 5%到 10%的少年在成年后成为长期犯罪者或继续犯罪。〔2〕联邦最高法院通过 2005 年的"罗珀诉西蒙斯案"（Roper v. Simmons）〔3〕和 2010 年"格雷姆斯诉佛罗里达州案"（Graham v. Florida）〔4〕取消死刑和无假释可能的监禁来削弱惩罚势头。美国联邦最高法院在 2005 年罗珀诉西蒙斯案的判决意见中引用了科学发展的新发现，认为年轻人的社会情感能力发展不成熟，且容易受到同辈的压力，他们的行为在道德上不像成年人那样应该受到谴责，对未成年人犯罪应重在教育矫正而非惩罚。这意味着以教育矫正为主的康复理念开始复归，康复的使命使得未

---

〔1〕 See Elizabeth Cauffman; Adam Fine; Alissa Mahler; Cortney Simmons, "How Developmental Science Influences Juvenile Justice Reform", *UC Irvine L. Rev.*, 2018（8）, p. 21.

〔2〕 See Laurence Steinberg, "Adolescent Development and juvenile justice", *ANN. REV. CLINICAL PSYCHOL*, 2009（5）, p. 459.

〔3〕 Roper v. Simmons, 543 US 551（2005）.

〔4〕 Graham v. Florida, 130S. Ct. 2011, 176l. Ed. 2d825（2010）.

成年人司法的中心重新转向社会支持领域。因为少年康复的核心在于有效的社会支持和治疗，且新一轮的改革将康复理念中的治疗（treatment）层面进一步推进到了疗效（thetapeutic）层面。研究者、实践者开始探索更有效的社会支持和治疗，对未成年人司法社会支持项目的有效性提出了更高的要求，促进了未成年人司法循证实践的进一步发展。

2. 未成年人司法项目的有效性——从无效（nothing work）到何者有效（what work）

关于未成年人司法支持项目有效性的争论并不是一个新问题，它与整个未成年人司法体系的有效性息息相关。19 世纪末，随着美国第一个少年法院的建立，与之相应的各类教育矫正项目大量涌现。有学者将这一时期的未成年人司法称为康复模式。[1]在康复模式下，未成年人司法支持服务项目发挥着重要作用。20 世纪 50、60 年代，民权运动蓬勃发展，促进了未成年人司法正当程序权利的改革。美国联邦最高法院 1976 年“联邦诉高尔特案”（In v. Gault）和 1979 年“联邦诉温斯普案”（In v. Winship），将少年法庭关注的重点从犯罪的背景转向如何证明其犯罪，即强调未成年人司法的正当程序。与此同时，项目的有效性问题也引起了学者的关注，即各类社会支持项目能否帮助少年康复，能否保护少年利益？项目的有效性实际上关乎整个未成年人司法体系的有效性。1974 年马丁森教授通过元分析对 1945－1967 年之间的犯罪矫正项目进行评估，发现这些项目都是无效的（nothing works）。马丁森教授的研究使得学界和司法实践都对未成年人司法抱有消极态度，也促进了整个未成年人司法进一步走向严罚模式。各州对少年犯罪采取严惩的态度，大量未成年

〔1〕 宋英辉、苑宁宁：“未成年人罪错行为处置规律研究”，载《中国应用法学》2019 年第 2 期。

人被关进监狱或者大型惩教设施，监狱人满为患，引发了严重的财政和社会危机。

20 世纪 90 年代，一种乐观的心态开始出现，关于项目有效性的问题在研究者中达成了一些共识，即有些项目在未成年人司法实践过程中确定有效。1996 年马里兰大学受美国国会和司法部的委托对全美 500 多个犯罪预防和犯罪矫正项目进行有效性评估，以协助州和地方执法部门以及社区预防犯罪，最终形成了“马里兰报告”。报告发现，一些预防项目有效，一些无效，一些有希望，还有一些没有得到充分的测试。随着犯罪学循证实践的发展，学者们采用随机对照实验和试验的方式对各类犯罪预防项目进行评估，并引入经济学领域的荟萃分析[1]，有效识别有效项目和无效项目的特征，提出了基于项目有效因素的最佳实践项目，开始关注何者有效（what works?），支持用科学原则来解决与犯罪相关的问题。一些研究机构通过严格的实验研究和荟萃分析开发了一些经过实验验证的、有前景的项目列表，帮助决策者和实践者选择有效的项目，推行最佳的实践。例如，美国预防暴力犯罪的蓝图计划，未成年人司法和预防犯罪办公室的模范项目指南等。

（二）未成年人司法循证实践的界定

1. 未成年人司法循证实践的概念解析

循证实践的概念最初来源于医学领域，是指在某一个特定领域内，利用科学原则评估项目有效性，发展最佳实践的过程。循证实践的过程体现了科学、公平、效率的价值，其对管理学、教育学、犯罪学等领域产生了深远的影响。在未成年人司法领域，循证实践是指经过严格评估并被证实有效的预防未成年人

---

〔1〕 元分析是一种用于编码、分析和总结研究证据的变量。

犯罪和减少未成年人再犯的项目、实践和政策。从广义上说，循证实践包含未成年人司法循证项目、未成年人司法循证政策和未成年人司法循证实践三个层次。狭义的循证实践则是指未成年人司法循证项目。[1]最早将循证实践的概念引入未成年人司法领域并进行界定的是美国学者彼德·W. 格林伍德（Peter W. Greenwood），他认为循证实践改变了预防犯罪和控制犯罪的方式，他将循证项目的范围界定为两个方面：一是预防犯罪项目，即旨在防止未成年人成为非行少年（delinquency）的可能的项目；二是预防再犯项目，即旨在减少未成年人成为成人罪犯（adult criminals）的可能的项目。[2]他认为在未成年人犯罪预防领域，循证实践包括评估社区和个人客户的需求评估，选择支持的项目，开发或实施新的项目，以及将儿童和青少年分配到特定的项目等过程。我国学者在引入循证实践概念时，总结了循证实践的四个核心要素，即研究者、实践者、实践对象和相关管理者。研究者负责提供最佳证据，相关管理者协调各方利益制定实践标准和指南，实践者负责根据最佳证据以及实践者个人需求开展实践。[3]结合我国学者对循证实践的要素解析，以及美国学者对未成年人司法循证项目的定义，笔者认为，未成年人司法循证实践是未成年人司法服务发展的方向，它的核心理念是通过科学评估，选择最佳项目促进涉罪未成年人的康复，这包含三个层次：一是从政府管理者的角度出发，是指

〔1〕 https://jjie.org/wp-content/uploads/2018/08/Whats-the-evidence-for-EB-Practice-butts-jeffrey-2012.pdf，最后访问日期：2020年7月16日。

〔2〕 Peter W. Greenwood; Brandon C. Welsh, "Promoting Evidence-Based Practice in Delinquency Prevention at the State Level: Principles, Progress, and Policy Directions", *Criminology & Pub. Pol'y*, 2012 (11), p. 493.

〔3〕 张崇脉："当代美国循证矫正及其启示"，载《中国刑事法杂志》2013年第6期。

政府根据研究机构对项目有效性的评估选择最佳项目，以指导政府的决策和资金投入，将有限的资源用于已证明产生积极效果的服务支持项目，即未成年人司法循证实践政策；[1]二是指研究者利用实证实验研究、荟萃分析等寻找最佳项目，编制循证项目清单，寻找最佳循证项目；[2]三是实践者针对少年特点开展循证干预治疗。具体是指实践者以风险、需求、回应为原则，通过风险评估工具，确定少年需求，选择被证实能有效帮助少年康复的项目，推进未成年人司法支持服务项目，即未成年人司法循证实践。

2. 未成年人司法循证实践的循证标准

未成年人司法循证实践的循证标准包含两个方面：一是循证项目的标准，即什么样的项目是循证项目？二是循证实践有效性的标准，即评价循证实践有效性的标准。

在未成年人司法实践中往往有不同种类的项目，但是循证项目需要具备以下四个标准：第一，循证项目需要经过严格实验评估。评估需要在受控制的临床实验和真实的社区环境两种情况下均产生积极结果。即在实验研究和真实社区实践中均被证明有效。如果仅是实验研究证明有效的项目则是以研究为循证基础的项目（research based evidence），如果仅是在社区实践中产生积极效果的项目则是以社区为循证基础的项目（community defined evidence）。第二，循证项目是标准化可复制的实践。简言之，循证项目需经科学研究规范化，且可以复制扩展传播，持续产生积极效果。第三，循证项目是更有效的项目，即循证

---

〔1〕 See How States Engage in Evidence-Based Policymaking: A National Assessment, PEWMACARTHUR RESULTS FIRST INITIATIVE, 1 (2017), http://www.pewtrusts.org/~/media/assets/2017/01/howstates_ engagein evidence based_ policymaking . pdf.

〔2〕 James C. Howell; Mark W. Lipsey, “A Practical Approach to Evaluating and Improving Juvenile Justice Programs”, *JUV. & FAM. CT. J.*, 2004 (55), pp. 35~48.

项目需要与同类项目交叉对比，但是如果没有经过严格评估，仅仅只是通过同类项目信息对比分析，则是有希望的项目（promising program）。第四，循证项目需经同行评价，循证项目需要由该领域的专家而不是项目开发人员评审。[1]

未成年人司法循证实践的有效性是循证实践开展的关键问题，判断循证实践的有效性有四个核心指标：累犯率（Recidivism）、再犯率（Desistance）、目标行为以及成本效益。累犯率是评价未成年人司法实践成效的关键指标。与我国刑事司法对累犯的定义不同，美国未成年人司法中的累犯可以指未成年人司法程序中不同阶段未成年人的累犯，比如，再次被逮捕、再次被定罪或者再次被监禁。再犯概念类似累犯，但是它更聚焦，再犯被限定在一个特定的领域，比如，再次被逮捕。目标行为的有效性是指针对特定项目中的目标行为，例如，对药物滥用项目的有效性评估通常侧重于使用和戒断的程度或者升学、就业等其他指标。成本效益是从政府或者管理者投资回报的角度评估项目的成本效益。这里要回答一个关键问题，即未成年人司法循证项目是否比利用其他资源更有价值，如前文所述，未成年人司法循证实践发展的一个关键背景因素是未成年人监禁成本巨大且效果甚微，美国政府积极寻找更有效的办法应对未成年人犯罪问题。华盛顿州立公共政策研究所（WSIPP）是未成年人司法循证实践成本效益研究的领跑者。该机构提出了许多未成年人司法循证项目，这些项目的成本效益远远高于监禁青少年，其中包括功能家庭治疗和攻击性替代训练示范项目

[1] See https://jjie.org/hub/evidence-based-practices/key-issues/，最后访问日期：2020年7月16日。

等。〔1〕

3. 未成年人司法循证实践的核心原则

风险、需求和责任原则是未成年人司法循证实践的核心原则，它要解决循证项目在未成年人司法中运用涉及的几个核心问题，即循证项目以谁为目标，目标是什么，如何解决？该原则最早是由加拿大心理学家提出的，在未成年人司法犯罪预防领域发挥重要作用。首先是风险原则，即以谁为目标，风险是指少年再次犯罪的概率，影响未成年人犯罪的风险因素主要是指静态风险因素，比如，年龄、第一次被逮捕时的年龄、之前被逮捕的次数等。风险原则的重点在于通过静态风险因素预测犯罪，并根据其风险等级匹配相应的干预项目。风险的等级一般分为高、中、低三等。研究者发现针对高风险涉罪未成年人的干预会更有效，比如，一个整日与不良少年混在一起、冲动行事、未完成高中学业、没有工作的未成年人与一个愿意为他或她的行为承担责任、完成学业并获得工作的未成年人相比，前者继续犯罪的风险更大，更需要积极干预，而后者不太可能再次犯罪。其次是需求原则，即循证实践的目标，需求是指犯因性需求，也称为动态风险因素，包括反社会态度、消极的同伴影响、冲动、缺乏家庭支持、药物滥用、教育困难等。需求性原则要求未成年人司法项目应该针对犯因性需求，不包括与此无关的其他需求，比如，只是为了接受心理治疗或者其他治疗而留在未成年人司法系统中的少年。需求性原则是为了避免使得少年受到正规司法系统处理的负面影响，它关注的是少年的犯因需求，与再次犯罪的风险没有直接关联。最后是反应性原则，即如何处理，反应性原则是将少年的个人特点与项目特征

〔1〕 See https://jjie.org/wp-content/uploads/2018/04/Ref-JJ-139-182.pdf，最后访问日期：2020 年 7 月 16 日。

相匹配。行为和认知行为技能培养技术通常被认为是最有效的项目选择。[1]

4. 未成年人司法循证实践的基本特征

与传统的未成年人司法项目相比，循证实践项目具有以下几个特点：

第一，循证实践项目以需求评估为核心。需求评估包括两个层面，一个是整体层面，一个是个体层面。整体层面的需求评估是指利用定量数据、主要利益相关方的意见和知识，对实践区域现有的资源和项目以及需求进行评估，即对社区的承载能力和社区与服务对象的匹配能力评估。个人层面的需求评估是指利用标准化的评估工具对未成年人的风险因素进行系统评估，为未成年人安置决策提供明确的基础。社区层面的评估增加了项目扩展的可行性。比如，在经济不发达、配套设施不完备的地区推行循证项目，不能照搬或者强制推进，而是需要结合当地的资源和承接情况来综合确定可以推荐的未成年人司法项目。个体层面的评估主要是指风险需求评估工具的运用。风险需求评估是循证实践理念的重要体现，就如循证医学医生针对病人的情况对症下药，未成年人司法也需要针对未成年人的犯因性特点和需求来决定将其分到特定的项目。根据美国未成年人司法研究中心 2013 年的统计数据，目前 38 个州在州一级采用单一的风险评估工具，6 个州基于地区差异使用分层/区域性风险评估工具，7 个州对于风险评估工具的使用未做要求而是由地方自行决定使用。有 42 个州通过制定成文法或者缓刑机构政策对风险评估进行了规定。此外，4 个州由州机构建议在未成年人缓刑中采用风险评估，并在未成年人服务机构中推行标准化

---

〔1〕 See https://jjie.org/wp-content/uploads/2018/08/What-Works-in-Reducing-Recidivism.pdf，最后访问日期：2019 年 7 月 21 日。

心理健康普查和精神卫生筛查。[1]

第二，循证实践项目以研究为导向。循证实践项目与传统未成年人司法项目最大的不同是在研究和实践之间搭建了桥梁，纳入研究机构对项目的推进进行指导，利用研究机构对各类项目的有效性进行评估，指导实践选择最佳的项目。美国的研究机构已经形成一些有效项目的清单，指导各州未成年人司法循证实践的推广，例如，预防暴力犯罪的蓝图计划（Blueprints for Violence Prevention）[2]，马克·林普塞（Mark Lipsey）教授进行的 meta 项目分析，华盛顿公共政策研究所[3]、坎贝尔国际合作组织及其犯罪和司法小组的电子系统评论图书馆[4]，等等。此外，司法项目办公室的犯罪解决方案、未成年人司法和预防犯罪示范项目指南办公室、联邦政府青年项目跨部门工作组的“查找青年息”也都公布了未成年人司法项目指南。《示范项目指南》是未成年人司法和预防犯罪办公室建立的循证实践的大型项目数据库，涵盖未成年人司法服务的各个方面。它是

---

〔1〕 See Juvenile justice services，http://www.jjgps.org/juvenile-justice-services，最后访问日期：2020 年 7 月 16 日。

〔2〕 蓝图计划是前文提到的 1992 年由科罗拉多大学预防暴力研究中心的 Delbert Elliott 领导的一个研究项目。Center for the Study and Prevention of Violence 致力于通过决策者和行动者建立合作，将高质量的研究纳入预防暴力的实践。根据 Center for the Study and Prevention of Violence 蓝图计划网站统计，目前有 89 个项目，其中列出了 3 个模范加项目（Model Plus）、14 个模范项目（Model）项目和 72 个有前景的项目（Promosing）。See The Blueprints for Healthy Youth Development，https://www.blueprintsprograms.org/program-search/，最后访问日期：2020 年 7 月 16 日。

〔3〕 华盛顿州立公共政策研究所使用元分析方法对项目进行评估，考虑项目对纳税人和犯罪受害者的成本，项目和策略没有排名，但对累犯的影响进行了测量。

〔4〕 Campbell Collaboration 成立于 2000 年，以有影响力的实验心理学家 Donald Campbell 的名字命名。合作的目的是通过元分析对教育、社会工作和福利、犯罪和司法等领域的高质量研究证据进行系统的审查促进以循证为基础的政策和实践。See The Campbell Collaboration，https://campbellcollaboration.org/library.html，最后访问日期：2020 年 7 月 16 日。

供未成年人司法从业人员和社区参考的重要资源，内容涉及哪些项目有效，哪些项目有希望，哪些项目在未成年人司法、预防犯罪以及儿童保护和安全方面无效。

第三，循证实践项目的内容更聚焦、更高效。被证实有效的循证项目主要分为三类：品牌项目、一般项目和一些原则。品牌项目是指通过研究机构验证有效且在联邦拨款的支持下广泛推广的项目，包括功能性家庭治疗（Functional Family Therapy）、多系统治疗（Multisystemic Therapy）、多维治疗寄养（Multidimensional Treatment Foster Care）护士-家庭伙伴关系（Nurse-Family Partnership）。一般项目是指心理咨询、行为矫正、团体治疗等通用策略项目。一些原则是指通过科学研究发现的某些原则在各种策略中被证明是正确的。它不是项目本身，而是已被证明在减少犯罪方面成功的技术和方法。例如，研究表明，关注高风险罪犯对累犯率的影响最大。

第四，循证实践项目的实施需要政府发挥核心领导作用。传统的政府购买未成年人司法项目由市场竞争自发形成。项目的运营方式是自下而上的，由社会组织、私人团体发起，政府购买其服务，政府或者只提供场所，或者完全由民营企业主导不介入项目运营。比如，由民营公司提供的新兵训练营等非监禁服务项目。[1]但是循证项目的运营要求政府发挥更加积极的作用，因为循证项目的运营往往需要协调少年警察、少年法庭、缓刑、教育、福利等未成年人司法相关机构，需要少年法官、检察官、辩护人以及政府、社会组织、社区、家庭等多方的参与。所以各州在推进未成年人司法循证实践的过程中州政府都发挥了重要作用。根据未成年人司法研究中心的统计，目前有

〔1〕 张鸿巍：《少年司法通论》，人民出版社 2008 年版，第 496 页。

18个州的法律支持在未成年人司法领域推行以循证为基础的项目和实践。28个州的行政法规要求在某种程度上实施循证实践。其中13个州建立了支持中心或协作中心，致力于协调有关未成年人司法中实施、评估和维持基于证据的程序和实践的活动。

第五，循证实践项目的推广是动态可持续发展的。循证项目的实施是一个复杂的过程，一般需要2-4年时间完成，具体包括项目探索、项目融入、项目初步实施、项目全面实施、项目创新以及项目可持续发展六个阶段，且各个阶段不是彼此孤立的，而是相互影响的。[1]最佳的实践总是处于一个动态发展过程中，现在正在进行的项目可能不是有效的，但是它的实施为最佳实践的开发提供了研究证据，促进了最佳实践的发展。在推行项目的过程中，不断扩展新的循证项目，且不断补充新的数据促进循证实践往更优更深入的方向发展。除了上文提到的四个品牌项目，各州也都在研发新的循证项目，进行项目创新，促进项目可持续发展。

（三）未成年人司法循证项目的实践样态

未成年人司法循证实践改变了以往未成年人司法体系的运作方式，需要政府、少年法庭、少年检察、缓刑以及社会组织等相关利益方积极参与和配合。一般需要建立一个循证实践指导委员会，制定循证实践改革的基本战略，根据实践区域人口、资源等特征选择与之相匹配的循证项目。此外，为保障循证项目得到持续发展，还需要解决配套资金、研究支持、技术援助、人员培训等诸多问题。未成年人司法循证项目早期主要是在私人基金会的支持下在地方一级开展。但是随着循证实践项目不

---

〔1〕 See Fixsen, D L; Blase, KA; Naoom, SF; Wallace, F, "Core implementation components", *Research on Social Work Practice*, 2009 (19), pp. 531~540.

断发展的需求，由于基金会等社会团体的协调能力有限，无法完成循证项目大范围的复制传播，迫切需要各州在未成年人司法循证实践中发挥越来越重要的作用。由于各州未成年人司法体系本身各不相同，原有的基础和面临的问题亦不同，在促进未成年人司法循证实践的发展过程中，各州采取了不同的路径。本书选取三个具有不同特点的州来展现未成年人司法循证实践的现实样态。康涅狄格州走在了改革的前列，在法庭支持服务部门的领导下，开启循证实践改革，是未成年人司法循证实践的先导；佛罗里达州原有的未成年人司法服务体系比较完善，在原来项目制的基础上，由未成年人司法部主导建立循证实践配套措施，顺利推进循证实践改革；路易斯安那州未成年人司法体系备受诟病且面临联邦诉讼，在这种情况下采用在研究机构主导下开启未成年人司法循证实践改革，并成为有效实践的典范。

1. 康涅狄格州：法庭支持服务部门主导的循证实践

自20世纪90年代初以来，康涅狄格州的未成年人司法系统经历了漫长而系统的改革和转型，从自认为“存在严重缺陷”的未成年人司法系统，转变为新实践和研究成果的“早期采纳者”之一。康涅狄格州的领导者和社会组织积极合作，积极吸收最新青少年发展和犯罪学知识，将之前低效、惩罚性的未成年人司法转变成为改革的典范。康涅狄格州的改革有效地改善了未成年人羁押的基础设置，扩大了未成年人司法循证项目的投资，为拘留、从法庭分流以及问题少年建立了一系列有针对性的、高质量的循证实践服务项目。[1]康涅狄格州未成年人司

〔1〕 See JUVENILE JUSTICE REFORM IN CONNECTICUT: How Collaboration and Commitment Have Improved Public Safety and Outcomes for Youth, http://www.justicepolicy.org/uploads/justicepolicy/documents/jpi_ juvenile_ justice_ reform_ in_ ct.pdf，最后访问日期：2020年7月16日。

法改革成功的关键包括全州范围的战略规划、强有力的司法领导、立法支持、跨系统的协调以及对循证项目的研究和实践探索和支持。

第一，建立以法庭支持服务部门为核心的强有力的司法领导。在未成年人司法改革中，法庭支持服务部门逐渐发展成为核心力量，主导未成年人司法的支持服务体系。[1]在康涅狄格州，司法部门和行政部门对违法犯罪行为负有不同的责任。法庭支持服务部门（Court Support Services Division 简称 CSSD）属于司法体系，提供审前及审后服务，包括羁押及感化监督。儿童和家庭部（DCF）属于行政部门，负责管理青少年矫正和善后辅导服务。1999 年为推动循证实践项目发展，康涅狄格州综合二者成立最佳实践中心（Center for Best practices），该部门后来被法庭支持服务部门吸收，纳入未成年人司法支持服务体系。

第二，促进跨系统的协调，加强对循证项目的研究和实践探索。法庭支持服务部门在政府、社会组织，以及司法部门之间发挥着重要的协调作用。在推进循证实践的过程中，该部门负责确定循证项目的清单。关于循证项目的标准，不仅包括经过随机实验研究确定的品牌项目，比如 MST 等，还包括基于准实验或非实验设计的较低证据标准的有希望的服务项目。例如，儿童和青少年家庭支持中心（CYFSC）的两个项目模型。[2]法

---

[1] See JUVENILE JUSTICE REFORM IN CONNECTICUT：How Collaboration and Commitment Have Improved Public Safety and Outcomes for Youth，http://www.justicepolicy.org/uploads/justicepolicy/documents/jpi_ juvenile_ justice_ reform_ in_ ct.pdf，最后访问日期：2020 年 7 月 16 日。

[2] 儿童和青少年家庭支持中心是康涅狄格州为青年提供的一种新的服务模式，它包括两个项目：一是为 12 岁至 17 岁的青少年提供全面的青少年和家庭需要评估，并提供一系列干预措施，包括技能建设团体、教育宣传、职业和生活技能发展、家长支持、家庭调解、个案管理和转诊服务；二是为涉及司法的青少年提供服务，也为那些因旷课、逃跑或其他违抗行为而被转到法院寻求家庭和服务的人提供服务。

庭支持部门通过数据导向的购买程序和严格的监管流程来确保未成年人司法循证项目的推进。它利用司法部的财政拨款购买循证项目和支持服务，并与项目提供方保持密切的联系。对于购买的项目，法庭支持服务部门会进行严格的审查，被选定的项目提供方必须定期参加项目推进质量保障会。法庭支持服务部门指定一名法庭规划人担任项目联络人，负责指导和审核项目，每月与项目供应方会见一次，定期评审，当服务提供者不符合标准时，向他们提供培训和技术援助。此外，法庭支持服务部门还与一家第三方质量保证供应商签订了一份合同，提供全州范围的 MST 和 MDFT 服务。

第二，成立了研究、项目分析和质量改进中心，旨在为法庭服务部门内部各单位以及其他机构以及项目供应商提供相关信息，加强彼此联系。开发案例管理信息系统，为未成年人司法管理决策提供信息。该系统包含少年人口信息、家庭背景信息、社会历史、逮捕、犯罪历史、风险/需求评估结果等内容。该系统是法庭支持服务部门在数据驱动下实施的改革措施，数据驱动的举措加强了未成年人社会组织和未成年人司法系统之间的对话，通过基于明确数据的政策、实践可以使得各方更好地沟通和推进循证实践的发展。

2. 佛罗里达州：未成年人司法部主导的循证实践

佛罗里达州的未成年人司法社会支持体系高度集中，佛罗里达州未成年人司法部（Florida Department of Jvenile Justice 简称 DJJ）监管着几乎所有为违法青少年提供的支持服务。未成年人司法部的指导理念是预防和教育优先，在开展服务的过程中加强与立法、司法以及社会力量的合作；通过有效的干预促进公共安全，为孩子提供一个安全而有教养的环境，使他们保持和恢复身心健康。未成年人司法部的宗旨是发挥家庭作用，通过有效的预防、干预和治疗服务，扭转问题青少年的生活，减少青少年犯罪，从而维护公共安全。[1]未成年人司法部的社会支持服务，提供包括预防犯罪、受害者、拘留、缓刑和社区干预等。各项支持服务以项目形式运作，每个服务都有相应的专门项目办公室，且大多与未成年人司法部签订了合同，由未成年人司法部来资助。[2]

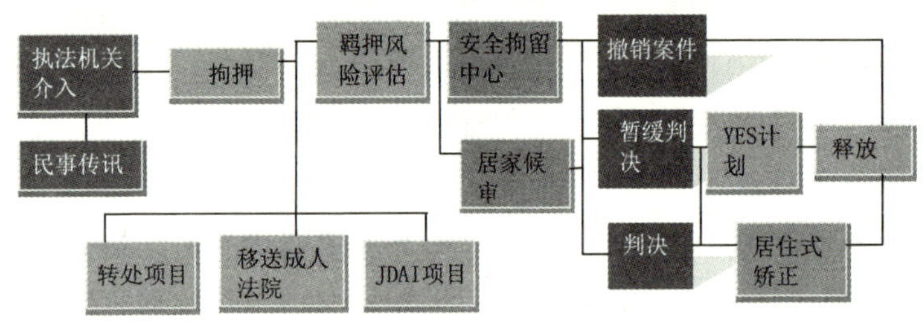

图 8　佛罗里达州未成年人司法流程图[3]

佛罗里达州的未成年人司法程序大致包括受案、审前、法庭审判以及审后安置四个阶段，在不同的阶段都有未成年人司法部的相应支持服务部门与之对应：在受案阶段，预防犯罪和受害者服务办公室是未成年人司法服务体系中的第一个服务部门。它的工作目标是尽早干预高危未成年人的生活，减少未成年人被捕和再犯的机会，负责实施旨在防止未成年人与未成年人司法系统接触或者更深层卷入未成年人司法系统的项目。在

〔1〕 See Learn about the vision, mission and guiding principles of the Department of Juvenile Justice, http://www.djj.state.fl.us/about-us/mission，最后访问日期：2020年7月16日。

〔2〕 See Evidence-Based Policies, Programs, and Practices in Juvenile Justice: Three States Achieving High Standards Through State Support Centers, http://www.ncjj.org/pdf/EBP%20Report/EBPinJJ%20Final%20032016.pdf，最后访问日期：2020年7月16日。

〔3〕 See Juvenile Justice Process, http://www.djj.state.fl.us/youth-families/juvenile-justice-process，最后访问日期：2020年7月16日。

审前阶段，风险评估中心负责对涉案未成年人进行羁押风险评估，以确定将未成年人分流或者转入羁押替代措施、成人法庭或者少年法庭等。安全羁押中心负责暂时安置未成年人，等待法院处理。未成年人需接受法庭聆讯（非陪审团审讯）。未成年人必须出庭，法官将决定结果和制裁。在少年法院进行裁判听证之后，将由缓刑办公室负责未成年人的监督，缓刑官会与该未成年人会面制定青少年授权成功计划（Youth-Empowered Success，简称 YES）。少年缓刑官和案件管理项目经理合作，利用风险评估中心评估结果及其他信息，与未成年人及家庭合作，制定有意义的目标及行动。

从 21 世纪初开始，未成年人司法办公室开始在其服务体系中实施循证实践。为有效推进循证实践，使用已证明在减少未成年人犯罪方面有效的支持服务项目，未成年人司法部确定了有效干预支持服务的五项基本原则：其一，有效的干预措施应针对风险最高的罪犯；其二，干预措施应着重于未成年人犯罪的动态需求；其三，关注认知行为方法和技能发展；其四，针对未成年人的学习方式量身定制干预措施；其五，持续不断地指导监督支持服务，确保它们符合预期。在上述原则的指导下，未成年人司法部采取了一系列推进循证实践项目的措施：

第一，2006 年未成年人司法部成立了项目责任办公室（Office of Program Accountability），负责未成年人司法支持服务项目的运营和监督。项目责任办公室下设采购处、项目管理处、项目质量处、数据技术援助小组、政策改进小组以及风险评估小组。不仅负责购买和运营项目，还通过数据技术支持以及专家小组为项目改进提供支持。[1]项目数据技术援助组（Pro-

〔1〕 See Office of Program Accountability, http://www.djj.state.fl.us/services/support/OPA，最后访问日期：2020 年 7 月 16 日。

gramming and Technical Assistance）在其中发挥着重要作用，该小组成立于 2006 年，是根据质量改进的原则成立的。项目数据技术小组评估项目需求，在项目实施过程中提供技术援助，比如提供风险评估的培训、有效行为管理培训等，推进循证实践和最佳实践，并对项目进行监督，确保未成年人得到有效的干预。该小组一般由 10 人组成，其中 5 名技术援助专家，他们负责项目现场工作。[1]

第二，建立了一个循证实践指导委员会，负责协调全州范围内循证实践的传播和可持续性发展。该委员会与项目技术援助部门合作，对循证实践进行界定，并且专门成立了一个项目审查委员会，以确定哪些项目是基于证据的。对州内正在使用的当前基于证据的实践进行编目，编制项目资源手册。该委员会还设立了项目技术援助小组，负责在全州范围内为未成年人司法部题注的循证项目提供有效的技术和培训支持。在佛罗里达州推广以循证实践项目的一个关键是项目、项目提供者与项目技术援助小组之间的互动关系。未成年人司法部鼓励使用全州统一的风险评估工具，要求对高风险的未成年人提供循证实践服务。项目技术援助小组在项目推进过程中发挥着重要作用，他们不仅负责提供技术和培训支持，还会跟进项目进展，检查项目提供者的技术，衡量其对循证实践的理解，并及时反馈。

第三，推进循证实践的另外一个重要举措是成立了佛罗里达州未成年人司法信息系统。该系统是美国最大的国营未成年人司法数据库之一，通过收集分析数据为未成年人司法服务项目提供数据和以研究为基础的想法和建议。佛罗里达州未成年人司法信息系统目前包含 100 万青少年的犯罪和安置信息，包

---

〔1〕 See Programming and Technical Assistance Unit，http://www.djj.state.fl.us/partners/programming-and-technical-assistance-unit，最后访问日期：2020 年 7 月 16 日。

括平均羁押时间、风险水平、项目完成情况和再犯率等。[1]该州的研究和数据整合部门的官员负责确保系统中的数据是统一和准确的，并制定了数据输入的统一标准。[2]该系统的数据被用于在全州推广循证实践，并监督循证实践服务质量。

3. 路易斯安那州：研究机构主导的循证实践

路易斯安那州的改革始于联邦司法部提起的诉讼。联邦司法部对该州未成年人拘留设施的调查显示，其严重缺乏适当的医疗和精神卫生服务。在联邦诉讼的压力下，该州协调了多个系统和相关利益方，开启了未成年人司法系统的全面改革。

路易斯安那州的未成年人司法体系支持服务覆盖未成年人司法的各个环节，包括违法未成年人初次接触该体系、受案前转处、分流、羁押、特殊法庭、安全监禁、缓刑监督、教育矫治等多方面的服务项目。未成年人司法程序包括四个阶段：初次接触、受案、法庭裁判以及裁判后安置。初次接触未成年人司法体系的未成年人可以通过转处方式进入支持服务体系，其中包括需要接受支持服务的身份犯的家庭（FINS）；为被未成年人司法系统正式受理的未成年人案件提供羁押和羁押替代服务项目；在法庭裁判阶段还有针对特殊法庭的专门项目，比如毒品法庭的支持服务项目；在审后安置阶段包括安全监禁设施、缓刑监督以及再社会化服务项目。

〔1〕 See Find out about the mission and purpose of the Office of Research and Data Integrity，http://www. djj. state. fl. us/research/about-us，最后访问日期：2020 年 7 月 16 日。

〔2〕 See JJIS Information；http://www. djj. state. fl. us/partners/data-integrity-jjis/jjis-information，最后访问日期：2020 年 7 月 16 日。

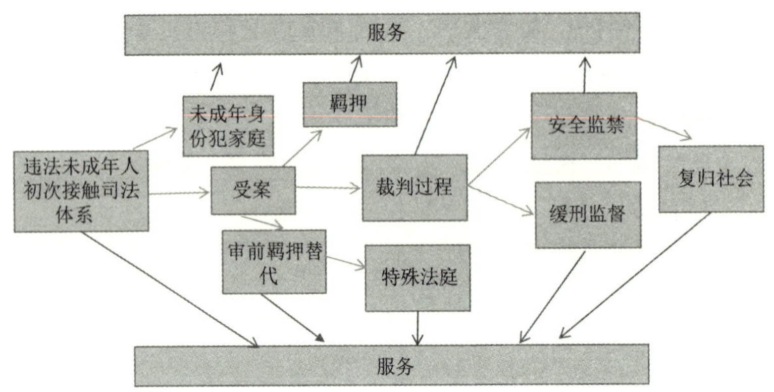

图 9　路易斯安那州未成年人司法支持服务系统〔1〕

在 20 世纪 90 年代末进行未成年人司法制度改革之前，路易斯安那州的未成年人司法制度是以其成人司法制度为蓝本的惩教和监禁模式。20 世纪 90 年代少年管教所监禁率很高，很多需要精神卫生和药物滥用服务的未成年人得不到照顾，这引发了联邦对州的诉讼，要求该州提供合理的安全条件和教育、医疗、心理健康和治疗服务等。诉讼的结果是州政府与私人原告和美国司法部达成了一项和解协议：由路易斯安那州立大学德普拉托博士的团队牵头，引入麦克阿瑟基金会有关未成年人司法变革倡议模式，围绕扩大正式程序和安全监禁的替代项目、发展循证实践项目、减少少数族系触法比例三个核心目标推进未成年人司法改革。

第一，与专业研究团队建立合作关系，试点循证项目。在这场由联邦诉讼引起的未成年人司法改革中，路易斯安那州立大学研究团队发挥着重要的作用。该团队有运营循证项目 MST

〔1〕 See The Louisiana Experience：Building Evidence Based Practices，http://modelsforchange.net/publications/562，最后访问日期：2020 年 7 月 16 日。

的经验。他们强调改革实践的主导权，要求州政府给予团队在用人、技术等方面的完全自治权，试点推进 MST 项目。该团队重视风险评估，认为就像医生需要评估每一个病患并跟踪治疗结果一样，同样的原则也应适用于未成年人司法系统，在未成年人司法中需要重视风险评估，根据风险评估结果将未成年人分配到相应的项目并接受适合其特点的支持服务。

第二，完善未成年人司法立法，设置相应机构支持改革。2003 年路易斯安那州发布 1225 号未成年人司法改革法案，法案要求围绕未成年人司法程序的各个环节，加强州和地方政府不同机构和不同利益群体的合作，推进以社区为基础、学校为基础、地区为基础的未成年人司法替代服务。根据法案成立了未成年人司法执行委员会，负责监督各类服务项目的实施，并在地方层面成立了儿童和青少年计划委员会。2004 年将少年服务部门从惩教部门分离，2008 年更名为未成年人司法办公室，专门负责监督和支持全州的未成年人司法项目。

第三，依托大学-机构合作关系，建立数据驱动未成年人司法信息系统。未成年人司法循证实践改革的关键是使用数据指导改革决策并评估改革的有效性。传统的未成年人司法机构不具备数据整合和分析能力，路易斯安那州新奥尔良大学与未成年人司法机构建立了良好的合作关系，进行数据收集和分析工作，指导路易斯安那州未成年人司法改革。

以上三个州未成年人司法的实践样态各不相同，然而在这个过程中也有一些共同的规律和特征：其一，各州都认识到在未成年人司法中建立循证实践的必要性，都确立了统一明确的循证实践价值基础，即未成年人司法社会支持体系的建立不是单个案例的成功，而是需要有一个共同的价值目标，即维护社会安全和促进未成年人的福祉，更具体的指标则是羁押率和再犯率。如何达到这一目标，需要有最佳的证据来证明，否则会出现大量的社会支持项目涌入社会支持服务领域，但最终都是无效的（nothing work）结果。其二，在全州范围内推行循证实践的战略计划需要多方的合作和支持。尽管各州的牵头组织不同，但是他们都纳入了多方机构，进行跨部门、跨专业的合作。未成年人司法循证实践不是一家之言，单个机构的力量难以完成如此系统化的改革过程，比如，立法的支持、财政的保障、机构间的协调等。循证项目的实践是未成年人司法各个相关机构和利益方共同合作的结果。未成年人司法循证实践的推进也不单单是法律的问题、矫正的问题，还涉及医疗、教育、精神卫生等多个专业领域的知识。循证实践研究的结果将心理、医疗、教育等专业知识也深深嵌入未成年人司法体系，与司法体系互为补充，共同完成未成年人康复的使命。其三，循证实践改革的一个鲜明的特征即是引入研究力量，在科学研究和具体实践之间建立桥梁，实现了研究与实践的良性互动。利用高等院校的专业优势和技能优势，对未成年人司法项目进行评估，寻找最佳实践项目，推进实践的有效发展。利用具备未成年人司法、刑事司法专业知识人员的数据收集和分析能力，帮助建立未成年人司法循证实践的信息系统，研发风险评估工具等。

（四）未成年人司法循证实践的价值评判

1. 未成年人司法循证实践的优点

与传统的基于志愿服务理念的分散化未成年人司法支持服务相比，循证实践的优势很明显，它往往更有效、更具成本效益，也更具有科学性。其一，从实践的结果角度看，未成年人司法循证实践能有效减少未成年人监禁和再犯。循证项目的治疗理念，帮助未成年人及其家庭发现和改进其触法的根本问题，有利于真正实现未成年人的福祉。其二，从实践的成本角度看，未成年人司法循证实践将政府和社会的有限资金用于更有效的项目，能发挥有限资源的最大价值。为政府购买未成年人司法项目提供了科学的指导，保障财政资金的有效利用。其三，从实践的过程角度看，未成年人司法循证实践更加体系化，更具科学性。循证实践的特点决定了其会不断吸收和引入最新的研究成果来指导实践，且以更加开放的视角引入多学科的力量，共同合作，帮助未成年人达成康复使命。

2. 未成年人司法循证实践的局限

虽然未成年人司法循证实践的发展已经取得了显著的成绩，但是我们必须认识到未成年人司法循证实践也不是完美的，关于循证项目的研究还有很长的路要走。其一，现有的循证项目并不能成为未成年人司法体系各个阶段所有决策的依据，比如，逮捕、分流、矫正等都具有不同的特点，需求也各不相同，相应的项目选择也需要更进一步的细化，但是细化的项目评估需要充足的资金和人员的支持。如果将某一项目固定为未成年人司法服务的必然选择，有可能打破有效性和全面性的平衡。[1]其二，没有完美的研究，也没有完美的项目。美国未成年人司法循证项目的评估本质上是对人类行为以及如何改变其行为策略的研究。然而，人类行为极其复杂，无法完全测量。从技术上讲，研究人员从来没能证明某一项目一定是有效的，他们的研究仅是在减少不确定性，真正的最佳项目还需要在不断的实践中发展完善。其三，循证项目虽然对改善涉罪未成年人的境遇有积极作用，但也并不完全符合未成年人司法体系的基本价值和原则，其需要在惩罚和教育之间找到平衡的价值理念。美

〔1〕 See What's the Evidence for Evidence-Based Practice?, https://jjie.org/wp-content/uploads/2018/08/Whats-the-evidence-for-EB-Practice-butts-jeffrey-2012.pdf, 最后访问日期：2020 年 7 月 16 日。

国国家科学院国家研究委员会建议，应该将发展的理念作为处遇未成年人犯罪的核心原则，即在一个支持性的社会环境中为涉罪未成年人提供发展的机会。[1]

〔1〕 See Reforming Juvenile Justice：A Developmental Approach，https://jjie.org/wp-content/uploads/2018/04/Ref-JJ-139-182.pdf，最后访问日期：2020 年 7 月 16 日。

第三章 我国未成年人刑事司法社会支持机制的现状及宏观建构

第一节 我国未成年人刑事司法社会支持机制的现状及问题

一、我国未成年人刑事司法社会支持机制的主要探索阶段

未成年人刑事司法社会支持机制的出现与发展在我国是一个十分缓慢的过程，其受制于未成年人刑事司法的独立性程度。从逻辑上来说，否定未成年人刑事司法的独立性，也就意味着否定社会力量参与其中的必要性。毕竟传统的适用于成年人的刑事诉讼一直被视为专属于国家机关的活动，即“国家专门机关在当事人及其他诉讼参与人的参加下，依照法律规定的程序，解决被追诉人刑事责任问题的活动”〔1〕，这个过程并不需要社会力量的参与。然而，未成年人毕竟不同于成年人，尽管我国刑事诉讼法中一直没有有关未成年人刑事司法独立价值目标的规定，但早在1991年《未成年人保护法》的第38条就已经规定了“对违法犯罪的未成年人，实行教育、感化、挽救的方针，

〔1〕 宋英辉、甄贞主编：《刑事诉讼法学》（第6版），中国人民大学出版社2019年版，第4页。

坚持教育为主、惩罚为辅的原则。”而1999年《预防未成年人犯罪法》第44条也有类似规定。如何在传统的以公安司法机关为主导的刑事司法过程中体现上述方针和原则，这在我国经历了一个长期的探索过程，这个过程可以分为以下三个阶段：

（一）单纯的办案机构专门化建设阶段

在未成年人刑事司法过程中贯彻教育、感化、挽救方针和坚持以教育为主、惩罚为辅的原则，在很长一段时间内在我国都体现为办案机构和办案人员的专门化建设。1991年6月1日最高人民法院、最高人民检察院、公安部、司法部联合发布的《关于办理少年刑事案件建立相互配套工作体系的通知》（已失效）（以下简称《通知》）要求，人民法院、人民检察院、公安机关、司法行政机关加强互相之间的联系，并逐步建立办理少年刑事案件的相应机构，使各个环节相互衔接起来，以加强对少年犯罪的治理和防范工作。实际上早在1984年10月上海市长宁区人民法院成立少年法庭之时，这种办案机构的专门化进程就已经拉开了序幕。《通知》发布之后，最高人民检察院于1992年9月22日发布了《关于认真开展未成年人犯罪案件检察工作的通知》，强调对于未成年人犯罪嫌疑人、被告人坚持“教育、感化、挽救”的方针和“教育为主、惩罚为辅”的原则，逐步建立办理未成年人刑事案件的专门机构，完善有中国特色的办理未成年人案件的检察制度，切实保障未成年人的合法权利。1995年最高人民法院和公安部也先后发布了关于办理未成年人刑事案件的解释或者规定，规定应当设置专门机构或者专门人员办理未成年人刑事案件。1999年的《预防未成年人犯罪法》首次明确了少年法庭的法律地位，在立法上实现了刑事审判机构的专门化。

实现办案机构或者办案人员的专门化，要求办理未成年人违法犯罪案件的人员具有心理学、犯罪学、教育学等专业基本知识和有关法律知识，并具有相应的办案经验，对于贯彻教育、感化、挽救方针和坚持以教育为主、惩罚为辅的原则具有重要的价值和意义。这些熟悉未成年人身心特点的办案人员可以在办案的过程中针对未成年人的个人特点，动之以情，晓之以理，以实现对其的教育和感化。但是仅仅依靠办案人员的主观能动性，缺乏相关社会力量的参与和支持，这种教育和感化只能停留在表面层面，毕竟针对涉罪未成年人的心理辅导、风险评估、转处观护、监督教育等事项需要更为专业的队伍、链接更多的社会资源才能完成。正如联合国经济及社会理事会制定的《刑事司法系统中儿童问题行动指南》第 42 条规定的："为防止进一步过分依靠刑事司法措施来解决儿童行为问题，应努力建立和实行旨在加强社会援助的方案，这将可以酌情使儿童接受教改而避开司法系统，以及更好地实行非拘禁措施和重返社会方案。为建立和实行这类方案，需要促进少年司法部门、不同执法机构、社会福利和教育部门之间的密切合作。"因此，未成年人刑事司法的最终目的是使未成年人脱离刑事司法系统，这一目的无论如何也无法仅仅依靠刑事司法系统内的专门机关来获得实现。

（二）社会支持机制的初步实践探索阶段

办案机构和人员的专门化虽然不足以完成教育、感化、挽救未成年人的任务，但却培养了一大批熟悉未成年人身心特点、具有开放和包容精神的办案人员，他们处于办理未成年人案件的第一线，对于需要何种社会支持和社会资源具有更为直观的认识和更为迫切的需求。这为社会力量参与未成年人刑事司法提供了契机。自 21 世纪以来，我国地方司法实践部门开启了一系列有关社会力量参与未成年人刑事司法的探索，其中有 2002

年6月云南省昆明市盘龙区与英国救助儿童基金会合作建立的"合适成年人参与制度"试点、2009年北京市海淀区人民检察院与首都师范大学未成年人司法社会工作研究与服务中心合作探索的社工参与和介入未成年人司法的尝试，以及上海市浦东区、闵行区、虹口区检察院自2002年开始探索的以涉罪未成年人社会观护基地的建设为代表的一系列实践探索，使社会工作者、志愿者、爱心企业、社会福利机构等社会力量有机会参与和介入未成年人刑事司法过程，并提供相应的社会调查、合适成年人在场、非羁押人员的监督考察、涉罪未成年人的帮教、未成年人被害人救助等服务。

正是基于与教育、感化、挽救方针的契合，上述实践探索都取得了非常好的成绩：盘龙区探索的"合适成年人参与"制度很快就拓展到了上海、福建、浙江、江苏等省市，截至2008年年底，中国有近十个省市开始试点合适成年人参与制度〔1〕。北京市海淀区人民检察院在与司法社工合作的基础上，于2010年6月创建了"4+1+N"少年检察工作模式，涵盖了司法、专业力量、社会力量三个方面。同时社工与司法机关的合作模式在北京市获得推广，即在全市推动"百里社会调查试点工作"。〔2〕上海检察机关则在总结基层经验的基础上于2010年建成了覆盖全市所有区县和街镇的涉罪未成年人观护体系。可以说这些起始于基层的实践探索随着时间的推移都具有了向全市、全地区乃至全国推广的生命力。在这些实践探索的推动下，2010年8月，中央综治委预防青少年违法犯罪工作领导小组、最高人民

〔1〕 姚建龙主编：《合适成年人与刑事诉讼——制度渊源、演进与未来》，中国人民公安大学出版社2014年版，第1页。

〔2〕 席小华：《从隔离到契合：社会工作在少年司法场域的嵌入性发展——基于B市的一项实证研究》，中国人民公安大学出版社2017年版，第105~124页。

法院、最高人民检察院、公安部、司法部、共青团中央六个部门联合出台了《关于进一步建立和完善办理未成年人刑事案件配套工作体系的若干意见》（以下简称《意见》），在强调进一步巩固和完善办案机构专门化和进一步加强对未成年人权利保障的基础上，对于合适成年人参与制度、社会调查制度、教育矫治制度进行了规定。该《意见》规定，"法定代理人无法或不宜到场的，可以经未成年犯罪嫌疑人、被告人同意或按其意愿通知其他关系密切的亲属朋友、社会工作者、教师、律师等合适成年人到场"；"司法行政机关社区矫正工作部门可联合相关部门开展社会调查，或委托共青团组织以及其他社会组织协助调查"；"各级司法行政机关应当加大安置帮教工作力度，加强与社区、劳动和社会保障、教育、民政、共青团等部门、组织的联系与协作，切实做好刑满释放、解除劳动教养未成年人的教育、培训、就业、戒除恶习、适应社会生活及生活保障等工作"。上述规定虽然没有明确"社会工作者""其他社会组织""等部门、组织"的具体含义和范围，但却为社会力量介入和参与未成年人刑事司法提供了一定的契机和空间，可以视为是中央对来自基层的各种有关社会参与实践探索的回应和肯定，并为其提供了政策上的依据。

（三）未成年人刑事司法程序相对独立化及社会支持机制实践探索的进一步深化阶段

2012年《刑事诉讼法》的修改是我国未成年人刑事司法制度的一次飞跃，法律以专章的形式规定了未成年人刑事案件诉讼程序，虽然该程序仍然以普通的立案、侦查、起诉、审判程序为依托，但毕竟增加了一些专属于未成年人刑事案件的特别程序要求，比如，全面调查制度、合适成年人讯问在场制度、附条件不起诉制度、犯罪记录封存制度等，从而使未成年人案件诉讼程序呈现出一定的独立品格。虽然新法并没有明确规定要建立未成年人刑事司法的社会参与机制或者社会支持机制，但上述制度的贯彻落实显然有赖于包括社区、教育、民政、劳动和社会保障、共青团等在内的各相关单位、部门或者团体以及包括司法社工、志愿者、爱心企业、社会福利机构等在内的各种社会组织参与其中，毕竟再专门化的办案机构也难以承担太多超出侦查、起诉、审判职能之外的各种旨在对涉罪未成年人进行保护、帮助、教育、监督、感化、挽救等社会职能。因此，未成年人刑事司法程序的相对独立化对建立社会参与机制提出了更高的要求，这对实践中的探索起到了极大的推动作用。

为贯彻法律所规定的各项新制度，2012 年 10 月最高人民法院《关于适用〈中华人民共和国刑事诉讼法〉的解释》第 460 条规定："人民法院应当加强同政府有关部门以及共青团、妇联、工会、未成年人保护组织等团体的联系，推动未成年人刑事案件人民陪审、情况调查、安置帮教等工作的开展，充分保障未成年人的合法权益，积极参与社会管理综合治理。"与此同时，最高人民检察院也出台了《关于进一步加强未成年人刑事检察工作的决定》（以下简称《决定》），提出："要加强与综治、共青团、关工委、妇联、民政、社工管理、学校、社区、企业等方面的联系配合，整合社会力量，促进党委领导、政府支持、社会协同、公众参与的未成年人权益保护、犯罪预防帮教社会化、一体化体系建设，实现对涉罪未成年人教育、感化、挽救的无缝衔接。有条件的地方要积极建议、促进建立健全社工制度、观护帮教制度等机制，引入社会力量参与对被不批捕、不起诉的未成年人进行帮教。"

来自最高检法机关的支持与肯定态度无疑给地方各级检法部门继续推进相关的改革探索注入了"强心剂"。2013 年北京市的“涉诉未成年人社会调查的百例试点工作”拓展到了300例；2014年在北京市户籍涉罪未成年人中实现了全覆盖，外地户籍涉罪未成年的覆盖率达到50%；2015年已经拓展到全部涉罪未成年人。[1]此外，截至2015年5月，北京已经有1160名合适成年人，在公检法机关对涉诉未成年人进行讯问、询问环节到场；北京开展社会调查工作的社工事务所已经有14家，专业社会调查队伍180人；同时，还有200多名未成年人心理公益服务团成员为涉案未成年人提供服务。建立市级附条件不起诉监督考核基地5家，依托社区青年汇等区级监督考察基地11家[2]。截至2015年底，上海市共建立了遍布各区县街镇的17个观护站、215个观护点和58个观护基地，纳入观护帮教的涉罪未成年人达到3289人。在上述实践探索的带动下，全国其他地区也纷纷出现了司法社工介入、建立观护基地等方面的探索。比如，2014年12月陕西“指南针司法社工服务中心”在陕西省民政厅注册成立，该中心一方面招聘专职社工，另一方面以西北政法大学研究生为主体组成志愿者队伍，为西安市公检法机关办理未成年人案件提供合适成年人到场、社会调查、观护帮教、社区矫正等公益性的社会服务。[3]江苏无锡、常州、江阴，重庆永川区，河北衡水桃城区，山东济南历城区，浙江温州，云南昆明盘龙区，湖南醴陵，广东广州越秀区，广西钦州钦南区，陕西西安未央区等也都纷纷建立起针对涉罪未成年人的观护教育基地。

---

〔1〕 席小华：《从隔离到契合：社会工作在少年司法场域的嵌入性发展——基于B市的一项实证研究》，中国人民公安大学出版社2017年版，第126页。

〔2〕 李新玲：“涉诉未成年人服务保护‘北京模式’形成”，载《中国青年报》2015年5月31日。

〔3〕 宋志军：“论未成年人刑事司法的社会支持体系”，载《法律科学（西北政法大学学报）》2016年第5期。

虽然在各地的实践探索中，社工组织、观护基地等各种社会力量介入诉讼的阶段、承担的具体职能、参与的单位或者人员各不相同，但均为中央或者最高检法机关制定相应的政策、制度提供了很好的实践基础或者依据。比如，2015 年 5 月最高人民检察院出台了《检察机关加强未成年人司法保护八项措施》（以下简称《八项措施》），明确提出“推动建立未成年人司法借助社会专业力量的长效机制”，并进一步具体提出：“大力支持青少年事务社会工作专业人才队伍建设工作，主动与青少年事务社会工作专业机构链接，以政府购买服务等方式，将社会调查、合适成年人参与未成年人刑事诉讼、心理疏导、观护帮教、附条件不起诉监督考察等工作，交由专业社会力量承担，提高未成年人权益保护和犯罪预防的专业水平，逐步建立司法借助社会专业力量的长效机制。”这不仅是对以往各地已经进行的实践探索的肯定，而且还为此提出了长远规划目标，即建立未成年人刑事司法社会参与的长效机制。

为加强对未成年人的司法保护，2015 年 12 月 23 日，最高人民检察院成立未成年人检察工作办公室，将原来分散在检察机关内部各个业务部门的未成年人检察工作和司法资源有效加以整合，这不仅是检察机关办案机构专门化的一个重大成果，而且有利于未成年人刑事司法与社会资源在检察阶段的对接（2019 年 1 月最高人民检察院进一步增设第九检察厅专司未成年人检察工作）。与此同时，实践中的探索也不断推向深化。比如，2016 年 10 月深圳福田区检察院引入心理学方法，探索推行精准帮教模式，力促不起诉转处分流率大幅提升，实现社会调查、心理测评和系统帮教达到百分百全覆盖。经过多年来的探索与经验，福田区检察院逐步形成了“一个核心、两个平台”的未成年人司法保护的“福田模式”。“一个核心”即以对涉罪未成年人实施精准帮教为核心，组建司法人员（检察官、民警和法官）、社工、帮教专家三方一体的帮教团队，通过“前期诊断—分级矫治—巩固深化”的诊疗模式，帮助涉罪未成年人不再犯罪并顺利回归社会，同时实现涉罪未成年人的帮教效果与其法律处遇相关联。“两个平台”即智能化信息平台和社会化资助平台。〔1〕从实施效果来看，2017 年福田检察院受理审查起诉的未成年人犯罪案件整体不起诉转处分流率为 59.62%，高于全国平均水平的 4 倍多。截至 2018 年 5 月，福田区检察院共系统帮教 159 人，帮助 107 人返工返学。〔2〕

在总结北京、上海、深圳等地未检社会支持体系实践探索的经验和问题的基础上，2018 年 2 月，最高人民检察院与共青团中央签署了《关于构建未成年人检察工作社会支持体系的合作框架协议》（以下简称《合作框架协议》），决定共同加强未成年人司法社工的培育和引入，推动建立未成年人检察社会服务中心，及时转介、外包未成年人帮教和救助专业需求，构建未成年人检察工作社会支持体系，进一步加强未检社会支持体系建设。为推动《合作框架协议》在各地有效落实，2018 年 9 月，最高人民检察院与共青团中央又联合下发《关于开展未成年人检察工作社会支持体系建设试点工作的通知》（以下简称《关于试点工作的通知》），拟在全国范围内选择部分工作基础较好、有地域代表性的地市、县区，部署开展相关试点工作。截至目前，全国检察机关共利用学校、爱心企业、公益组织等建立观护基地 1405 个，对涉案未成年人，尤其是外来未成年犯

〔1〕 伊宵鸿：“未成年人司法保护‘福田模式’开创全国未成年人司法保护新模式”，载《深圳晚报》2018 年 6 月 11 日。

〔2〕 唐荣：“深圳福田区检察院开创全国未成年人司法保护新模式”，载 http://news.eastday.com/eastday/13news/auto/news/china/20180611/u7ai7803801.html，最后访问日期：2020 年 7 月 16 日。

罪嫌疑人、被害人进行观护，提供生存、文化学习、技能培训等方面的支持，加强关爱、矫治工作。[1]

从2012年最高人民检察院《决定》的“引入社会力量参与对被不批捕、不起诉的未成年人进行帮教”，到2015年《八项措施》的“推动建立未成年人司法借助社会专业力量的长效机制”，再到2018年《合作框架协议》中的“构建未成年人检察工作社会支持体系”，其中从“参与”到“借助”到“支持”的词汇变化，一方面体现出最高检察机关已经逐渐认识到社会力量对未成年人刑事司法所具有的不可或缺的价值，另一方面也体现出各地实践探索与最高机关之间的良性互动、互相促进。从一开始局限于个别地区对合适成年人在场、社工介入、建立观护基地的尝试探索，到如今来自于最高机关的全局部署、整体推进，我国未成年人刑事司法社会支持体系和机制建设在不到20年的时间里取得了巨大进步，同时也迎来了跨越式发展的新契机。

二、我国未成年人刑事司法社会支持机制探索存在的问题分析

由于我国未成年人刑事司法社会支持机制建设起步较晚，又缺乏成熟的未成年人福利体系作支撑，因此尽管20年来我国在这方面的探索已经取得一定的成绩，但总体上仍不尽如人意，无论是在发展规模还是在建设进度方面，都还不能满足我国未成年人刑事司法的实际需要。具体而言，我国未成年人刑事司法社会支持机制建设存在的问题主要体现在以下几个方面：

---

〔1〕 王媛：“最高检第九检察厅：这个机构和孩子有关/新时代四大检察访谈”，载 https://www.sohu.com/a/298193357_118060，最后访问日期：2020年7月16日。

（一）各地发展不均衡

由于我国探索未成年人刑事司法社会支持机制的最大动因来自于基层未成年人刑事司法工作的实际需求，从一开始就呈现出先由局部地区自发探索、其他地区予以借鉴、中央文件给予认可、成功经验全国推广这样自下而上的发展模式。而能够率先对这些社会支持机制进行探索的地区，往往都是经济基础比较好，司法人员观念比较新，社会资源相对比较丰富，流动人口相对较多，未成年人刑事案件较为多发的以直辖市或者省会城市为主的大中型城市，比如，北京、上海、云南昆明、陕西西安等地。而对于那些经济发展水平不高、社会资源匮乏的广大二三线城市而言，这样的经验几乎没有借鉴的条件和可能性。换言之，发端于北京、上海这些大城市的改革探索，其侧重点主要在于如何整合、利用现有的社会资源为未成年人刑事司法提供社会支持，而对于广大中小城市而言，在没有相应社会资源可供利用的情况下，如何培育未成年人刑事司法所需要的社会资源才是更为关键和基础的问题。以对社会支持需求较高的附条件不起诉环节为例，全国各地的附条件不起诉比例呈现出一种较为不均衡的状态，根据学者的调查，在 2013 年至 2017 年间，被调查地区的附条件不起诉平均适用率最高为 29.9%，最低仅为 2.5%〔1〕，其间的差异不可谓不明显。社会支持的不均衡分布状态导致了刑事诉讼法规定的制度在各地实施时呈现出较大的差异性，这严重影响了法律平等原则的贯彻落实。

随着《合作框架协议》的签署，这种社会参与地区差异问题有望被自上而下的整体推进改革模式所解决。从逻辑上来讲，欲在全国建立普遍性的社会支持体系，应首先着力于解决社会

〔1〕何挺："附条件不起诉制度实施状况研究"，载《法学研究》2019 年第 6 期。

资源分布不均衡的矛盾，优先考虑在社会资源匮乏地区如何建立社会支持体系，即解决所谓的木桶效应问题。但 2018 年 9 月的《关于试点工作的通知》拟在全国范围内选择部分工作基础较好、有地域代表性的地市、县区，部署开展相关试点工作。这种试点推进的方式并不能改变原来的地方性探索造成的地区差异问题，未来必然会面临试点经验无法向全国推广的难题。

（二）政府参与尚需加强

我国探索未成年人刑事司法社会支持机制最大的特点就是检察机关一直在其中发挥着主导作用，而各级各地政府的参与尚需加强，这固然和检察机关在未成年人刑事司法中所承担的捕、诉、监、防这种四位一体的综合性职能及其在刑事诉讼过程中所处的承上启下环节有关，但是建立社会支持体系绝非刑事司法机关凭借一己之力就可以完成的。事实上，我国检察机关在探索社会支持机制的过程中，经常会面临在寻求或链接社会资源时的各种困惑或者问题，比如，在没有建立观护基地的情况下，检察机关在考虑适用附条件不起诉时，往往需要检察官自己去寻找能够接收被不起诉人的考察帮教单位；而在建立观护基地的情况下，又存在着对于进入观护基地的未成年人无法提供医疗、保险等基础保障，在观护措施方面，欠缺系统的文化教育、法治教育、生命教育、人文教育等基础教育设施，也没有制度化、体系化的观护场所、社交群体活动和公益活动等种种问题〔1〕。这些困惑或者问题的存在并非由检察机关自身所致，实乃是因为检察机关承担了自身根本无力承担的重任。未成年人刑事司法的社会支持体系和机制虽然服务于未成年人

〔1〕 杨新娥等："附条件不起诉实证研究报告"，载《国家检察官学院学报》2017 年第 3 期。

刑事司法，但其建设却远非刑事司法机关所能完成的任务，其中所需要调动或者牵涉的各方面资源，包括民政、教育、医疗、文化、城市建设等政府各部门、社区基层组织、工青妇等群团组织，加上社工组织、爱心企业、志愿者、公益组织等各种社会力量，只有承担社会管理职能的政府才有能力、有条件对上述资源进行整合。

在我国未成年人刑事司法社会支持机制的实践探索中，由于负责统筹社会支持体系建设的政府部门缺位导致的资金短缺、配套措施不足等问题，“严重制约了社会支持体系的可持续发展”〔1〕。正如我国学者所指出的：“未成年人保护需要全社会参与，形成一个强有力的保护体系。检察机关在未成年人检察工作中发现了社会支持体系不可或缺的重要作用，但要认识到，党委和政府才是未成年人保护体系和保护工作的组织、领导、决策和建设者，检察机关只是一个积极的参与机关和责任机关。”〔2〕可以说，政府的主导作用没有得到应有发挥，是我国目前未成年人刑事司法社会支持体系尚处于零打碎敲、发展缓慢、难成体系、难以持续的重要原因。典型的例证莫过于云南盘龙区的合适成年人项目自2010年10月由当地政府从英国救助儿童基金会接手之后，“工作人员就由2004年的34人兼职‘合适成年人’和2005年10名专职人员，锐减到当前的4名专职、6名兼职人员”，主要原因在于凭空增加的编外人员的经费难以解决。〔3〕除了经费限制问题之外，社会支持的稳定性问题在政府

〔1〕宋志军：“论未成年人刑事司法的社会支持体系”，载《法律科学（西北政法大学学报）》2016年第5期。

〔2〕赵衡：“构建社会支持体系全方位保护未成年人”，载《检察日报》2015年6月29日。

〔3〕熊贵彬：“内地和香港青少年司法社会工作状况评析——以海淀、盘龙和香港司法社工为例”，载《前沿》2012年第14期。

缺位的情况下也比较突出："目前，未成年人保护存在两个特别的现象，政府的治理体系基本不存在，个人非公组织形式十分缺乏，有的地方以协会的形式来代替。实践表明，因为一时热情成立的协会，随着种种状况的出现，逐渐就销声匿迹了。虽然也有志愿者，但因为缺乏有效的组织，效果并不理想。"〔1〕再加上我国刑事诉讼法对社会调查、合适成年人参与、附条件不起诉等制度的适用并未采取强制性要求，而是通过"可以"〔2〕适用的方式交由公安司法机关自由选择，也为这种不具有稳定性和持续性的改革探索提供了法律空间。

（三）建构模式和发展路径尚需明确

由于我国未成年人刑事司法社会支持机制建设始自于未成年人刑事司法的实际需求和各地以需求/供给关系为导向进行的实践探索，之前未经过充分的理论论证和整体方案设计，最终呈现出来的社会支持机制形式不一、内容不一。有的地方仅探索合适成年人参与制度，有的地方因地制宜探索建立观护基地，也有的地方尝试引入司法社工介入诉讼，还有的地方探索对未成年犯罪嫌疑人、被告人进行心理测评和风险评估。而且即便是对同一种支持机制进行探索，各地也发展出内容和形式不尽相同的各种模式，比如有关合适成年人参与的探索，实践中就

〔1〕 赵衡："构建社会支持体系全方位保护未成年人"，载《检察日报》2015年6月29日。

〔2〕 比如《刑事诉讼法》第279条规定：公安机关、人民检察院、人民法院办理未成年人刑事案件，根据情况可以对未成年犯罪嫌疑人、被告人的成长经历、犯罪原因、监护教育等情况进行调查。第281条规定：无法通知、法定代理人不能到场或者法定代理人是共犯的，也可以通知未成年犯罪嫌疑人、被告人的其他成年亲属，所在学校、单位、居住地基层组织或者未成年人保护组织的代表到场。第282条规定：对于未成年人涉嫌刑法分则第四章、第五章、第六章规定的犯罪，可能判处一年有期徒刑以下刑罚，符合起诉条件，但有悔罪表现的，人民检察院可以作出附条件不起诉的决定。

有“上海模式”“盘龙模式”和“同安模式”的区分[1]。

2018年最高人民检察院和共青团中央签署的《合作框架协议》提出了构建未成年人检察工作社会支持体系的目标，并提出了相应的合作方式，具有非常重要的顶层设计意义。根据协议，构建未成年人检察工作社会支持体系的基本架构是“指导省级及以下检察机关和共青团组织实现对接，组建专门的未成年人司法社会服务机构”，“一门受理”检察机关、共青团委派的工作及委托提供的相关社会服务，并接受同级综治委“预青”专项组指导，逐步实现实体化注册、专业化运作。在工作流程上，各级检察机关未检工作机构在办案过程中，通过委托或服务申请等形式向本地未成年人司法社会服务机构提出工作需求。社会服务机构接受委托或申请后，提供针对性的支持服务，或转介至有关职能部门、社工机构、社会组织实施，并负责开展跟踪督导、质量评估。在运作方式上，采取项目制方式，即根据《关于做好政府购买青少年社会工作服务的意见》服务清单中“青少年合法权益维护和社会保障支持服务”“青少年违法犯罪预防”等相关目录，通过政府购买服务的方式，以项目化运作为载体，支持和引导本地社会工作服务机构向涉罪未成年人、未成年人被害人以及民事、行政案件未成年当事人提供必要的社会服务。在发展路径上，采取试点推动的方式，即最高人民检察院、共青团中央在全国范围内选择部分工作基础较好、有地域代表性的地市、县区开展试点工作，探索构建未成年人检察工作社会支持体系的路径和机制。鼓励各地开展省级试点工作，做好试点经验的总结和推广，发挥示范带动作用，推动全国未成年人检察工作社会支持体系的建设。在上述合作框架协

〔1〕 姚建龙主编：《合适成年人与刑事诉讼——制度渊源、演进与未来》，中国人民公安大学出版社2014年版，第7页。

议的基础上，2019 年 4 月 11 日最高人民检察院联合共青团中央发布了首批委托开展未成年人检察工作社会支持体系建设的 40 家工作单位名单。上述框架合作协议的内容具有两个重要的基点：一是组建专门的未成年人司法服务机构；二是采用项目制方式予以运作。

1. 组建专门的未成年人司法服务机构

组建专门的未成年人司法服务机构是构建未成年人刑事司法社会支持体系的一个重大突破，在《合作框架协议》的设计中，该机构统一接收（“一门受理”）来自公安司法机关的社会支持需求委托或者申请，除了力所能及提供针对性的支持服务之外，该机构还具有链接各种社会资源的职能，即将自己不能提供的服务转介给相关政府职能部门、社工机构或社会组织实施。从设立方式上来看，未成年人司法服务机构由检察院联合共青团组织组建，接受综治委“预青”专项组的指导，逐步实现“实体化注册、专业化运作”。但是根据该方式设立的司法服务机构性质定位并不明朗，由检察机关和共青团组织联合组建的机构，一般会涉及国有资产的使用问题，比如，办公场地的确定、办公设施的配备等，如此一来这个机构应当属于事业单位，应在各地事业单位登记管理局登记以获取独立法人资格，而不应在民政部门按社会团体注册。由于在我国事业单位和社会团体属于不同的社会组织，分别有各自的管理体制，新设立的未成年人司法服务机构究竟属于哪种社会组织应当予以明确，否则势必会影响其未来的正常运转和管理。此外，该司法服务机构在未成年人刑事司法中的法律地位也未在《合作框架协议》中得到明确。未成年人刑事司法是一项严肃的法律活动，应当严格依照法律规定的程序进行，但目前的刑事诉讼法中并未赋予相关社会组织及其人员相应的法律地位及其权利，导致社会力量介入司法过程的"合法性困境"，最典型的例证莫过于社会组织及其人员在进行社会调查时与在押未成年犯罪嫌疑人、被告人的会见权问题。

从职能上来看，这一司法服务机构的设立等同于搭建了一个未成年人刑事司法社会支持服务的综合性平台，其将大大简化公安司法机关在办理具体案件过程中寻求社会支持的中间环节，对于涉罪未成年人尽早获得社会支持、提高未成年人刑事司法效率、整合各种分散的社会资源具有极为重要的意义。但为切实履行自身职能，这一机构也必须同时符合两方面要求：一是自身的专业化要求。①该机构对自己能够提供的支持服务必须达到相应的专业化水准；②该机构在对自己不能提供的社会支持服务进行转介之后，需要承担起相应的督导、质量评估职能，这同样需要达到相应的专业化水准。二是该机构必须具有链接多方国家和社会资源的能力。换言之，为有效链接各种国家、社会资源，其应当具有多机构合作背景，即其组成人员中应有来自于各方机构的代表，比如，政府相关职能部门（具体包括教育、医疗、民政部门等）、社工机构和相关社会组织等。从目前已经确定的40家试点地区单位具体情况来看，能够达到上述两方面要求的社会服务机构并不多，社工事务所、心理咨询中心、观护基地、12355青少年服务台、教育咨询公司等均被确定为某一地区的司法社会服务机构，且不说这些机构在自身提供的社会服务方面能否达到相应的专业化水准和要求，单在链接相关国家和社会资源方面就具有明显的先天不足。

2. 项目制运作方式

根据《合作框架协议》的设计，社会服务机构采用政府购买的项目制方式向涉罪未成年人提供必要的社会服务。项目制"是在一种国家与社会关系的视角下，各级政府、企业、基金会等资源拥有者主体以项目的形式对各类非政府、非营利、志愿性、自治性社会组织提供资金支持，各类社会组织则以项目的形式申请资金并提供专业化的社会服务，以参与到社会治理中去”[1]，是社会组织参与国家和社会治理的重要途径。我国自2003年南京鼓楼社区购买社会服务试点开始，到2013年9月国务院办公厅出台《关于政府向社会力量购买社会服务的指导意见》，到2017年共青团中央、民政部、财政部出台《关于做好政府购买青少年社会工作服务的意见》，政府购买社会服务的项目制在全国各地铺开，形成了一系列范围较大、规模较大的社会实践。在这个过程中，项目制为社会组织参与社会治理提供了基本途径，也对社会组织的培育起到了极大推动作用，甚至被一些学者视为“为社会组织发育不足的国家和地区的政府如何支持社会组织发展提供了借鉴”[2]。然而，我国在社会组织发育尚不成熟、科层制影响仍然较大的背景下实行项目制面临着多方面的障碍：

一方面，我国的项目制基本上体现了一种政府单向度的权力控制。有学者根据承接公共服务的社会组织与政府部门的关系，将政府购买服务分为依赖关系非竞争购买、独立关系非竞争购买以及独立关系竞争性购买三种类型[3]。其中独立关系竞争性购买最符合项目制的本来要求，即政府通过公平竞争的程序来选择最合适的服务提供者，以实现最小成本最大收益的效果。但是，由于社会组织本身的不健全，“从实证经验看，竞争性购买模式基本不存在，无论政府独立性购买还是依赖性购买，

[1] 尹广文：“项目制运作：社会组织参与城市基层社区治理的路径选择”，载《云南行政学院学报》2017年第3期。

[2] 方英、朱俊熔：“项目制下社会组织的制度同形与异形——以广东社工机构为例”，载《社会工作与管理》2018年第6期。

[3] 王名、乐园：“中国民间组织参与公共服务购买的模式分析”，载《中共浙江省委党校学报》2008年第4期。

都选择了一种非竞争性的‘定向’购买”。〔1〕这种非竞争的“定向”购买主要通过政府购买行为的“内部化”以及“竞标前合作”的虚假竞标等方式获得实现。承接服务的社会组织或者是由购买服务的政府部门为了购买服务而建立的，或者即便在发生购买服务之前已经存在，但在选择程序上采用非竞争的方式。无论属于上述哪种情形，政府对社会组织的控制都是极其严格的：由于政府专门成立的组织本身就没有独立性，其在组织发展和管理中无处不受制于政府；而本来具有独立性的社会组织则在提供服务的过程中受到严厉的嵌入性监管。这种单向度的权力控制，既不利于政府通过较低成本获得较大收益，也不利于社会组织的发展、壮大，形成行业性或者领域性的组织联盟。“项目制具有天然的分化社会组织、抑制组织联盟的功能。……项目制的运行实践，虽然使社会组织的社会服务更为专业化，更为多元化，但是它仍然有赖于政府的整体性规划与服务类别建构，发包与外包的社会服务供给机制并未彻底改变全能政府的权力痕迹，国家与社会的关系也没有发生实质性变化，社会组织无法实现自生自治，无法实现长远规划与规模化发展，也无法使社会组织通过行业性、地域性联合而提供更好的社会服务。”〔2〕

另一方面，项目制本身存在的一些弱点也制约着社会组织提供社会服务的持续性和质量。首先，项目制面临最大的挑战来自于项目资金来源的不稳定性。“民政部门项目资金主要来自两块：一部分是福彩公益金的返还比例，这部分较为固定，另

〔1〕 王向民：“中国社会组织的项目制治理”，载《经济社会体制比较》2014年第5期。

〔2〕 王向民：“中国社会组织的项目制治理”，载《经济社会体制比较》2014年第5期。

一部分来自于市、区两级财政资金，但是这部分资金影响因素较多，每年都不一样，每个区都不一样，变动较大，资金来源具有很大的不稳定性。”〔1〕在很多情况下，上级政府或者职能部门领导的重视程度往往决定着项目资金的去向。其次，项目制下社会组织完成政府设定的“服务指标”的压力和动力超过满足服务对象的需求，从而影响了其所提供服务的质量。其一，“项目制下公共产品的提供由政府部门设计，具有很强的同质性和标准化色彩，往往无法做到有针对性的供给，并且借助于分级科层体制的管理方式，不但难以避免层次繁多的政府机构因为自身的利益而违背公共利益，也很难针对地方的实际需求来运作资金，更不能满足村庄社区和村民多样性、多层次的需求”〔2〕。其二，政绩导向的行政体制容易造成政府在设定服务指标时追求“亮点工程”，偏离服务对象的实际需求，从而限制社会组织服务供给能力的发展。最后，项目制的周期性制约着社会组织提供服务的持续性。“目前，购买服务的财政资金以财政年度为周期，但并未考虑到不同目标人群的需求周期”〔3〕，我国大多数服务项目一般以一年为周期，少部分以两到三年为周期，项目结束也就意味着社会服务的撤出，这对于那些需要持续性社会服务的目标人群而言（比如未成年人在成长期都面临着这种持续性服务需求），服务效果一般不佳。

总之，从我国长期运行的政府购买社会服务的实践来看，项目制在培育社会组织、提升社会服务的专业化等方面发挥重

〔1〕 王清：“项目制与社会组织服务供给困境：对政府购买服务项目化运作的分析”，载《中国行政管理》2017 年第 4 期。

〔2〕 折晓叶、陈婴婴：“项目制的分级运作机制和治理逻辑——对‘项目进村’案例的社会学分析”，载《中国社会科学》2011 年第 4 期。

〔3〕 韩俊魁：“中国政府实现购买服务战略目标之障碍与对策：基于中外比较视野”，载《华南师范大学学报（社会科学版）》2017 年第 1 期。

要作用的同时，在我国的现实背景下仍有很多问题和缺陷，并制约着社会服务的质量及其可持续性。具体到未成年人刑事司法领域，这些问题可能更加突出：

一是目前我国能够服务于未成年人刑事司法领域的社会组织较少。40个试点地区的很多未成年人司法服务中心都是地方政府为落实《合作框架协议》的内容而新建立的，即便是已经存在的司法社会服务组织，比如，司法社工事务所，也是之前与当地政府或者公安司法机关已经建立了合作关系并取得了较大的信任。这种状况决定了项目制必然采取非竞争性“定向”购买的模式，单向度的权力控制无可避免。这些获得项目支持的社会组织在提供社会服务的过程中难免受到政绩导向的行政体制的影响，以及完成指标的压力，从而影响其所提供的社会服务的质量。

二是项目制下的项目具体化和细化，会导致未成年人刑事司法社会支持的碎片化，妨碍社会支持体系的全面建构。从项目执行角度来看，项目越具体、越细化，越能取得较高的执行效率。但是在我国目前尚未建立起社会支持体系的情况下，采行项目制运行方式很可能只在某个具体社会支持机制上获得一些进展和经验，这既不利于整体性社会支持体系的建构，也不利于社会组织自身的完整规划和规模化成长。

三是项目经费来源的稳定性将会对建立未成年人刑事司法社会支持体系产生极大制约。尽管《关于做好政府购买青少年社会工作服务的意见》强调“保障政府购买服务项目的连续性和稳定性”，但是政府需要购买社会服务项目的种类和内容的多样性与财政资金的有限性之间的矛盾，将会导致项目经费来源的不稳定。未成年人刑事司法的社会支持项目能否得到政府财政资金的持续性支持，将在很大程度上取决于政府或者相关职能部门领导对该领域的重视程度。加之一直处于建构未成年人刑事司法社会支持体系核心地位的检察机关并非该《意见》中的购买主体，共青团也只是参与政府购买青少年社会工作服务，《合作框架协议》的合作双方都无法对项目经费来源产生直接影响，这更会影响项目经费的稳定性。

四是较短的项目周期将会制约持续性社会支持体系的建立。未成年人刑事司法的周期往往较长，考虑到服务对象（涉罪未成年人或者未成年被害人）的特殊性，其所需要的社会支持服务则需要更长的周期，甚至伴随未成年人的矫正期和成长期。如前文所述，持续性的社会支持有利于涉罪未成年人形成基于自觉自愿的自我控制，并造就具有高度亲社会行为和心理健康的人，而不可持续的社会支持（或者称无常性社会支持）反而会恶化未成年人的处境，加剧其反社会倾向，促使其再次走上犯罪道路。目前我国受财政年度周期影响的项目周期普遍较短，短者一年，长者不过两到三年，这与建立持续性社会支持体系所要求的周期相差甚远，这会影响对未成年人的服务质量和效果。

综上所述，尽管《合作框架协议》对构建未成年人刑事司法社会支持体系进行了宏观设计，但无论是组建专门的司法社会服务机构还是采行项目制运作方式都存在较多问题。在组建专门机构方面，其性质定位不清、法律地位不明、政府职能部门缺位导致该机构在综合链接社会资源方面的能力先天不足，很有可能最终难以完成“一门受理”的根本职能。在项目制运作方式方面，相关社会组织欠缺、非竞争性定向购买模式、项目碎片化、项目经费来源的不稳定性、项目周期的短暂性等都将妨碍社会组织提供社会服务的质量以及社会支持体系的整体建构及其可持续性。这些问题的存在说明《合作框架协议》的宏观设计基本上是对各地区已经进行的实践探索的回应和总结，尚缺乏深入的理论研究和论证。总之，我国未成年人刑事司法社会支持机制的构建模式和路径问题仍需要在借鉴国外相关理论和实践的基础上，结合我国的具体情况进一步予以探讨和明确。

第二节　我国未成年人刑事司法社会支持机制的宏观建构

通过前文对来自英国、苏格兰、美国的未成年人刑事司法社会支持机制的考察，可以看出尽管在未成年人刑事司法的理念上各国或者各地区并无本质不同，但在未成年人司法社会支持机制的设立上并没有统一的模式，各个国家或者地区都是在充分利用本土资源的基础上探索建立最适合自己的社会支持模式。我国虽然不能直接复制这些样本，但却可以从中吸收、借鉴有益经验，以建立适合我国国情的未成年人刑事司法社会支持机制。

一、来自域外的经验借鉴

英国、苏格兰、美国的未成年人司法社会支持模式虽然各具特色，但却有一些共同的特征可循：

（一）遵循合作主义的基本理念

遵循合作主义的基本理念即通过国家与社会的合作解决未成年人司法过程中的社会支持问题。前文已经对英国的多机构合作策略进行了论述，此处不予赘述。美国 1974 年《未成年人司法与犯罪预防法》是一部典型的奉行合作主义的立法，根据该法建立起来的联邦未成年人司法与犯罪预防协调委员会和州未成年人司法顾问小组等机构具有明显的合作主义与多机构合作特征。这一法律的出台结束了之前自下而上的由社会组织、民间团体通过自由市场竞争获得项目的多元主义路径，尤其是20世纪90年代以后推行的循证项目更加强化了这种合作主义路径，因为循证项目的运营往往需要协调未成年人警察、未成年人法庭、缓刑、教育、福利等未成年人司法相关机构，需要并且强调未成年人法官、检察官、辩护人以及政府、社会组织、社区、家庭等多方的合作与参与。苏格兰的儿童听证制度甚至成立了专门由社会志愿者组成的针对少年儿童的教育处分措施进行裁决的社会组织——苏格兰儿童听证会，并且设计了法院、政府、儿童听证会之间极为顺畅的案件转入与转出机制，将司法、行政、社会组织之间的合作推到一个新高度。这种对合作主义不约而同地坚持充分说明坚持国家与社会之间的合作才能保证未成年人司法通过社会组织去汲取尽可能多的社会资源同时实现司法与社会支持之间的顺畅衔接。

2. 强调政府的主导作用

合作主义虽然强调国家与社会组织之间的平等地位，但也强调政府在各方利益协调过程中所起的积极、主导作用。“新合作主义理论认为，在一个利益分化的时代，政府应发挥积极作用，正视利益主体多元化的现实，建立一种和谐的、互利的利益结构，构建有序的利益表达和利益整合机制，有效防止利益冲突强于利益整合的局面。”[1]同样，在建构未成年人司法领域内的国家与社会之间的合作机制时，政府也应当发挥其积极作用，以建立起一种和谐、互利的利益结构。正如前文所述，英国的多机构合作策略、苏格兰的儿童听证制度、美国的循证实践下的项目制，无一不强调政府在推动建立国家与社会合作机

[1] 马建斌：“新合作主义及其适用性”，载《党政论坛》2008年第7期。

制中的主导作用。值得注意的是，这里的政府并非仅仅指中央政府或联邦政府，而且也包括州政府和各地方当局。前者在推动社会支持的宏观建构以及国家（联邦）层面的多机构组建中发挥着积极乃至主导作用，比如美国联邦司法部，英国内政部，苏格兰大臣等；后者则在组建地方性的多机构合作组织和推行具体社会支持机制建设中发挥着主导作用，比如，英国的地方政府负责组建青少年犯罪服务小组和美国各州政府对未成年人司法循证实践项目的推行。因此，从实践的角度来看，尽管是发生在未成年人司法领域内的国家与社会之间的合作，但司法机关（包括法院和检察机关）仅仅是合作机制的参与者，这不仅与其所承担的消极司法职能有关，而且也与其不承担社会管理职能有关，毕竟社会支持机制的建立不同于司法制度的完善，其从本质上属于社会管理问题而非司法制度问题。

此外，政府应时刻保持利益协调者而非强权部门的角色立场，一方面政府应避免其因追逐部门利益而像利益集团一样直接介入政策的利益博弈过程，即政府应保持中立的立场，自觉防止为实现本部门利益而制定相关政策；另一方面，在利益协调和整合的过程中，政府应充分吸收各方利益相关者的意见，并且“积极采取有效措施保障决策过程的公开化和透明化”。[1]

3. 通过立法确定具体合作模式并组建相关机构

前述英国、苏格兰、美国在未成年人司法领域虽然采行不同的国家与社会合作模式，但共同之处均在于先通过法律的形式将未成年人司法的国家/社会关系模式予以明确，并在其中明文规定了相关机构的组建事宜。这既保证了未成年人司法社会支持机制建设的合法性，又为这种机制建设提供了坚实的组织

〔1〕 马建斌：“新合作主义及其适用性”，载《党政论坛》2008年第7期。

保障。美国1974年《未成年人司法与犯罪预防法》对于联邦政府应如何引导和支持各州的未成年人司法与犯罪预防工作，尤其是未成年人司法服务工作提供了法律依据。该法律第201（a）条要求成立联邦未成年人司法与犯罪预防办公室，第206（a）（1）条要求成立联邦未成年人司法与犯罪预防协调委员会，第223（a）条要求成立联邦未成年人司法顾问委员会和州司法顾问小组，分别在联邦层面和州层面负责未成年人司法与犯罪预防服务项目的管理和运营，这些机构的组建使得整部法律所设计的未成年人司法服务项目制得以顺畅地落地执行。英国1998年《犯罪与社会失序法》则为英格兰和威尔士地区的未成年人司法服务制度的建立提供了法律依据。该法第38（4）条明确列举了未成年人司法服务的范围，包括：①为被羁押或者被讯问的未成年人提供合适成年人；②对未成年人进行风险评估并为其提供修复项目；③为待审或待量刑的未成年人提供保释或其他羁押替代支持；④地方政府为还押候审的未成年人提供安置场所；⑤在针对未成年人进行的刑事诉讼中提供法院所要求的各种报告或者信息；⑥为法庭发出的养育令、儿童安全令、赔偿令的执行提供合适人选作为责任官员；⑦对被判缓刑或社区服务令的未成年人进行监督；⑧对受到拘禁与训练令和监督令的未成年人进行监督；⑨对被释放后的未成年人进行监督。为了能够为未成年人司法提供以上服务，该法第39条要求地方政府负责组建本地的多机构合作组织——青少年犯罪服务小组（YOT），其职能包括两个方面：一是作为协调机构，为满足当地未成年人司法服务需求进行协调；二是作为执行机构，完成当年分配给它的未成年人司法服务任务。1998年《犯罪与社会失序法》第41条还要求建立英格兰和威尔士的少年司法委员会，以指导整个未成年人司法体系的运行，监督未成年人司法服务。从组织关系上来看，虽然少年司法委员会并非各地青少年犯罪服务小组的领导机构，但前者对后者起监督和指导作用，比如后者必须遵循前者制定的未成年人司法社会工作标准。而2011年英国颁布的《苏格兰儿童听证法》是目前苏格兰听证制度的直接法律依据，该法律对儿童听证制度的启动组织、审理组织、执行组织进行了明确规定，从而为儿童听证制度的落地提供了相应的组织保证。综合以上情况来看，无论是美国的《未成年人司法与犯罪预防法》，还是英国的《犯罪与社会失序法》和《苏格兰儿童听证法》，都兼具实体法、程序法和组织法的特征，以解决未成年人司法中的有什么服务、怎么进行服务以及谁来实现服务的问题。

4. 明确未成年人司法社会服务的基本宗旨或行业标准来指导实践

与未成年人刑事司法程序（此处意指正式的侦查、起诉、审判程序）的法律性和严肃性不同，针对未成年犯罪嫌疑人、被告人或者未成年被害人提供的社会支持服务内容多样，形式灵活，具有鲜明的个性化特征，很难通过具体的法律制度来规范其运行，但这并不等于服务提供主体可以不遵循任何原则和标准任意为之。为充分发挥未成年人司法社会服务的功效，使之服务于未成年人司法的总体目标，有必要对其服务宗旨和行业标准进行明确规范。美国1974年《未成年人司法与犯罪预防法》第101（10）条即提出未成年人司法社会服务的基本宗旨和两条基本路径，即为满足未成年人个体和社会的需求，一方面应提供高质量的犯罪预防项目；另一方面提供能够帮助涉罪青少年承担责任以及发展其重返社区能力的项目。同时，该法还提出未成年人司法的四个核心要求，即未成年人身份犯罪非监禁化；未成年人罪犯与成年人罪犯分开监禁；禁止未成年人罪犯与成年人罪犯的任何接触；少数族裔触法比例协调，各州的司法服务项目只有符合上述四个核心要求才能获得联邦资金的支持。英国1998年《犯罪与社会失序法》提出了未成年人司法的根本宗旨为预防儿童和青少年犯罪，为实现这一宗旨，2000年英国司法部、儿童部、学校与家庭管理部和少年司法委员会（YJB）联合发布了未成年人司法服务的国家标准，该标准确立了青少年犯罪服务小组提供司法服务的最低限度标准，内容涉及了未成年人司法实践中的各个服务领域，具体包括法庭外的司法服务、法庭内的司法服务、在社区的司法服务、安置场所中的司法服务以及矫正和重新安置中的司法服务。[1]值得提出的是，该标准自制定以后于2004年、2010年、2013年、2019年先后经过了四次更新，以确保未成年人司法服务顺应时代的最新发展。

二、构建我国未成年人刑事司法社会支持机制的总体思路

上述来自英美等国家或地区的共同经验为我国构建未成年人刑事司法社会支持机制提供了借鉴。基于我国目前正在进行的改革探索存在的问题，笔者认为，在我国构建这一机制需遵循以下总体思路：遵循合作主义理念选择适当合作模式→发挥党委、政府的领导、主导作用→制定相关法律→组建相应机构→制定服务标准→完善具体机制。

（一）遵循合作主义理念选择适当合作模式

本书第一章第三节通过对合作主义的论述已经得出我国未成年人刑事司法领域遵循合作主义理念的必要性及其可行性，

---

〔1〕 https://assets.publishing.service.gov.uk/government/uploads/system/uploads/attachment_data/file/780504/Standards_for_children_in_youth_justice_services_2019.doc.pdf.

在此不予赘述，但是基于合作主义实践形式的多样性，我们还需选择适当的建构和发展模式。从我国目前正在进行的以《合作框架协议》为指导的改革所采取的具体形式来看，组建专门的未成年人司法服务机构的方式与英国的青少年犯罪服务小组相类似，而采取项目制运行方式与美国的项目制又有类似之处。但由于缺乏宏观理念的指导和概念清晰的总体设计，其中都存在一些悬而未决的问题。如笔者在前文所述，在我国目前社会组织还不发达、未成年人刑事司法服务的社会基础较为薄弱的状况下，采用英国式的政策引导和推行方式，在中央和地方组建多机构合作组织作为未成年人刑事司法服务的领导和执行机构，是在短时间内最具成效的方式。与此同时，国家应积极扶持各种可以为未成年人司法提供服务的专业性社会组织，这些社会组织可以通过申请和执行项目的方式提供服务，地方的多机构合作组织是链接这些社会组织的平台，负责根据当地未成年人司法的具体需求编制项目计划清单，组织项目申报和评审，并对项目执行情况进行监督。简言之，即采取英国的多机构合作策略和美国的项目制相结合的方式，一方面以强有力的组织形式推动尽快建立全国性的社会支持体系；另一方面从长远角度来看也有利于专业性社会组织的培育和发展。

（二）发挥党委和政府的领导、主导作用

改变目前以检察机关为主导的改革现状，充分发挥党委和政府的领导、主导作用。党委的领导作用主要表现在：第一，制定未成年人刑事司法的相关政策，明确改革的具体目标、模式和路径；第二，推动相关法律的制定和出台。政府的主导作用主要体现在协调政府各部门、各人民团体、社会组织等多方利益，组建各级多机构合作组织。

（三）制定相关法律

立法机关在广泛吸收社会各方面意见的基础上制定专门的

《未成年人司法服务法》或者制定《未成年人司法法》并在其中设“未成年人司法服务”专章，对于未成年人司法服务的目标、宗旨、原则、组织机构、服务方式、内容体系、与司法程序衔接等方面的内容加以规定。

（四）组建相关机构

借鉴国外的经验，结合我国的实际国情，我国的未成年人司法服务机构可以分为领导机构和执行机构两大类，领导机构又可分为宏观政策领导机构和具体业务领导机构。具体而言，在中央层面，可以在中央全面依法治国委员会下设的司法协调小组中增设未成年人司法协调办公室，负责研究制定未成年人司法领域全面改革深化的政策文件，深入研究未成年人司法体制综合配套改革方案，明确改革的目标、模式和路径，推动与未成年人司法相关法律的制定和出台，协调包括司法部、教育部、民政部、财政部、团中央、最高人民法院、最高人民检察院、公安部等在内的多个机关或部门之间在未成年人司法领域的关系与合作。在司法部增设未成年人司法事务管理局，下设未成年人司法服务办公室，作为全国未成年人司法服务的业务主管部门，负责指导全国的未成年人司法服务工作，具体包括研究制定未成年人司法服务的行业标准、引领开发全国适用的未成年人风险评估工具、收集汇总全国未成年人司法服务的相关信息、撰写并发布全国未成年人司法服务情况的年度报告、监督各地未成年人司法服务机构等。

在地方层面，由各地方政府（司法行政机关）负责组建当地的未成年人司法服务中心，其成员应包括来自教育、医疗、民政、公安、检察、法院、团委、社区等机构的代表以及一定数量的专职社工，该服务中心为全额财政拨款的独立建制事业单位，工作人员除专职社工外，其余为兼职公务人员，其薪酬待遇均由其所在机关单位负责。未成年人司法服务中心接受公安司法机关委托为涉罪未成年犯罪嫌疑人、被告人以及未成年被害人提供合适成年人、社会调查等服务，对于需要专门心理辅导、戒瘾治疗、观护教育、职业教育等社会服务的未成年人，负责将其转介至相应的有项目合作关系的社会服务机构，并对其服务进行监督。

（五）制定服务标准

为确保未成年人司法服务的质量，司法部未成年人司法服务办公室应研究制定全国适用的未成年人司法服务质量标准体系，内容至少应包括诉讼程序内的服务标准和诉讼程序外的服务标准。具体而言，诉讼程序内的服务标准包括社会调查服务标准、合适成年人服务标准、附条件不起诉监督考察服务标准、法庭程序参与标准等，诉讼程序外的服务标准则包括非羁押非监禁处置（观护）中的服务标准、社区矫正中的服务标准、羁押监禁处置中的服务标准等方面。上述服务质量标准体系既是各类社会服务机构在提供司法服务时的行动指南，也是主管部门审核、验收社会服务机构所提供服务的标尺。

（六）完善具体机制

未成年人刑事司法社会支持机制是一个宏观的整体性概念，其内在包括很多具体机制，比如，社会调查机制、风险评估机制、合适成年人机制、心理帮扶机制、观护教育机制等。建立起未成年人刑事司法社会服务体系，并不意味着社会支持机制随之得以建立。如何充分发挥该体系的功能，使之契合未成年人刑事司法的总体目标，尚需要一系列具体机制的建设与完善。本书接下来的分论部分即着力于这些具体机制的研究。

下篇

分论

第一章 未成年人刑事司法中的调查评估机制

未成年人刑事案件的社会调查制度是未成年人刑事司法的基本制度，其价值在于根据未成年人的特点，协助办案机关对未成年犯罪嫌疑人和被告人个人情况进行个别化处遇。社会调查也是未成年人刑事司法奉行教育、感化、挽救基本方针的根基所在。从世界上第一个福利色彩的少年法庭建立开始，少年法庭的宗旨即是如何有效帮助少年更好地回归社会，社会调查报告在这个过程中扮演着重要角色，其贯穿于是否立案、是否采取强制措施、是否起诉以及判处何种处遇措施等整个刑事诉讼阶段。联合国《少年司法最低限度标准规则》第16条规定："所有案件除涉及轻微违法行为的案件外，在主管当局作出判决前的最后处理之前，应对少年生活的背景和环境或犯罪的条件进行适当的调查，以便主管当局对案件作出明智的判决。"各国在未成年人司法的改革之路上也先后建立了相应的社会调查制度，利用法院或者其他专门的社会机构和人员对未成年人的社会和家庭背景、学历、教育经历、心理状况、帮教条件等有关事实进行调查评估，通过社会调查报告影响未成年人的最终处置。近年来，随着神经科学、心理学、犯罪学等新近科学的发展，在福利和司法之外，以数据和研究驱动的改革在未成年人司法领域掀起了新的改革浪潮。在新的循证实践改革中，社会调查制度也发生一些新的变化，风险评估在未成年人司法中的作用日益凸显。美国2002年《未成年人司法与预防犯罪法》要求未成年人司法专家帮助各州建立风险评估机制，协助未成年人司法人员对违法少年进行适当的制裁〔1〕。各州政府开始逐步推进全州统一的风险评估工具，并将风险评估纳入社会调查报告，作为少年处遇的核心参考。

我国2012年《刑事诉讼法》也确立了未成年刑事司法的社会调查制度。根据我国《刑事诉讼法》第279条的规定："公安机关、人民检察院、人民法院办理未成年人刑事案件，根据情况可以对未成年犯罪嫌疑人、被告人的成长经历、犯罪原因、监护教育等情况进行调查。"从2012年至今，我国学界和实务界对社会调查制度进行了诸多有益的探索，但是目前针对社会调查制度的研究似乎陷入一种僵局，学者们围绕社会调查主体、内容等对其法律属性进行深入的探索，提出材料说、证据说、参考说等观点〔2〕，希望通过明确调查主体、方式、内容等明确其属性，避免社会调查报告在具体的运用过程中流于形式。实践部门也根据各地情况出台办理未成年刑事案件进行社会调查的规范文件，以落实社会调查制度，出现了诸如上海模式、北京模式、盘龙模式等具有代表性的社会调查的实践范例。

笔者认为，社会调查报告的核心价值和内容是其根基，只有明确了社会调查报告的核心内容，才能选择合适的主体、方式来达成其核心价值。但是我国目前社会调查报告的内容不统一，不同学者对其核心内容的价值界定也不同，有学者认为社会

---

〔1〕 Risk Assessment in Juvenile Justice：A Guidebook for Implementation，http://www.njjn.org/uploads/digital-library/Risk_ Assessment_ in_ Juvenile_ Justice_ A_ Guidebook_ for_ Implementation.pdf，最后访问日期：2020年7月16日。

〔2〕 参见周立武："论未成年人社会调查报告的审查与运用"，载《青少年犯罪问题》2018年第4期。

调查报告的核心内容是对未成年人的人格状况进行综合评估[1]，有学者认为社会调查报告的核心是对人身危险性进行评估。总的来说，目前的研究没有突破最初引入该制度时的基本框架，我国的社会调查制度，只是在"调查"阶段，公安、检察机关提供的社会调查报告往往是事实的陈述，对于"评估"部分的关注欠缺，没有对犯罪嫌疑人的人身危险性进行评估[2]，缺失相应的风险评估机制。尽管在探索过程中，有一些地区尝试纳入一些心理学量表，提高调查评估的科学性，也有学者提出运用大数据理论完善社会调查内容[3]，但是评估量表使用不等于专业的风险评估，风险评估也不等于完整的社会调查。风险评估是近年来欧美国家未成年人司法循证实践的核心，对于社会调查制度影响重大，但目前我国对未成年人司法中的风险评估问题研究成果较少。因此，我国社会调查制度的改革和完善，需要从社会调查的本源出发，确定其核心价值，明确其核心内容，厘清社会调查与风险评估的关系，深入研究英美国家风险评估领域的最新成果，结合我国未成年人社会调查制度的具体实践问题，重新建构以风险评估为核心的未成年人社会调查评估制度。以下将通过三个部分来具体阐释未成年人刑事司法调查和评估机制。

---

〔1〕 高维俭："再论少年司法之社会人格调查报告制度"，载《预防青少年犯罪研究》2012 年第 2 期。

〔2〕 李忠林等："社会调查报告收集和审查机制的实证研究——以桂林市两级法院未成年人刑事案件为研究对象"，载《中国应用法学》2017 年第 6 期。

〔3〕 刘立霞、李晓南："运用大数据理论完善未成年人社会调查制度"，载《法学杂志》2015 年第 1 期。

第一节　未成年人刑事司法中的社会调查

一、未成年人刑事司法社会调查的理论渊源及价值导向

未成年人刑事司法社会调查的核心价值应体现为对司法和福利的双向价值追求。结合具体的未成年人刑事司法实践，一方面在刑事司法的范畴内，根据其人身危险性的评估尽量进行个别化的处遇；另一方面根据其教育福利需求的评估，尽量教育矫治罪错未成年人，帮助其顺利回归社会。福利和司法的双重价值追求也并不是彼此孤立的，社会调查正是在这两者之间平衡的桥梁，对于未成年人司法至关重要。

（一）以人身危险性理论为核心的司法价值导向

未成年人刑事司法社会调查制度最早从成人刑事司法沿袭而来，其起源于19世纪40年代，由美国波士顿的鞋匠约翰·奥古斯都（John Augustu）首次践行。他认为刑罚的根本目的不是惩罚，而是改造并预防犯罪。[1]随后社会调查逐渐发展为由缓刑官提供的具有固定格式的量刑前调查报告，帮助法官在定罪之后的量刑阶段针对罪犯的人身危险性作出个别化的处置。以人身危险性为核心的刑事新派理论是刑事司法社会调查制度的理论根基。与古典主义刑事学派主张的报应刑罚观相对应，刑事实证学派将犯罪看作一个社会问题，认为犯罪的出现是源于社会的病症，需要理性人道的救治，因此应当从关注犯罪行为转而关注犯罪人本身。在此基础上刑事实证学派提出教育刑、矫治刑、预防刑等理论。其中犯罪人的人身危险性概念的提出

〔1〕 陈立毅："我国未成年人刑事案件社会调查制度研究"，载《中国刑事法杂志》2012年第6期。

是刑事新派理论的标志，为刑罚个别化提供了理论支持，其提倡根据犯罪人的人身危险性有针对地适用相应的刑罚，并尽量使用刑罚的替代措施，以达到教育改造罪犯的特殊预防目的[1]。人身危险性概念的提出对于刑事量刑影响巨大，为刑事司法的社会调查制度奠定了理论基础，易言之，对于人身危险性的评估是刑事司法社会调查追求的核心价值之一。我国刑事司法引入“人身危险性”概念的时间较晚，且最初引入时，对人身对危险性概念的界定存在模糊，导致“人身危险性”和“再犯可能性”等概念混同。在引入“人身危险性”概念的早期，学者认为人身危险性是指某种犯罪的可能性，具体包括再犯可能性和初犯可能性[2]。后期也有学者在讨论预防刑罚的裁量时直接采用“再犯可能性”的概念，认为量刑裁量针对的就是犯罪人，不包括初犯可能性[3]。具体到未成年人刑事司法领域，笔者认为，对未成年人的人身危险性进行评估是未成年人刑事司法的应有之意，从关注犯罪行为转而关注涉罪未成年人本身，通过社会调查对未成年人的人身危险性[4]进行评估可以帮助司法决策者针对涉罪未成年人的特点进行个别化的处遇。故此，对未成年人人身危险性进行评估是对未成年人进行社会调查追求的核心功能之一。至于人身危险性的概念界定将在下文结合社会调查的内容展开论述。

[1] 石经海：“从极端到理性：刑罚个别化的进化及其当代意义”，载《中外法学》2010年第6期。

[2] 陈兴良：“论人身危险性及其刑法意义”，载《法学研究》1993年第2期。

[3] 张明楷：“论预防刑的裁量”，载《现代法学》2015年第1期。

[4] 关于未成年人“人身危险性”概念的界定以及人身危险性与再犯可能性的区别，将在下文结合社会调查的具体内容展开。

(二) 以儿童最大利益为核心的福利价值导向

鉴于未成年人的特殊性，对未成年人进行社会调查不但包括对人身危险性的判断，还带着未成年人司法本身的价值追求。以国家亲权理念为指导的未成年人司法本身的福利色彩与社会调查也高度契合。儿童福利理念的本质是国家和社会，本着公正、平等的责任和意识，有效发掘其潜能，发挥儿童能动性，救助、矫治处于弱势地位的儿童，谋求儿童身体、心理、道德等的健全发展〔1〕。联合国相关文件，包括《儿童权利宣言》《儿童权利公约》《少年司法最低限度标准规则》和《保护被剥夺自由少年规则》等都明确提出了儿童福利的要求，要求各国未成年人司法在立法中明确儿童福利的理念〔2〕，尽量对未成年人采取非羁押的措施，教育矫治未成年人，促进儿童福利，实现儿童最大利益。各国的未成年人司法也都积极贯彻了儿童福利的理念。19 世纪后期，美国中产阶级掀起了对儿童进行救助的自由改革运动，城市精英与司法制度的结合，促生了世界上第一所少年法庭。少年法庭对少年的生活背景、环境、犯罪原因进行调查，可以帮助少年更好地回归社会，并进一步促进了

---

〔1〕 陆士帧、常晶晶："简论儿童福利和儿童福利政策"，载《中国青年政治学院学报》2003 年第 1 期。

〔2〕《儿童权利宣言》指出："儿童应享受特别保护，并应以法律及其他方法予儿童以机会和便利，使其能在自由与尊严之情境中获得身体、心智、道德、社会各方面之健全与正常发展。为达此目的，制定法律时，应以儿童之最大利益为首要考虑。"《儿童权利公约》也要求关涉儿童的公私机构以儿童最大利益为首要考虑。第 3 条规定："1. 关于儿童的一切行动，不论是由公私社会福利机构、法院、行政当局或立法机构执行，均应以儿童的最大利益为一种首要考虑。2. 缔约国承担确保儿童享有其幸福所必需的保护和照料，考虑到其父母、法定监护人、或任何对其负有法律责任的个人的权利和义务，并为此采取一切适当的立法和行政措施。3. 缔约国应确保负责照料或保护儿童的机构、服务部门及设施符合主管当局规定的标准，尤其是安全、卫生、工作人员数目和资格以及有效监督等方面的标准。"

缓刑官的职业化〔1〕。英国1993年《儿童和青少年法案》，要求少年法庭考虑儿童福利因素，确保儿童的教育和培训，这至今仍然是少年法庭处理未成年人案件要考虑的基本理念〔2〕。德国《少年法院法》第38条规定少年法院援助的代表促使有关教育、社会及帮助的理念在少年法庭诉讼程序中得以实现。为此目的该代表通过研究少年犯罪嫌疑人的人格、成长及其生活环境方式，辅助参与诉讼的国家机关，并就应采取的措施阐述意见〔3〕。该条规定了社会调查的基本价值即通过调查涉罪未成年人的人格、成长和生活环境方式，辅助少年法庭在刑事裁判中实现教育、帮助的保护理念。由此可以看出，对未成年人的生活背景、教育、犯罪原因等信息进行调查，是实现未成年人司法福利理念追求的救助保护罪错未成年人，帮助其重新回归社会的必然选择。我国未成年人刑事司法没有明确确立福利理念，我国也没有专门的儿童福利法，但是教育、感化、挽救的基本方针与福利理念追求的根本价值具有内在的一致性，最终的目标都是教育挽救未成年人，帮助涉罪未成年人重新回归社会。故此，笔者认为福利保护需求也是对未成年人进行社会调查追求的核心价值。

二、未成年人刑事司法社会调查报告的核心内容

在司法和福利双重价值导向下，未成年人刑事司法社会调查的具体实践主要体现在对社会调查报告或量刑前报告的运用。

---

〔1〕［美］玛格丽特·K. 罗森海姆、富兰克林·E. 齐姆林、戴维·S. 坦嫩豪斯、伯纳德·多恩编：《少年司法的一个世纪》，高维俭译，商务印书馆2008年版，第341页。

〔2〕 Anthony Bottoms; James Dignan, "Youth Justice in Great Britain", *Crime and Justice: A Review of Research*, 2004 (31), p. 35.

〔3〕《世界各国刑事诉讼法》编辑委员会编译：《世界各国刑事诉讼法（欧洲卷·上）》，中国检察出版社2016年版，第358页。

鉴于国内关于未成年人刑事司法社会调查制度的研究已经很广泛，大量的实证研究结果揭示出的问题不外乎调查主体不明确、调查方式不规范、社会调查报告属性不明等〔1〕。笔者认为，社会调查报告的内容是社会调查报告的根基，只有明确了核心的内容才能更好地设置相应的调查程序，确定调查主体、调查方式以及最终影响社会调查报告的运用。所以本部分拟从比较的角度来审视我国未成年人社会调查报告的核心内容。

（一）域外未成年人社会调查报告的基本内容

对未成年人的个人情况、社会背景进行调查已经成为各国未成年人司法的通行做法。域外未成年人社会调查报告〔2〕的基本内容有各自不同的特点，但是总的来说，各国未成年人社会调查报告与各国未成年人司法理念趋于同步，有着司法和福利的双重价值导向，都力图在追求少年个别化处遇的过程中，尽量保护少年的福利需求。

在日本，家庭法院享有未成年人案件的先议权，实行调查前置主义，由家庭法院的专职调查官对涉罪未成年人、保护人或者和关系人的现状、经历、环境等进行社会调查。日本《少年法》第 8 条第 1 款规定："家庭法院……认为有应交付审判的少年时，应当对案件进行调查，接受移送的少年案件亦同样。"日本《少年法》第 9 条规定家庭法院调查少年案件时，"务须就少年、保护人或关系人之现状、经历、素质、环境等，运用医学、心理学、教育学、社会学及其他专门知识，努力为之"。〔3〕

〔1〕张丽霞、李青、李梦竹："未成年人刑事案件诉讼程序专章实施评估研讨会综述"，载《青少年犯罪问题》2019 年第 2 期。

〔2〕域外未成年人"社会调查报告"名称不统一，美国采用量刑前报告，英国则是审前报告，为了保障论述集中，本书统一采用"社会调查报告"。

〔3〕转引自尹琳：《日本少年法研究》，中国人民公安大学出版社 2005 年版，第 133 页。

可以看出日本的未成年人社会调查贯穿整个未成年人司法程序，社会调查不是单纯的对涉罪未成年人的背景资料进行收集，还需要对少年进行以司法判断和处遇为前提的评估。对未成年人进行社会调查的最终目的，是围绕司法和福利的价值导向进行评估，向法官提供社会调查报告，帮助其公正地实施审判。

在英国，根据2003年《刑事司法法案》，对于未满18周岁的未成年人犯罪，少年法庭在判处监禁或者社区刑之前，需要获得一份由地方缓刑委员会或者地方青少年犯罪小组提供的社会调查报告以帮助少年法院对少年进行处置。英国未成年人社会调查报告的内容包括：犯罪行为分析、少年综合评估、家庭支持性评估、风险评估、最终结论和量刑建议，在特殊情况下，还可能包括心理评估等其他专业性评估意见。社会调查报告一般有固定的格式，包括前言（front sheet）、信息来源、犯罪行为分析、少年评估、家庭支持性评估、风险评估以及结论和裁判建议。前言部分是标准化的格式，包括（1）涉罪未成年人的基本人口学信息，比如，姓名、出生年月、犯罪时的年龄、家庭地址等；（2）审议中的罪行类别及日期；（3）法庭名称及小型会议室地址；（4）报告提供人的姓名、职务和地址；（5）报告声明，例如："本报告是2003年《刑事司法法案》第158条所界定的判刑前报告，是根据国家青年司法服务标准和相关指导编写的。"信息来源部分应该包括：（1）至少与涉罪未成年人访谈两次；（2）至少与涉罪未成年人父母及其监护人访谈一次；（3）皇家检控署提供的该案件相关信息资料；（4）Asset Plus和其他专家评估的资料，包括创伤和受剥削经历；（5）其他相关人士的报告，比如，少年所在学校；（6）受害者的陈述及其观点。犯罪行为分析重点强调与皇家检控署对犯罪行为分析的差异性，更关注加重或者减轻因素、犯罪行为背景因素、预谋和计划的程度、被他人教唆利用的程度、对受害者的态度、补救的愿望和行动等。少年综合评估是在社会调查的基础上进一步分析他们为什么犯罪，而不是提供一个完整的儿童成长史，这里需要对涉罪未成年人的个性化需求进行评估。家庭支持性评估是为之服务的干预计划，主要对父母的支持和影响力进行评估。风险评估主要包括三个部分：再犯可能性、伤害他人风险、安全健康风险。涉及评估部分需要借助专家评估或者评估工具支持，比如，Asset Plus。审前报告的最后一部分是根据之前的分析和评估，向少年法庭提出裁判建议，并制定与少年情况相匹配的干预计划供法庭选择。干预计划的目的是有效防止再犯，降低对他人以及社会的风险。如果法庭正在考虑判处监禁，审前报告应详细说明监禁对少年教育、就业、培训以及家庭、心理健康等的影响，尽量促成非监禁的裁判结果。综合以上情况可以看出，英国未成年人司法社会调查报告的规范程度比较高，具有固定的格式，内容包括调查和评估两大类，不仅仅是少年综合背景资料的收集，还应有针对性地进行评估，且评估的内容十分精细化，比如，家庭支持性评估、综合评估、风险评估、危险性评估等。其中风险评估是英国未成年人司法社会调查报告的一大特色，英国少年司法委员会专门研发了全国统一的风险评估工具 Asset Plus 对涉罪未成年人的再犯可能性进行评估。

在美国，未成年人的社会调查制度主要体现在量刑阶段，社会调查报告具有固定的格式，包括现行犯罪情况、被告人陈述、被害人陈述、被告人先前犯罪记录、被告人社会经历、被告人具有的量刑情节以及是否具备缓刑适用的可能性、缓刑官向法庭提出量刑建议[1]。近年来随着未成年人司法循证实践的

---

〔1〕 肖巍鹏：“比较研究视野下未成年人刑事案件社会调查制度的完善”，载《2018 第二届全国检察官阅读征文活动获奖文选》。

发展，风险评估在未成年人司法中的作用日益凸显。美国田纳西州青少年事务局在 2010 年出台的《安置前调查及其报告手册》强调要对未成年人人身危险性进行评估，在未成年人社会调查报告中除了未成年人人格、成长环境、家庭环境、心理状态等传统要素之外，还要求对未成年人自身、对他人以及对社区的风险进行评估。[1]美国大部分州的少年法庭开始使用风险评估来对涉罪未成年人的风险水平进行综合评估，帮助法庭作出有关监禁、监督或者对少年进行治疗的决定。风险评估主要是对未成年人犯罪严重程度、过去的犯罪历史、犯罪的年龄、心理状况、社区资料、药物滥用情况、先前的违法情况、家庭问题、同辈群体交往情况等危险因素进行评估，以确定少年的相对风险水平。[2]根据未成年人司法 GPS 项目的统计，截至目前，美国共有 38 个州在少年缓刑中使用了统一的风险评估工具[3]。总之，在美国，对涉罪未成年人进行社会调查本身依托于法庭量刑阶段，随着量刑改革的数据化驱动，风险评估在量刑中逐渐得到推广并成为缓刑官向法庭提供建议的重要依据。美国未成年人社会调查制度强调基于社会防卫目的的加强对涉罪未成年人的风险评估，以求在保护未成年人最佳利益和防卫社会之间达到平衡。

通过以上域外未成年人司法社会调查报告基本内容的考察，可以发现各国社会调查报告的内容都包含有基础背景资料，但是资料的收集不只是提供一个涉罪未成年人的成长史，而重点是在背景资料的基础上进行专业的评估，比如，心理评估、家

---

〔1〕 张鸿巍："浅析美国未成年人案件社会调查制度"，载《河北法学》2014 年第 5 期。

〔2〕 Donna B. Towberman, "A National Survey of Juvenile Risk Assessment", *Juv. & Fam. Ct. J.* 1992 (43), p. 61.

〔3〕 Juvenile justice services, http://www.jjgps.org/juvenile-justice-services，最后访问日期：2020 年 7 月 16 日。

庭支持评估等，其中风险评估是近年来欧美国家未成年人司法改革的重点，并从最初的临床主观评估发展到精算式的结构化评估。从社会调查报告的基本内容出发，各国都规定了相对固定的调查主体，比如，日本的家庭法庭调查官、英国的青少年犯罪小组、美国的缓刑官。在社会调查报告的适用方面，调查报告的提供者原则上都需要出席法庭的裁判过程，就调查报告的内容接受审查和质证。此外，社会调查报告最终的处置建议都包含相应的干预计划，其可以在矫正阶段发挥作用，从而具有较强的连续性。

（二）我国未成年人社会调查报告的基本内容

我国法律并未对未成年人社会调查报告的内容做统一规定，《刑事诉讼法》只是概括性要求办案机关在办理未成年人案件过程中，根据情况可以对未成年犯罪嫌疑人、被告人的成长经历、犯罪原因、监护教育等情况进行调查。2017 年最高人民检察院发布的《未成年人刑事检察工作指引（试行）》（以下简称《工作指引》），对社会调查内容进行进一步细化，包括个人基本情况、社会生活状况、涉嫌犯罪相关的情况及认为应该调查的其他内容。[1]并规定了社会调查报告的主要内容包括：调查

---

〔1〕《工作指引》第 36 条规定："社会调查主要包括以下内容：（一）个人基本情况，包括未成年人的年龄、性格特点、健康状况、成长经历（成长中的重大事件）、生活习惯、兴趣爱好、教育程度、学习成绩、一贯表现、不良行为史、经济来源等；（二）社会生活状况，包括未成年人的家庭基本情况（家庭成员、家庭教育情况和管理方式、未成年人在家庭中的地位和遭遇、家庭成员之间的感情和关系、监护人职业、家庭经济状况、家庭成员有无重大疾病或遗传病史等）、社区环境（所在社区治安状况、邻里关系、在社区的表现、交往对象及范围等）、社会交往情况（朋辈交往、在校或者就业表现、就业时间、职业类别、工资待遇、与老师、同学或者同事的关系等）；（三）与涉嫌犯罪相关的情况，包括犯罪目的、动机、手段、与被害人的关系等；犯罪后的表现，包括案发后、羁押或取保候审期间的表现、悔罪态度、赔偿被害人损失等；社会各方意见，包括被害方的态度、所在社区基层组织及辖区派出所的意见等，以及是否具备有效监护条件、社会帮教措施；（四）认为应当调查的其他内容。"

主体、方式及简要经过；调查内容；综合评价；意见建议四个部分。

由于我国各地经济发展水平不一，社会支持体系不健全，未成年人刑事司法社会调查的具体实践情况更是不容乐观。虽然各地都尝试制定具体的规范指导未成年人社会调查制度的落实，社会调查的启动阶段也不断前移，但是社会调查主体不统一且专业性不足使得社会调查报告内容水平参差不齐，有的由公检法自行调查，有的委托专业的社工，有的直接采用社区矫正的调查报告[1]，除此之外，还面临异地调查难的问题。这里本书选择《工作指引》中与社会调查相关的内容做文本分析。

虽然我国与域外国家未成年人社会调查的基本内容没有太大差异，基本涵盖了涉罪未成年人的个人、家庭、社区以及犯罪相关情况，但是关键的区别主要体现在对调查内容的评价或者评估上。我国《工作指引》也强调在社会调查报告中对调查内容进行综合评价，要求对未成年犯罪嫌疑人的身心健康、认知、解决问题能力、可信度、自主性、与他人相处能力以及社会危险性、再犯可能性等情况进行综合分析。但是《工作指引》针对内容的综合评价的规定导向性较差，其中涉及的心理评估或者人格评估、社会危险性评估、再犯可能性评估等概念不清，各个概念之间关系存在交叉。

1. 心理评估

“身心健康、认知、解决问题的能力、可信度、自主性、与他人相处能力”，从心理学角度来说反映的是未成年人的人格特征。心理学家认为“人格是思想、情绪和行为的独特模式。这些独特模式规定了个人的独特风格，并影响着他（她）与环境

[1] 张吉喜：“论刑事诉讼中的社会调查报告”，载《刑事法评论》2015年第1期。

的交互作用。”“人格是能加以测量的个体差异的所有相对持久的维度的总和。”[1]具体而言，心理学上的人格概念包括感觉、认知、情绪、价值等，是指在社会化过程中形成的内部稳定的结构和动力组织，是个体所有的反映方式与他人交往方式的总和。人格是可以加以测量的，关于人格的测量量表有卡特尔16人格因素测试表、埃里克森的人格问卷等。《工作指引》要求对具有人格特征的具体指标，比如性格特征等进行评价，并没有指明是对人格或心理的测评，在具体的司法实践中，心理学量表[2]已经被纳入社会调查工作之中，但是存在着对人格测评的滥用和扩大倾向，甚至以心理测评的结果预测再犯。国内有学者提出把心理测试运用于未成年人刑事诉讼中，借鉴相关心理测试结果进行定罪及矫治。[3]笔者认为这是对心理测评的一种误解，心理测评的结果可以在一定程度上揭示未成年人犯罪的原因，但是心理测评的重点是描述其人格特质，揭示人格结构和人格缺陷，比如，抑郁、自杀倾向、焦虑、狂躁等，这些人格特质并不直接等于再犯的可能性。再犯可能性的评估是一个更加复杂的过程，除了人格特征之外，还受到自然、社会、经济、文化等因素的影响。具体到未成年人的再犯可能性则更加复杂，鉴于未成年人身心的不成熟特点，人格特征没有完全形成，因此以涉罪未成年人的人格测评或者心理测试结果来预测其再犯可能性并不科学。

2. 社会危险性评估

在英国未成年人社会调查报告中也有专门的危险性评估，

[1] 转引自黄希庭：“再谈人格研究的中国化”，载《西南师范大学学报（人文社会科学版）》2004年第6期。

[2] 诸如明尼苏达多项个性调查表、卡特尔16种人格因素测试表等。

[3] 叶青、王刚：“论心理测试在未成年人刑事诉讼中的运用”，载《青少年犯罪问题》2003年第2期。

但是危险性的概念与我国语境下的“社会危险性”有很大的不同。根据英国2003年《刑事司法法案》，当法庭判处法案附表15〔1〕罗列的严重犯罪行为，可能判处监禁刑罚时，在裁判过程中需要考虑少年的危险性程度（dangerousness），也就是说只有在法庭明确要求的情况下，社会调查报告才会考虑危险性评估。关于危险性评估，少年司法委员会专门制定了相关指南，对危险性行为和实践进行界定，用以指导青少年犯罪小组的评估。〔2〕我国刑法学者认为社会危险性是指行为人有实施违法行为的可能性与盖然性，或者行为人有实施违法行为的“倾向”。〔3〕在刑事诉讼法中“社会危险性”的概念主要出现在逮捕条件和强制医疗程序中的社会危险性评价〔4〕。我国《刑事诉讼法》对逮捕的社会危险性采用列举的形式加以规定，具体包括再犯可能性，比如实施新的犯罪；妨碍诉讼可能性，比如，自杀或者逃跑；现实的危险；再如，“危害国家、公共安全”等。有学者认为“再犯可能性”是“社会危险性”的应有之义。〔5〕《工作指引》

〔1〕 Criminal Justice Act 2003, SCHEDULE 15.

〔2〕 Public Protection Sentences and "Dangerousness" Guidance for youth offending teams, https://webarchive.nationalarchives.gov.uk/20110205191310/, http://www.yjb.gov.uk/publications/Resources/Downloads/Public% 20Protection% 20Sentences% 20and% 20Dangerousness%20-%20Guidance%20for%20YOTs.pdf，最后访问日期：2020年7月16日。

〔3〕 张明楷编著：《外国刑法纲要》，清华大学出版社2003年版，第449页。

〔4〕 我国《刑事诉讼法》第81条规定了：“采取取保候审尚不足以防止发生下列社会危险性”的五种情形，应当予以逮捕：①可能实施新的犯罪的；②有危害国家安全、公共安全或者社会秩序的现实危险的；③可能毁灭、伪造证据，干扰证人作证或者串供的；④可能对被害人、举报人、控告人实施打击报复的；⑤企图自杀或者逃跑的。第302条规定：“实施暴力行为，危害公共安全或者严重危害公民人身安全，经法定程序鉴定依法不负刑事责任的精神病人，有继续危害社会可能的，可以予以强制医疗。”

〔5〕 倪润：“强制医疗程序中‘社会危险性’评价机制之细化”，载《法学》2012年第11期。

则将社会危险性和再犯可能性并列加以规定[1]，意在对两个概念加以区分，但二者究竟作何区分目前在我国并没有形成定论。对此笔者认为，结合我国刑事诉讼法的规定，《工作指引》中的“社会危险性”更加侧重逮捕的社会危险性，即在考虑对涉罪未成年人是否适用逮捕措施的时候应对其社会危险性进行综合分析。目前我国刑事司法实践中，对于逮捕社会危险性的评价还停留在临床评估阶段，主观性较强。近年来美国刑事司法改革的热点之一就是采用算法风险评估工具来计算审前羁押的风险。我国也有学者主张对审前羁押要素进行分析，采用量化的方法对审前羁押的社会危险性进行评估。具体到涉罪未成年人的社会危险性评估则更为复杂，不能直接沿用适用于成年人的审前羁押社会危险性评估因素和评估工具。因此，笔者认为在社会调查报告中对未成年人的社会危险性进行评估，应当首先对社会危险性的概念加以明确，其次通过实证研究找出影响社会危险性的因素，进而对未成年人的社会危险性进行评估。

3. 人身危险性评估

《工作指引》采用了“再犯可能性”而非“人身危险性”的概念，从而将人身危险性概念局限于再犯可能性层面。根据我国学者对人身危险性概念的认识，存在再犯可能性说、修正的再犯可能性说、初犯可能与再犯可能性说等各种观点，其中再犯可能性说是刑法学界的主流观点。人身危险性概念的本源是建立在刑事实证学派所主张的“应受惩罚的是行为人，而不是行为”这一理念之上，其本质是对犯罪人未来犯罪可能性或者说犯罪人危险性的评价。鉴于我国的人身危险性概念来源于

[1]《工作指引》第38条第2款规定：“社会调查报告的主要内容包括：……(三)综合评价，包括对未成年犯罪嫌疑人的身心健康、认知、解决问题能力、可信度、自主性、与他人相处能力以及社会危险性、再犯可能性等情况的综合分析；……”

苏联，且一直没有在现行法律体系中得到重视，所以分析其内涵需要从更广阔的域外刑事司法中寻找答案。根据世界著名刑法学者约翰·帕拉特（John Pratt）从刑事司法的角度对有关犯罪人的“危险性”的历史考察可知，犯罪人危险性的内涵，随着不同历史时期社会政治经济的变化而变化，从主体维度上表现为从财产刑犯罪人转向人身型犯罪人，从外部评价维度上表现为从个体安全转为公共安全，从话语上表现为从危险性向风险转换。〔1〕我国关于人身危险性概念一直囿于初犯和再犯可能性之争，没有在具体刑事司法环境中考察其具体内涵和判断标准。实际上，人身危险性概念的内涵包括两个方面：一是犯罪的可能性，即未来是否会发生犯罪；二是以公共安全为标准的未来犯罪的严重程度，即危险性的程度。只要求对再犯可能性进行评价而不对危险性可能发生的程度进行评估，这就无法为司法者在裁量过程中准确判断涉罪未成年人对社会公共安全的危险程度提供依据，从而影响社会调查报告的合理性和科学性。

从社会调查报告基本内容的分析可以看出我国未成年人社会调查报告中调查内容逐渐趋于全面，且鉴于我国未成年人刑事司法一直强调教育为主，惩罚为辅的基本方针，社会调查报告的保护色彩较强，但是对于社会危险性、人身危险性的评估却明显存在不足，不能很好地彰显犯罪预防和犯罪控制的司法价值导向。简言之，即重调查、轻评估、重教育、轻风险。在后现代风险社会，对于未成年人社会危险性、人身危险性的风险评估显得尤为重要。我们需要加强对风险评估的研究，提高社会调查报告的科学性。由于风险评估涉及交叉学科领域，我国在风险评估方面的研究还不够深入，目前的研究仅限于在罪

〔1〕 宋伟卫：《刑事一体化视野下的人身危险性研究》，法律出版社 2019 年版，第 9 页。

犯矫正领域对再犯可能性的评估，比如，上海监狱管理局研制的“违法犯罪可能性预测量表（修订版）”，对所有假释、监外执行（保外就医）、离监探亲、周末放假、周末监禁和试工试读的罪犯进行人身危险性的预测。〔1〕2017 年上海市高级人民法院研发的“上海刑事案件智能办案辅助系统”则包括了社会危险性评估模块。风险评估的研发在我国才刚刚起步，没有进一步向整个刑事诉讼阶段扩展，也没有专门针对涉罪未成年人的风险评估。比较而言，风险评估在欧美国家发展较快且相对成熟，笔者将在下一节重点考察域外未成年人刑事司法中的风险评估机制。

第二节　未成年人刑事司法中的风险评估

风险评估是后现代社会犯罪控制和预防的重要议题，在美国随着循证实践的发展，风险评估对刑事司法体系产生了深远的影响。监狱人口的激增和公共资源的短缺，使得以惩罚为核心的刑罚体系开始动摇，以循证为导向的风险控制模式开始进入政策制定者和实践者的视野。以循证为导向的风险评估模型利用经验科学中现有最佳数据，根据犯罪嫌疑人未来再次犯罪的潜在风险，对其进行识别和分类，然后据此管理犯罪。美国学者认为对犯罪风险因素进行预测和管理，在有限的公共资源前提下，平衡公共利益和个人利益的最佳选择。〔2〕风险评估的重点在于预测再犯的风险，据此，最先进行风险评估改革的是量刑领域，包含个人家庭背景、教育、就业、犯罪历史等可能

---

〔1〕陈伟：“认真对待人身危险性评估”，载《比较法研究》2014 年第 5 期。

〔2〕Melissa Hamilton, “Risk-Needs Assessmnt: Constitutional and Ethical Challenges”, *American Crininal Law Review*, 2015 (53), p. 231.

影响再犯的风险需求数据为法官量刑提供了参考依据。虽然最初被应用于缓刑和假释领域，事实上风险评估对刑事司法各个阶段都产生了重要的影响，包括审前分流、审前羁押、法庭裁判以及审后的矫正和安置等，尤其是未成年人司法领域，比如，近年来随着美国未成年人司法循证实践改革，风险评估在少年司法的分流、羁押、裁判、处置等程序中发挥重要作用。本节将从发展背景、基本概念、核心要素、工具演进及分类、价值和局限等方面解析未成年人风险评估，以期对我国调查评估机制的重建有所裨益。

一、未成年人风险评估的发展背景

未成年人风险评估的缘起背后有着深刻的历史背景和理论支持。犯罪学理论中的新刑罚学观点基于风险管理，提出了新的精算风险管理理论，主张对危险进行评估和管理，刑罚的重点是减少再犯。近年来随着神经科学、心理学等学科的发展，对于未成年人的特殊性有了更深的认识，美国联邦最高法院的判例更是重新确定了未成年人司法的独立地位，加之循证实践思潮的影响，风险评估对未成年人司法领域产生了巨大的影响。

（一）新刑罚学为刑事司法风险评估提供了理论支持

主张对风险进行评估和管理的新刑罚学为刑事司法风险评估提供了理论支持。新刑罚学的观点由美国学者菲利（Feely）于 1992 年提出，其强调对危险群体进行风险识别、分类和管理，从而以对危险性和安全管理的预测取代了传统的危险性的定义，改变了以个人为中心的刑事诉讼理论和刑事制裁范式。新的风险评估技术对刑事司法影响巨大，通过概率、风险取代了早期的临床诊断，量刑不再取决于犯罪性质或者犯罪人格评估，而是取决于风险评估，目标是识别高风险的犯罪并保持对他们的长期控制，同时对低风险水平的罪犯进行短期投资，减少干预。[1]最先在量刑、假释、审前羁押等领域产生了重大影响，比如，美国预防性拘留的出现，其目的是管理风险而不是惩罚犯罪人。近年来神经科学、心理学发展的最新成果，证实了少年心理发展的特殊性，联邦法院取消了对未成年人的死刑和无假释可能的监禁，重申了少年的独立性，将未成年人司法的恢复康复理念重新作为未成年人司法体系的核心目标，这些也为风险评估在未成年人司法领域的发展铺平了道路。在康复理念的指导下，对涉罪未成年人的风险进行评估，可以帮助针对相应的风险水平作出治疗和干预的方案。对涉罪未成年人提供的矫治方案取决于他们的风险水平，将少年的风险水平分为高、中、低三个等级，对中、高风险少年进行有针对性的强化治疗，对低风险少年则尽量不采取干预措施。实证研究发现，即使没有接受任何干预，处于低风险的年轻人再次犯罪的可能性也很低。自20世纪90年代起，美国的少年法庭开始使用风险评估来衡量违法者构成的相对风险水平，进而影响未成年人司法的一些系列决策。风险评估可在未成年人司法程序的若干阶段进行：①分流和转处；②审前羁押，确定再犯风险；③处分或者量刑；④缓刑；⑤重返社会。风险管理包括旨在遏制犯罪行为的干预措施，它可以发生在这五个阶段中的任何一个阶段[2]。由于不同阶段影响决策的风险因素各不相同，比如，审前羁押和量刑影响因素就不同，风险评估工具的设计和使用程序也有所不同。

---

〔1〕 See David Garland, "The Limits of the Sovereign State-Strategies of Crime Control in ComtemporarySociety", *British Journal of Criminology*, Autumn 1993 (36), pp. 445~471.

〔2〕 Christopher Slobogin, "Risk Assessment and Risk Management in Juvenile Justice", *Criminal Justice*, 2013 (27), p. 11.

（二）未成年人司法循证实践改革与风险评估高度兼容

循证实践最先起源于医学领域，是指临床医生利用目前能获得的最佳证据，结合个人专业技能和临床经验，制定出符合患者价值和愿望的治疗方案。循证实践强调最佳研究证据，通常需要使用被证明有效的方法。近年来循证实践对刑事司法产生了重要的影响，基于循证实践的刑事司法改革，通过使用大数据、科学、新技术和打击犯罪的智能政策，降低监禁率和犯罪率。美国学者认为风险评估是刑事司法改革的趋势，只是一种保守的说法，相反我们已经处在一个风险评估的时代。〔1〕风险评估也是未成年人司法循证实践的核心要求，通过对涉罪未成年人风险水平的评估，根据未成年人与成年人的发展差异、个人优势及需求，促进未成年人的发展和公共安全的风险评估新方法与未成年人司法循证实践的要求高度兼容。首先，循证实践的核心在于寻找最佳证据来推进实践，风险评估研究和技术的发展使得基于风险因素的证据不断精确，使得风险评估可以为未成年人司法不同阶段的决策点提供参考和依据。正如医生通过诊断评估病人情况，选择合适的治疗方案，风险评估对于未成年人司法决策也起到了同样的作用。其次，循证实践要求研究和实践之间形成良性互动，研究和数据驱动的未成年人司法风险评估改革正是该特点的体现。近年来，美国麦克阿瑟基金会的青少年发展、未成年人司法研究网络，安娜基金会的审前羁押替代倡议等主导的研究进一步推进了未成年人司法循证实践的发展，这些研究机构致力于整合最新研究成果和实践经验，将风险评估工具在全国范围内推广。最后，未成年人司法循证实践有效改变了近年来美国少年监狱人满为患的现实困

---

〔1〕 Megan Stevenson, "Assessing Risk Assessment in Action", *Minn. L. Rev.*, 2018 (103), p. 304.

境，对于再犯的风险评估可以帮助实现未成年人司法改革的预期目标，尽量促成未成年人的非监禁处遇，并通过有效的干预，最大限度实现未成年人的最佳利益。

二、未成年人风险评估的相关概念

鉴于未成年人的特殊性，未成年人的生理、心理等状况随着时间的推进一直处于变化之中，故而未成年人的风险评估和成年人的风险评估还存在一些差异，主要表现在其具体的影响因素上。我国在引入风险评估概念过程中，需要在未成年人刑事司法的语境下对未成年人风险评估的相关概念及核心要素进行分析。

（一）未成年人风险评估的界定

什么是“风险”？“风险”在现代社会无处不在，但都是指没有发生的可能产生不良影响的可能性。德国社会学学者贝克认为后现代社会的风险是指特定技术或其他进程造成的物理伤害，风险社会的主导问题是如何避免、减少、引导随着现代性逐步出现的风险、危险。〔1〕但是风险社会中的“风险”与刑事司法领域的“风险”有很大的不同，在刑事司法领域，“风险”重在潜在的、继续实施不法或者犯罪行为的可能性，对此刑事司法学者往往使用“危险”的概念。〔2〕在未成年人司法领域，对于“风险”概念也有不同的理解。有学者认为，在少年法庭的决策中，风险的考虑包括两层含义：首先是如果负面行为发生，造成的伤害有多大；其次是如果不采取干预措施，消极行为发生的可能性，并进一步提出其中后者是重点，即风险是指

〔1〕［英］戈登·休斯：《解读犯罪预防——社会控制、风险与后现代》，刘晓梅、刘志松译，中国人民公安大学出版社2009年版，第191页。

〔2〕Christopher Slobogin, “Risk Assessment and Risk Management in Juvenile Justice”, *Criminal Justice*, 2013 (27), p. 10.

继续犯罪或者再犯的可能性。澳大利亚学者则认为风险的概念包括两种情况：其一风险是指少年从事犯罪行为的总体可能性，也即犯罪风险或再犯风险；其二是与违法或者犯罪相关的特定的条件和情况。[1]两者对风险进行界定的出发点和考虑不同，但是共同点是都明确在未成年人司法领域关注的“风险”重点是未来继续犯罪或者再犯的可能性。而“评估”则是一个动态的过程，需要收集风险信息进行决策。在少年法庭的决策过程中，风险评估重在根据少年未来继续犯罪或者再犯的风险，并制定相应的干预措施来管理或降低这种风险。美国学者认为在未成年人犯罪语境中，风险评估是指对未来是否可能参与犯罪的风险因素和保护因素的识别。风险评估的过程就是需求评估和风险管理的过程，通过评估选择最佳的方案缩减风险因素并促进保护因素。[2]此外，国内学者在翻译借鉴过程中往往将风险评估称为风险/需求评估，强调了风险评估和需求评估两个概念。笔者认为，事实上在未成年人司法领域的风险评估已经包含了需求的评估，其本质是对风险的管理，即根据再犯评估制定相应的干预计划管理和降低风险。总的来说，风险评估包括两层含义：首先，对未成年人犯罪可能性和再犯可能性进行评估；其次，根据风险评估的结果制定相应的干预方案，减少或者降低风险，简言之，即未成年人风险评估包括风险评估和风险的管理。

（二）未成年人风险评估的核心要素

未成年人风险评估概念的界定，明确了风险评估的核心即

---

〔1〕 Anthony P. Thompson, Aldis L. Putnins, "Risk-Need Assessment Inventories for Juvenile Offenders in Australia", *Psychiatry Psychol. & L.*, 2003 (10), p. 324.

〔2〕 Christopher Slobogin, "Risk Assessment and Risk Management in Juvenile Justice", *Criminal Justice*, 2013 (27), p. 10.

是对再犯进行评估。再犯风险因素主要是由心理学和犯罪学实证研究不断推进的。研究表明，八类核心风险需求因素与再犯最具相关性，其中重要的四个因素包括反社会态度、反社会关系、反社会人格和犯罪史；其次四个因素包括滥用药物，家庭特征，教育和就业，缺乏亲社会行为、休闲和娱乐。[1]鉴于未成年人的特殊性，未成年人的一些风险因素一直处于变化之中，对未成年人的风险进行评估也更加复杂。随着未成年人风险评估工具的发展，又可将未成年人风险因素具体分为三类：风险因素、保护性因素和响应性因素。

1. 风险因素

风险因素是指增加暴力和犯罪有关的因素，其与未成年人的行为、思想、性格和生活环境有关。20 世纪 90 年代以来，心理学和犯罪学对未成年人暴力犯罪的长期研究使得预测犯罪的风险因素日臻成熟。风险因素具体可以分为静态风险因素和动态风险因素。静态风险因素是指不能通过干预进行改变的因素，比如，第一次犯罪时的年龄、早期开始的暴力行为等，这些因素都是静态的，不会随着时间的推移而发生变化。动态风险因素是会随着时间推移而变化的因素，比如，缺乏社会关系、不良家庭教养、反社会态度、注意力问题、学校不端行为等。这些因素一方面可以预测再次犯罪，另一方面，也有助于帮助制定有针对性的干预计划。[2]动态因素也被称为犯因性需求因素，犯因性需求因素可以揭示未成年人犯罪的原因，帮助制定相应的干预计划。不同涉罪未成年人的犯因性需求可能不同，比如

---

〔1〕 Melissa Hamilton, "Risk-Needs Assessmnt: Constitutional and Ethical Challenges", *AmericanCrininal Law Review*, 2015 (53), p. 235.

〔2〕 Eva Mulder; Eddy Brand; Ruud Bullens; Hjalmar Van Marle, "A classification of risk factors in serious juvenile offenders and the relation between patterns of risk factors and recidivism", *Crim. Behav. & Mental Health*, 2010 (20), p. 24.

吸毒和药物滥用。除此之外，还有非犯因性因素，比如低自尊、抑郁症等，这些因素对再犯没有明显的影响，但是对于治疗和干预有着重要的影响。非犯罪性需求因素一般不应包括在风险评估的考量因素之中，但是对于最终的干预方案却至关重要，需要专业人员结合专业自由裁量权进行权衡，关于非犯罪性因素的评估将在后文结合风险评估工具展开讨论。

2. 保护因素

保护因素是保护未成年人免受各种风险因素的影响，从而防止他们发展或者继续越轨行为的因素。保护性因素是与风险因素相互作用的变量，可以帮助降低风险因素潜在的有害影响。保护性因素的存在也解释了为什么同样处于危险因素环境，但是有一些少年没有继续犯罪。比如，生活在抢劫多发的社区环境是一个风险因素，但是由于身边有高度支持的父母的存在，可以抵消环境的负面影响，减少未成年人再犯的风险。保护性因素可以增加风险评估的增值，对于未成年人风险评估至关重要。研究表明，亲社会参与、强烈的社会支持、强烈的依恋和纽带、积极的干预态度和权威、强烈的对学校的承诺、适应性人格特质等保护性因素对于再犯预测具有显著的效果。〔1〕需要注意的是保护性因素并不是危险因素的对立面，例如，在学校里表现差是一个风险因素，但在学校表现好并不能自动成为一个保护因素。研究发现，未成年人的保护性因素越多，现有的危险因素就越不可能影响他/她的行为，因此他/她再次犯罪的可能性就越小。〔2〕

〔1〕 Charlotte E. Rennie; Mairead C. Dolan, "The significance of protective factors in the assessment of risk", *Crim. Behav. & Mental Health*, 2010 (20), p. 13.

〔2〕 Risk Assessment in Juvenile Justice: A Guidebook for Implementation, http://www.njjn.org/uploads/digital-library/Risk_ Assessment_ in_ Juvenile_ Justice_ A_ Guidebook_ for_ Implementation.pdf，最后访问日期：2020 年 7 月 16 日。

3. 响应性因素

响应性因素是近年来随着风险评估工具的发展，出现的一些附加影响因素。响应性因素往往是非犯罪因素，一般不会出现在风险评估工具的风险评分序列。但是在具体的干预计划中，响应性的因素对于最终的干预计划很重要。在结构化的风险评估工具中，需要工具使用人员结合专业技能和经验，结合响应性因素调整或者覆盖风险评估的结果。响应性因素是指未成年人及其所处环境的个人特征，可增加或减少未成年人从特定干预措施中改进的能力和动机，包括认知功能、焦虑水平、治疗动机等。以美国未成年人司法循证实践的循证项目认知行为疗法为例，该项目经常涉及需要阅读技能的活动，一个文盲或阅读能力较低的未成年人将不会从这类服务中受益，除非他在整个治疗过程中得到阅读援助。

（三）未成年人风险评估的工具

随着科学研究和技术的发展，风险评估在技术层面也在不断改进，从最初的临床评估发展到目前的最新的结构化风险评估工具。具体而言，就是风险评估研究的推进，比如，近年来保护性因素和响应性因素与再犯可能性关系的实证研究推进了风险评估工具的发展。

1. 风险评估工具的演化

风险评估工具随着时代的发展不断改进，目前经历了四代研发更迭，形成了将风险需求与响应原则相结合的结构化评估。第一代风险评估是临床医生或者缓刑官基于其临床经验和专业知识，通过非结构化或者半结构化访谈，以提取相关再犯风险因素，对犯罪人再犯风险进行分析判断。第一代风险评估没有明确或者客观的评分规则，主要依赖于临床经验和专业判断，评估结果的有效性容易受到主观因素的影响。第二代风险评估是基于经验的评分工具，关注的重点是风险因素，或者说是静态因素，目的是进行简短有效的评分。典型的风险评估工具包括暴力风险评估指南［Violence Risk Appraisal Guide、静态 99（Static-99）］联邦审前风险评估工具（Federal Pre-Trial Risk Assessment tool）。主要是利用统计学，对诸如犯罪史等静态风险因素进行再犯的相关性分析，进而转化为数值进行计算评分。第二代风险评估工具具有明确客观的评分规则，往往依赖于精算化量表，但是涉及的风险因素仅限于静态风险因素。第三代风险评估工具的显著特点是将精算评估与专业判断相结合，将静态因素和动态因素相结合。静态因素通常是历史的、不可改变的，动态因素则包括犯罪需要，有利于帮助未成年人实现康复目标。比如，HCR-20 是一个结构化专业化的暴力风险评估工具，该工具包括 10 个历史静态因素和 10 个可变的动态风险因素。第四代的风险评估工具采纳了对个案进行全过程管理的长期视角，并纳入责任性原则，责任性原则要求根据每个犯罪人的特点、情况和学习方式量身定制不同的案件管理计划。第四代风险评估工具通常是自动化的软件应用程序，使用算法评分。例如，美国联邦缓刑系统研发的定罪后风险评估（Post Conviction Risk Assessment）、商业公司研发的惩教犯替代制裁管理方案（The Correctional Offender Management Profiling For Alternative Sanctions 简称 COMPAS），其中 COMPAS 是最著名的第四代风险评估工具。[1]

2. 未成年人风险评估工具的分类

由于非结构性临床评估科学性不足，目前的未成年人风险评估工具主要分为两类：一类是精算风险评估工具，是指第二

〔1〕 Melissa Hamilton，"Risk-Needs Assessmnt：Constitutional and Ethical Challenges"，*American Crininal Law Review*，2015（53），pp. 236~239.

代和第三代风险评估工具；另一类是结构化风险评估工具。

精算风险评估工具主要利用精算方法对于各个风险因素得分进行加权和求和，然后使用一个公式来计算风险级别，通常使用表示高风险与中风险或低风险的总分的数值表示。在这种方法中，对于风险级别，没有给评分者自由裁量的空间。有些精算风险评估工具只包括静态因素，例如，弗吉尼亚州未成年人审前羁押风险评估工具，采用精算方法要求评估人员考虑当前最严重的指控、额外的当前指控、先前的有罪判决、未决申诉、监管状况、未能出庭的历史和逃跑的历史。有些精算风险评估包含动态需求因素，比如，青年服务水平/病例管理量表（YLS/CMI），该精算工具包含动态风险因素，比如，同伴关系、药物滥用、休闲/娱乐、人格/行为等〔1〕。

结构化风险评估工具也被称为调整后的精算风险评估，它的本质是首先使用精算风险评估工具建立一个基本风险概率，然后通过考虑其他变量来调整概率估计。〔2〕在结构化风险评估过程中，评估者需要考虑特定情况下的特殊风险因素，比如，前文提到的非犯罪因素对未成年人的风险水平评估作出调整和覆盖。结构化风险评估工具的显著特点是重视评估者的自由裁量权，在精算风险评估工具中纳入个案管理的长期视角，根据未成年人犯罪个人特点调整相应的风险评估和管理方案。结构化风险评估的出现，弥补了基于群体数据规范设计的精算式风险评估的缺陷，纳入了个体因素，有利于根据少年特点进行灵活的个人干预和管理。比如，英国少年司法委员会研发的 ASSETPLUS，

〔1〕 Anthony P. Thompson; Aldis L. Putnins, "Risk-Need Assessment Inventories for Juvenile Offenders in Australia", *Psychiatry Psychol. & L.*, 2003 (10), p. 324.

〔2〕 Christopher Slobogin, "Risk Assessment and Risk Management in Juvenile Justice", *Criminal Justice*, 2013 (27), p. 12.

在精算风险评估的基础上纳入个人评估和管理。

三、未成年人风险评估的价值评判

（一）未成年人风险评估的价值

首先，风险评估的科学性。通过风险评估来判断未成年人再犯风险水平高低，具有一定的科学基础。风险评估是通过心理学、犯罪学等对未成年人犯罪原因进行理论研究结果的精炼，并经过实证研究的验证。风险评估通过对风险因素的分析，从而得出风险水平差异的结论，将少年犯罪纳入了一个更具包容性和普遍性的病因系统，可以针对不同少年的风险差异水平，采取不同的干预计划。其次，风险评估的准确性。随着风险评估工具的发展，精算式风险评估工具的出现，相比以往的临床主观评估准确性更高。有研究表明，在预测审前羁押风险方面，风险评估工具被证明比法官预测更准确。[1]与此同时，风险评估还提供了一种重要数据收集的标准化方法，可以避免评估人员主观因素对评估的影响。最后，风险评估的指导性。风险评估可以指导干预计划，指出哪些方面可能是干预的最佳目标，以减少青少年再次犯罪的可能性。换句话说，一些风险评估有助于回答这样一个问题："青少年生活中的哪些因素或特征可能会驱使他们犯罪，并可能导致更多的犯罪?"重要的是，为了使风险评估工具有助于干预规划，它必须包含动态风险因素，即犯因性需求因素。

（二）未成年人风险评估的局限

对涉罪未成年人的风险评估并不是万能的，风险评估的结果也并不直接对应司法决策。风险评估不管从内容还是决策角

---

〔1〕 Megan Stevenson, "Assessing Risk Assessment in Action", *Minn. L. Rev.*, 2018 (103), p. 306.

度都有一定的局限性。从内容角度来看，风险评估不能替代心理健康评估等专业性评估，比如，性侵等特殊犯罪行为的评估需要专门的心理和性侵风险的评估。从决策角度来看，风险评估只是给法官决策提供额外的资料，但不能替代法官决策。此外，近年来快速发展的算法风险评估在美国也引起了学者有关其违反宪法关于种族平等以及正当程序条款的质疑。联邦最高法院对于米卢斯案的判决意见也体现出美国最高司法机关对于算法风险评估工具的谨慎态度。英国学者对于未成年人司法采用精算方法计算风险也有类似的质疑，比如，鉴于未成年人的身心特殊性和生活多样复杂性，是否有可能将未成年人的生活简化到可以计算的几种风险因素，比例计算方法中每个因素的比重是否带有性别、年龄和文化背景的偏见等。

通过以上对域外未成年人刑事司法风险评估的考察，就社会调查与风险评估的关系，可以得出以下结论：社会调查不等于风险评估，风险评估是社会调查报告的一部分。社会调查与风险评估相互影响：一方面社会调查为风险评估提供了具体背景材料；另一方面，随着风险评估研究的发展，其也指导着具体的社会调查方式和内容。比如，不同的调查问话方式会影响评估的结果，为保证评估结果的准确性，调查人员应当经过培训，并使用规范的调查方法进行社会调查。随着风险评估工具的发展，评估核心因素包括风险因素、需求因素和响应性因素在内的内容不断完善，与风险评估结果相比目前社会调查报告中的主观临床判断科学性更强，可以提高社会调查报告的专业性。此外，风险评估可以更好地帮助实现未成年人刑事司法社会调查的核心价值。因为风险评估不仅只是评估，还包括风险的管理，即根据风险水平和相应的风险需求因素，制定相应的干预计划，从而更好地实现司法和福利双重价值。

第三节　我国未成年人刑事司法社会调查评估机制之重构

在大数据算法时代，我国未成年人刑事司法社会调查制度应该与时俱进，跳出最初引入时的基本框架，吸收最新风险评估研究成果，在明确社会调查核心功能和核心内容的基础上，健全社会支持体系，规范社会调查程序，纳入专业有效的评估，重构我国未成年人刑事司法社会调查评估机制。

一、明确社会调查报告的核心功能

在福利和司法双重价值导向下，未成年人社会调查报告应该贯穿整个未成年人刑事司法程序，主要作用在于三个方面：首先，对未成年人个人情况进行调查是对未成年人进行分流转处的前提。近年来，受到标签理论影响，各国未成年人司法都开始关注未成年人审前的分流转处，尽可能将轻微犯罪的未成年人转移出正式的刑事司法系统，避免标签化给未成年人带来的不利影响。在刑事程序的最前端，将涉罪未成年人尽量的分流出正式的刑事程序，也是贯彻未成年人司法福利理念，教育挽救未成年人的有效路径。对未成年人进行社会调查，有助于了解未成年人的个人情况，有利于实现未成年人犯罪的分流和转处。其次，社会调查报告是对未成年人进行个别化处遇的基础，促进非监禁的处置。这主要体现在刑事程序过程中的个别化裁量。我国未成年人刑事程序中，公安机关、检察机关、人民法院在办理未成年人刑事案件中都可以对未成年人进行社会调查，帮助其作出符合未成年人特点的处置决定。比如，检察机关可以根据社会调查报告，结合未成年人的情况特点，作出附条件不起诉的处理。人民法院可以根据未成年人社会调查报告的建议，作出缓刑或者矫正的处置[1]。最后，社会调查报告的功能还体现在提供对未成年人进行教育、挽救的依据，帮助其重返社会。我国未成年人刑事司法贯彻以教育、感化、挽救为基本方针，对未成年人个人情况进行社会调查，是对未成年人进行针对性教育的基础，也是确定挽救未成年人具体方案的前提，可以帮助涉罪的未成年人顺利回归社会。

二、明确社会调查报告的核心内容

社会调查报告的核心内容主要分为两大部分：一是代表事实情况的调查部分；二是具有价值判断的评估部分。调查是评估的基础，评估是社会调查报告内容的核心。但是我国目前的社会调查报告往往更侧重调查部分，评估部分则比较混乱，有些用心理学评估量表指征再犯评估，有些则根本不会涉及评估，导致社会调查报告的可参考性较低。笔者认为，我国可以参照英国社会调查报告制度，将主要核心内容进行固定和格式化。将《工作指引》中社会调查报告的综合评价和量刑建议部分再进行细化，具体分为心理测评、社会危险性评估和人身危险性评估以及其他有需要的专业评估。利用心理学人格评估量表对未成年人进行心理测评，可以了解未成年人犯罪嫌疑人的人格特征以及人格缺陷，在一定程度上揭示犯罪的原因，但是需要注意不能只通过心理测评的结果来评价预测犯罪的可能性和再犯的可能性。犯罪可能性和再犯可能性是一个更复杂的评估过程，涉及各种因素的影响。域外未成年人刑事司法采用了风险评估（risk assessment）的概念，其核心内涵也即犯罪可能性和

---

[1] 李忠林等："社会调查报告收集和审查机制的实证研究——以桂林市两级法院未成年人刑事案件为研究对象"，载《中国应用法学》2017 年第 6 期。

再犯可能性[1]的评估，且纳入了风险管理的概念，即干预帮教条件和计划。我国可以借鉴域外风险评估的基本理念和方法，将社会危险性评估和再犯可能性评估纳入风险评估范围，建立我国的风险评估机制。总的来说，社会调查报告的核心内容不能仅仅只是资料的罗列和粗糙的主观临床判断，而应该具体化为对人格、社会危险性、犯罪可能性、再犯可能性、帮教可能性的评估。

三、健全社会支持，规范调查程序

（一）明确社会调查主体的资质和条件

从前文社会调查报告核心价值和核心内容的考察出发，笔者认为为了更好地实现未成年人社会调查的价值，社会调查应该由独立于公检法机关的第三方来完成，因为社会调查的内容决定了需要由具备社会学、心理学、教育学等综合背景的专业人员来完成。我国目前鼓励通过政府购买的方式，由被委托的第三方来承担社会调查工作，但是由于各地经济发展水平不一，承担社会调查工作的第三方组织的专业背景、能力等差异较大，且没有一个统一的管理审查机构对这些被委托的社会调查主体的资质进行监督和管理，导致在具体的实践过程中社会调查的主体呈现多样化。笔者认为，在目前政府购买服务的框架下，关键是设定社会调查主体的资质和条件，或者是从政策和资金角度培育第三方专业力量。第三方专业力量不能仅仅理解为社会工作者，而是独立于公检法之外的具备专业知识的第三方。纵观域外，虽然英国的青少年犯罪小组、美国的缓刑官等的雏

---

〔1〕 域外风险评估的风险在不同的刑事程序中具体指征也不同，比如审前羁押阶段的风险主要是逃避法庭、妨碍诉讼程序进行或者再次犯罪的风险等，量刑阶段的风险则主要是再犯风险，且再犯与中国语境下的“再犯”含义不同。

形都是由社会工作者组成，但是英美两国通过进一步改革，明确了青少年犯罪小组的构成和缓刑官的资质和条件，确保了青少年犯罪小组和缓刑官参与诉讼过程的正当性。我国也可以考虑未来由各地组建的未成年人司法服务中心对未成年人刑事司法调查主体进行监督和管理，建立社会调查主体的审查机制，对社会调查主体进行培训。

（二）规范社会调查的程序，制定国家标准

社会调查应该尽早启动，实行调查前置主义。调查启动的越早，越有可能尽早推动对未成年人的干预。在调查方式上需要注意保护未成年人的隐私权，避免给未成年人造成不良影响。我国应在构建风险评估机制的基础上，研究最能确保风险评估准确性的社会调查方法，并制定相应的风险因素调查规范。社会调查人员应当严格遵守这些规范进行调查，以确保调查的客观性、全面性和评估结果的准确性。

（三）明确社会调查报告审查机制

在明确了社会调查的主体、内容之后，对社会调查报告的审查工作则具备了科学性基础。至于社会调查报告在诉讼中的审查方法，则应视其内容来决定：关于事实情况的调查部分，可以作为品格证据来使用，允许控辩双方针对其可采性和真实性进行质证和辩论；关于风险评估的内容则可视为专家证言，允许控辩双方针对评估主体资格、风险因素、评估方法、评估结果等内容对专家证人进行质证。无论哪种情况，社会调查人员均应出庭接受控辩审三方的审查和质询。

四、推进研究、数据驱动的改革，建立风险评估机制

我国目前的未成年人社会调查制度中缺失相应的风险评估机制。原因有两点：一是上文分析的社会调查报告核心价值和

内容不明确，重调查、轻评估；重教育、轻风险；二是跨学科联动机制的缺乏，风险评估的研究需要心理学、法学等领域的专家和学者进行合作。笔者认为，在我国建立未成年人刑事司法社会调查风险评估机制，需要研究者和实务工作者认识到风险评估的重要性，纳入研究机构推动风险评估工具的研发。正如“直觉的判断被迫让位于精准的数据分析”〔1〕，在大数据时代，调查方式和调查获取的资料越来越信息化。我们需要有意识加强对未成年人犯罪相关数据的统计和研究工作。首先，发挥政府的主导作用，政府可以通过自上而下的方式推动风险评估的研发和应用。其次，加强与大学等科研机构合作。依托合作关系，建立数据驱动的未成年人司法信息系统。利用研究机构的数据整合和分析能力，研发本土的风险评估工具。最后，注重多部门跨领域合作，风险评估机制的建立需要公安、检察、法院、司法行政部门、社区矫正、社会福利部门等的多方参与。这些利益相关者的积极参与可以为评估工具的研发提供有效的建议，对未成年人风险评估工具的细节进行修正，以使其更加符合实践的要求。总之，我国未成年人刑事司法应该吸纳循证实践的理念，推动研究驱动、数据驱动的循证实践改革。

〔1〕［英］维克托·迈尔-舍恩伯格、肯尼思·库克耶：《大数据时代——生活、工作与思维的大变革》，周涛等译，浙江人民出版社 2013 年版，第 12 页。

第二章

未成年人刑事司法中的帮助扶持机制

未成年人刑事司法的社会支持机制不仅要实现保障未成年人特殊诉讼权利意义上的法律价值，更重要的是要在合作主义的引导下最大限度地促进未成年人的身心健康发展，这也可以看作是社会支持机制的一种社会价值。而这两种价值的实现则可以从三个不同的维度进行理解：一是从权利的法律属性上看，既要保障未成年人在刑事诉讼过程中的一系列程序性权利，也要保障其诉讼程序之外的具有诸多民事属性的生存和发展的权利；二是从未成年人的必要需求角度看，既要满足符合其成长发育特点的基本生活需要，也要满足其因犯罪而产生的心理帮助的需要；三是从未成年人主体的角度看，既要帮助涉罪未成年人尽早悔过自新、回归社会，也要帮助未成年被害人尽早走出所受犯罪伤害的阴霾。所以，笔者认为，应当在全面、客观地掌握涉案未成年人的犯罪和个人信息的基础上，构建起合作主义引导下的帮助扶持机制，为未成年人提供刑事诉讼权利与民事生活权益、物质需求与心理需求的全方位帮助，同时兼顾对未成年被害人的全方位保护。具体而言，帮助扶持机制的构建可以从陪伴机制、心理帮助机制、被害人帮助机制三个方面展开。

第一节　涉罪未成年人陪伴机制

未成年人司法的一个重要立足点在于未成年人所具有的"不成熟"的心理和生理特点。也正是由于这种"不成熟"，使得绝大多数涉罪未成年人在面对公安司法机关的侦查、调查、询问抑或是讯问的时候表现得无所适从、紧张彷徨，进而在一定程度上影响着供述的稳定性以及供述内容的客观性、完整性。同时，涉罪未成年人往往缺乏独立生活的经济能力和自律能力，这便需要从社会生活和家庭生活上为他们提供相应的帮助，而对于家庭不完整、没有监护人或者父母不适合继续履行监护职责的情况，则需要从国家亲权的基本理念出发保障涉罪未成年人的基本生活、学习需要。总体而言，基于未成年人及其犯罪的特殊性，需要在未成年人司法的全过程给予未成年人足够的陪伴、关注，保障未成年人的合法权益。这里的陪伴机制主要由合适成年人制度和临时监护人制度组成。

一、合适成年人制度

"合适成年人"（Appropriate Adult）一词最早规定在英国1984年的《警察与刑事证据法》，即"除紧急情况外，警察在讯问未成年人时必须有合适成年人在场，否则该讯问即为违法"。[1] 根据英国法律的最初规定来理解，所谓的合适成年人并不是指具体的自然人，而是为了保障未成年人在接受警察讯问或者询问时的合法权益而特别设定的一项必须有成年人在场的程序规则。所以，合适成年人制度在传播和发展的过程中又

---

〔1〕 See "Code C（Revised Code of Practice for the detention, treatment and questioning of persons by Police office）", *Police and Criminal Evidence Act* 1984.

被称之为“合适成年人参与询问制度”[1]“适当成年人介入制度”[2]“适当成年人询问时在场制度”[3]等，但不同国家或地区对于合适成年人制度的规定都紧紧围绕着“在场”这一核心要素以及在“保持中立”状态下的监督和帮助这一核心价值进行制度构建，其根本目的都是在相对封闭、严肃的刑事诉讼中给予未成年人必要的法律和心理帮助，[4]保障未成年人的诉讼权利。下面，笔者就对未成年人陪伴机制中的合适成年人制度的起源与引进、基本功能与诉讼价值、现实问题及未来发展等主要问题进行简要梳理和论述。

（一）起源与引进

学界一般认为，未成年人的法定代理人制度是合适成年人制度的雏形，在早期保护涉罪未成年人的利益方面发挥着基础性作用。[5]但该制度在早期实践中产生了诸多问题难以完成保障未成年人合法权益的使命，而其中主要问题就是，相当数量的涉罪未成年人的法定代理人（即其父母或监护人），由于各种原因无法或不宜参与到诉讼过程之中。比如，法定代理人的参与不符合儿童最大利益原则，父母系共犯、不能及时参与或者不愿意参与等理由有意规避法律的适用。上述这些情况的出现，

---

〔1〕 刘芹：“‘中欧少年司法制度——合适成年人参与制度研讨会’会议综述”，载《青少年犯罪问题》2003 年第 3 期。

〔2〕 姚建龙：“英国适当成年人介入制度及其在中国的引入”，载《中国刑事法杂志》2004 年第 4 期。

〔3〕 徐美君：“‘适当成年人’讯问时在场制度研究——以未成年犯罪嫌疑人为中心”，《现代法学》2003 年第 5 期。

〔4〕 Laura Farrugla, Flona Gabbert, “The ‘Appropriate Adult’: What they do and what they should do in police interviews with mentally disordered suspecets”, *Criminal Behaviour and Mental Health*, Vol. 29, Issue3 (June 2019), pp. 134~141.

〔5〕 郝银钟、盛长富：“论未成年人刑事司法中的合适成年人参与制度”，载《湖南社会科学》2012 年第 5 期。

不利于对涉罪未成年人的特别保护。

随着经济社会的发展，国际社会的未成年人保护理念不断进步，特别是深感法定代理人制度运行乏力之后，亟须一种新的制度践行未成年人保护的新理念，合适成年人制度的构想和实践由此逐步显现。1914 年，澳大利亚的《犯罪法案》(The Crimes Act) 首先突破了“法定代理人”的界限，规定在警察讯问之前，未成年人有权与朋友、亲戚和律师在不被监听的情况下交流，享有在讯问时有一位成年讯问朋友（Adult Interview Friend）在场的权利。[1]虽然这部法律没有使用“合适成年人”一词，但“成年讯问朋友”这一概念或制度的设立初衷及其基本作用则与“合适成年人”的内涵与意义基本一致，有力地推动了法定代理人在场制度向合适成年人在场制度的转化。直到 1972 年，在英国所发生的肯费特（Maxwell Confait）案[2]——被学界认为是促进这种转化的标志性案件，使人们认识到法定代理人在场制度并不能有效保护涉罪未成年人，由此推动了 1984 年的《警察与刑事证据法》开创性地规定了合适成年人制度，将合适成年人到场作为警察讯问未成年人程序的强制性规定。综合英国 1984 年的《警察与刑事证据法》及执行守则 C（《警察拘留、对待及询问当事人执行守则》）来看，合适成年人制度主要是指警察在讯问未满 18 周岁的未成年人或者年满 18

〔1〕 参见徐美君：《侦查讯问程序正当性研究》，中国人民公安大学出版社 2003 年版，第 252~254 页。

〔2〕 1972 年 4 月，肯费特被谋杀，三名少年（一名 14 岁，一名 15 岁，另一名虽刚满 18 岁但发育迟钝，心理年龄只有 8 岁）被怀疑是凶手。尽管当时的法律规定：“在实际可行的范围内儿童（不管是否涉嫌犯罪）仅应在父母或监护人在场的情况下被讯问，或者，如果其父母或监护人不在场，有非警方人员且与儿童性别相同者在场的情况下被讯问。”然而，三名少年均在没有任何其他成年人在场的情况下被讯问，并做出了有罪供述，三名少年也因此被判有罪。此案最终被证实为一起冤案，在英国引起了广泛的反响。

周岁但有精神错乱或者精神障碍等易受伤害的成年人时，必须有合适的成年人到场进行协助并提供建议。[1]具体而言，英国法律对合适成年人制度的规定主要包括三方面内容：一是确定了合适成年人的人员范围，分别是（a）父母或监护人，或者如果他被当地机构或者志愿组织照顾，是机构或组织的代表人，（b）当地机关的社会工作者，（c）如果没有人满足（a）项、（b）项，任何年满18周岁的非警察及非警察雇用的人。[2]二是规定了合适成年人参与讯问的基本程序，即未成年人被捕后，羁押警察（Custody Officer）应当立即将被捕原因和羁押地点等信息告知合适成年人，合适成年人应当立即赶赴讯问地点。到达讯问地点后，合适成年人应当：（1）检查羁押记录，以确认未成年人被逮捕的时间和之后发生的事情；（2）与未成年人交谈，以确定警察是否告知了其被逮捕的原因；（3）向未成年人表明身份，解释自己的职责和权利；（4）让未成年人知道在警察局的权利和程序；（5）让未成年人确信，只要他愿意就能让某些人知道自己所在的地方。[3]而从上述具体工作内容可以看出：英国法律虽然将未成年人的父母或者监护人纳入了合适成年人范畴，但对合适成年人工作职责的规定明显地体现出对社会工作者等监护人之外人员的针对性要求；同时，反映并强调了合适成年人的中立性。三是规定了合适成年人的职责作用，分别是给未成年人提供咨询建议、监督讯问过程是否合法、协助未成年人与警察沟通。总体而言，英国对合适未成年人制度

---

〔1〕 See "Code C（Revised Code of Practice for the detention, treatment and questioning of persons by Police office）", *Police and Criminal Evidence Act* 1984.

〔2〕 卞建林主编：《未成年人刑事司法程序——外国刑事诉讼法有关规定》，中国检察出版社2017年版，第103页。

〔3〕 杨飞雪、袁琴："合适成年人参与制度的比较研究"，载《预防青少年犯罪研究》2014年第2期。

的规定开各国之先河，从而也框定了合适未成年人制度的基本内容，为各国或地区建立合适成年人制度提供了范本。

在我国，早年的有关规定虽然也要求讯问和审判未成年人时通知其父母、老师等到场，但并没有形成严格的合适成年人制度。[1]2002年，昆明市盘龙区政府与英国救助儿童基金会（Save the Children）合作开展了“未成年人司法试点项目”，其中试点的合适成年人项目标志着我国正式引进了合适成年人制度，此后北京、上海、福建等地也纷纷试点，形成了各具特色的盘龙模式、上海模式和同安模式[2]，但不同模式的核心理念依然是保护未成年人的合法权益。2012年，我国修改后的《刑事诉讼法》吸收了各地多年的试点经验，在第270条初步确立起我国的合适成年人制度，规定“未成年人接受刑事讯问和审判时，应当通知其法定代理人到场，无法通知、法定代理人不能到场或者法定代理人是共犯的，也可以通知未成年犯罪嫌疑人的其他成年亲属，所在学校、单位、居住地基层组织或者未成年人保护组织代表到场，并将有关情况记录在案”，正式将合适成年人制度全面推行到我国未成年人刑事诉讼程序。[3]

对比域外——主要以英国为主的合适成年人制度，我国的合适成年人制度也具有自己的本土特色，而其中诸多不同也是我国制度发展中的不足之处：（1）在适用范围方面，域外合适

---

〔1〕 1962年公安部制定的《预审工作细则（试行草案）》第2条、1979年公安部制定的《预审工作规则》第29条、1998年的《公安机关办理刑事案件程序规定》第182条第1款、2002年最高人民检察院制定的《人民检察院办理未成年人刑事案件的规定》第11条第4款以及1996年修正的《刑事诉讼法》第14条第2款都有相关规定。

〔2〕 韩索华、于伟香：“合适成年人制度研究”，载《法学杂志》2013年第7期。

〔3〕 何挺：“合适成年人讯问时在场的形式化倾向及其纠正”，载《中国刑事法杂志》2012年第11期。

成年人参与的阶段主要针对侦查讯问阶段，而我国却参与诉讼的全过程；(2) 在专业性方面，域外注重完善的合适成年人队伍建设，其对于合适成年人的“适当性”要求很高，而我国在专门队伍建设工作上缺乏立法规范和机制引导；(3) 在强制性方面，域外明确作出了强制性规定，要求在没有合适成年人参与的情况下，不能对未成年人进行逮捕、讯问、拘留和控告，而我国对合适成年人的规定不具有强制性；(4) 在立法和制度建设方面，域外立法对合适成年人的工作流程、具体内容、权利义务等均有较详细的规定，而我国相关法律仅作了倡导性、原则性的规定，制度建设缺乏规范性。

通过上述考察和分析，结合我国未成年人司法实践及其合适成年人制度发展情况，笔者认为，我国的合适成年人参与制度主要是指在未成年人犯罪案件中，涉罪未成年人或者未成年被害人所享有的要求有中立的合适成年人出席对其进行的讯问、审判等刑事司法活动的权利。

（二）基本职责

正如上文所言，笔者将合适成年人制度定义为一种权利，进一步讲，合适成年人制度的权利属性是明确将法定代理人在场制度的法定代理人权利本位转换为未成年人权利本位的必然要求，也是提高合适成年人法律地位，强化合适成年人职责义务的必然要求。也正是在权利属性的统摄之下，涉案未成年人有权利要求公权力机关及时通知合适成年人到场，有权利要求合适成年人及时到场并提供法律要求的必要帮助，而合适成年人则有义务按照法律规定履行自己的职责，保护好未成年人的合法权益。[1]其中，合适成年人的职责主要包括三个方面：

---

〔1〕 R. Gwynedd Parry, “Protecting the Juvenile Suspect: What exactly is the Appropriate Adult Supposed to do?”, *Child and Family Law Quarterly*, Vol. 18, No. 3, 2006.

一是及时充分获取信息。合适成年人要承担好监督诉讼程序合法性、保障未成年人诉讼权利的责任，首先必须对涉案未成年人有足够的了解。一方面要求获取信息的及时性，在被通知参加讯问等活动后，合适成年人应当第一时间安排赶赴讯问等活动地点；另一方面要求获取信息的充分性，即向警察、检察官、法官等方面全面了解未成年人的个人及涉案信息，并在此基础上根据具体案情及临场情况在讯问开始前与未成年人单独会谈，进一步了解未成年人的心理动态及其对涉嫌犯罪的态度。

二是监督诉讼程序是否合法。这一职责可以认为是合适成年人坚守中立地位的基础，也是保障未成年人合法权益的底线职责。从一般意义上看，侦查讯问环节是犯罪嫌疑人的合法权益最容易被侵害的环节，相应地，未成年人由于自身的“不成熟”、权利意识的淡薄和法律知识的缺乏，在刑事诉讼初期受到权利侵害的危险尤甚。这便要求合适成年人对未成年人权益的维护应当保持一种中立的立场，以诉讼外第三方的视角观察、监督、纠正不合法的诉讼行为，具体而言，就是要严格监督纠正办案人员在讯问等诉讼活动中的刑讯逼供、诱供等违法违规行为，比如，是否告知未成年犯罪嫌疑人、被告人相关权利，是否存在有损未成年人人格尊严的行为。正是基于合适成年人的介入，使得办案机关对未成年人的讯问等收集调取证据的活动的公正性得到了第三方的见证，有利于提升口供的证明力，降低外界对证据的质疑，反而能够提高司法公信力。

三是帮助未成年人做好心理建设，引导未成年人正确对待诉讼活动。未成年人处于身心发展的特殊时期，在刑事诉讼过程中容易产生畏惧、不安的心理，缺乏及时的心理疏导或干预不仅不利于未成年人日后的健康成长，也不利于诉讼活动的顺利开展。合适成年人的出现相当于在紧张、对立的诉讼氛围中给未成年人提供了舒缓情绪的心理依托，也为他们了解自己的犯罪行为和诉讼法律知识提供了窗口，有利于缓解未成年人与讯问人员、审判人员之间对立、紧张的气氛，帮助未成年人在讯问、审判过程中树立正确对待案件、积极面对人生的心态。而要达到这一效果，合适成年人应当结合了解的案件信息，运用自己的专业知识对未成年人的心理状态和需求进行具体分析，本着未成年人利益最大化的原则开展个性化的心理疏导和干预工作，必要时应当积极同办案人员协商心理干预方案，争取办案人员的支持和配合。

（三）现实问题

有学者对合适成年人司法实践状况调研发现，绝大多数未成年人在案件办理过程中感受到了来自合适成年人的心理帮助，而其中大部分人认为这种帮助的“作用比较大”。[1]但是由于我国各地经济社会发展不平衡等因素制约，合适成年人制度在法律规范与实际操作两个层面均存在着诸多问题，阻碍着合适成年人制度的发展完善，也逐步成为未成年人陪伴机制甚至是社会支持机制的一大短板。

在法律规范层面。一是关于合适成年人的人员范围规定较为模糊。2010 年 9 月，中央综治委预防青少年违法犯罪工作领导小组联合最高人民法院、最高人民检察院、公安部、司法部、共青团中央发布了《关于进一步建立和完善办理未成年人刑事案件配套工作体系的若干意见》，其中第二部分第 5 条规定，“在未成年人犯罪嫌疑人、被告人被讯问或者开庭审理时，应当通知其法定代理人到场”。“法定代理人无法或者不宜到场的，可

〔1〕何挺：“‘合适成年人’参与未成年人刑事诉讼程序实证研究”，载《中国法学》2012 年第 6 期。

以经未成年犯罪嫌疑人、被告人同意或按其意愿通知其他关系密切的亲属朋友、社会工作者、教师、律师等合适成年人到场。”这一规定的首要特点就是将法定代理人与合适成年人进行了区分，即采用了学界所称的最狭义的合适成年人的概念；〔1〕同时，将教师、律师两种“职业人群”——而不是特指为涉罪未成年人提供辩护服务的执业律师——纳入合适成年人范围。然而，修改后的2012年《刑事诉讼法》并没有从基本法律的层面对合适成年人主体是否包括法定代理人这一问题进行厘清或确认，而仅是以“组织代表”的模糊概念指称法定代理人以外的人，即在没有明确提出“合适成年人”概念的情况下也没有明确合适成年人的人员性质和范围。只是在2017年3月份，最高人民检察院的一份全面规范和细化未成年人刑事检察工作的规范性文件——《未成年人刑事检察工作指引（试行）》再次掀起了涟漪。文件在第二章“特殊检察制度”第三节专门对“法定代理人、合适成年人到场”作出细化规定。〔2〕其中第46条“基本要求”和第47条“权利义务”都凸显了对法定代理人和合适成年人的区分，但在第50条“人员选择”却又引入“近亲属”这一概念并将其纳入合适成年人范畴，〔3〕由于我国《刑事诉讼法》第106条对“法定代理人”和“近亲属”都作出了明确规定且二者人员范围存在交叉关系，故而这一部分对合适成年人的人员范围的规定再次显得模糊，在不进行整体文意理

---

〔1〕姚建龙：“论合适成年人在场权”，载《政治与法律》2010年第7期。

〔2〕该文件第三节共8条，从第46条至第53条。

〔3〕《工作指引》第50条第1款规定，“选择合适成年人应当重点考虑未成年人的意愿和实际需要，优先选择未成年人的近亲属。”第2款规定，“近亲属之外的合适成年人一般由熟悉未成年人身心特点，掌握一定未成年人心理、教育或者法律知识，具有较强社会责任感，并经过必要培训的社工、共青团干部、教师、居住地基层组织的代表、律师及其他热心未成年人保护工作的人员担任。……”

解的情况下也的确容易产生混乱。[1]二是内部配套制度的缺乏。合适成年人制度与刑事追诉制度、辩护制度以及证人制度等缺乏相互配合、协调，各类诉讼主体各行其是、各自为战，没有在制度一体化的层面形成保护未成年人特殊诉讼权益之合力，未成年人刑事诉讼的整体特征未予彰显，整体效能也没有得到有效提升。加之，合适成年人权利的实施缺少法律以及司法解释在程序以及实体上的具体保障，其本身的效力难言刚性。三是外部配套制度的缺乏。一方面，对合适成年人的资质、选任、培训、运行等缺乏统筹管理，特别是对合适成年人的管理方未予明确，未能建立起一支管理有素、运行高效的高素质合适成年人队伍，实践中完全由公、检、法三机关单方面把控合适成年人的实际运行，既不利于合适成年人制度运行的独立化和民主化，同时其本身的"中立性"也将受到质疑。另一方面，公安机关、检察院、法院对于合适成年人参与刑事诉讼的具体工作机制也尚未统一，基本上"各说各话""各干各事"，机构与部门间的壁垒难以打破，整体上运行仍偏闭塞。[2]

在实际操作层面。主要存在以下四个方面的问题：一是缺乏足够交流，信息获取不及时、不全面。实践中，合适成年人无法在涉罪未成年人被羁押的第一时间赶到羁押场所，或者在见到未成年人后也缺少足够的时间与警察或未成年人进行充分的交流，进而影响到合适成年人对案件情况和未成年人的了解，影响着合适成年人与未成年人之间信任关系的及时建立。二是

〔1〕从文件规定的整体精神出发分析，笔者认为，该规范性文件提出的"近亲属"实则是指法定代理人之外的其他成年亲属，即仍然将法定代理人与合适成年人予以区分，赋予合适成年人独立法律地位。

〔2〕张理恒、贺英豪："位置与功能视野下合适成年人制度的困境与改造"，载《青少年犯罪问题》2015年第2期。

诉讼地位的尴尬致使自身定位消极。大部分合适成年人将自己的中立职责定位为诉讼活动的“旁观者”，一般认为只要公安司法机关办案人员没有对未成年人使用言语或者身体暴力，则自己就不需要干预司法办案，由此导致实际讯问过程中很少有合适成年人提出纠正不当司法行为的意见；同时，由于很多地方的合适成年人都是由办案机关聘任并承担相关费用的，客观上造成了合适成年人依附于办案机关的不中立后果。三是制度构建存在功利性导向，实际效果不佳。近年来，以各地检察机关为主的公安司法机关纷纷聘任当地教师、心理咨询师等作为办案机关的合适成年人参与诉讼活动，但具体案件确定合适成年人缺乏规范性标准，主观随意性较大，缺乏对未成年人选择意愿和需求的足够尊重和关注。

（四）未来发展

结合上文的分析发现，当前我国的合适成年人制度还有很多不足之处，无法在讯问、询问等诉讼活动中促进诉讼程序公正，也未给予未成年人应有的关照和帮助。而究其原因，既有对合适成年人法律地位认识不清的问题，也有立法不完善的因素，还有执行程序不严谨的问题，只有解决好这三个方面的问题，才能为合适成年人专门队伍建设、合适成年人依法履职尽责提供正当依据和法律保障，这也是完善我国合适成年人制度的基本方向。

一是确立合适成年人的独立诉讼参与人地位。当前，我国合适成年人参与诉讼活动是在法定代理人不能履行监护职责时，国家替代法定代理人履行监护职责的一种制度，虽然体现了国家对未成年人的特殊保护理念、国家干预立场，但也反映出合适成年人参与的附属性以及合适成年人与法定代理人混淆不清两方面问题。

合适成年人独立诉讼地位的确立首先要厘清合适成年人与法定代理人的关系，或者说是法定代理人是否应当纳入合适成年人范畴。正如前文所言，我国现行法律与部分规范性文件并未统一且协调地将法定代理人与合适成年人区别对待，而是在所有条文中都对合适成年人出场的第二顺位作出规定，同时也并未赋予合适成年人必要的诉讼地位和权利。不可否认的是，法定代理人对涉罪未成年人的关心和保护具有天然的优势，也能够在讯问等诉讼活动对未成年人开展必要的心理疏导和教育，但是实践中法定代理人往往缺乏必要的心理辅导、社会帮教等专业素养，其在场除了劝说未成年人积极配合公安司法机关工作之外，极少从公安司法机关诉讼行为的合法性角度提出纠正意见——即使认识到讯问行为不合法或者不合理，也会因忌惮于未成年人被加重处罚而不予说明。要全方位的保护好未成年人的最大利益，就应当补齐侦查讯问等环节的保护短板，将合适成年人确定为未成年人合法权益的专门保护人，赋予合适成年人在刑事诉讼中客观、中立的诉讼地位及相应的诉讼权利，要求合适成年人既不能偏向办案机关，更不能作为办案机关的协助者，而是要成为国家监护的实际履行人和未成年人利益的专门维护者。这里，笔者需要指出的是，赋予合适成年人独立的诉讼地位，并不妨碍法定代理人应有作用的发挥，反而可以发挥两方面优势，在未成年人的对抗情绪、敌对思想强烈的情况下，由法定代理人和合适成年人同时出席。其次，在确立独立诉讼地位的同时，还应当赋予合适成年人充分参与的权利。笔者认为，至少应当赋予合适成年人三种权利。第一种单独会见权，即允许合适成年人在讯问或者询问之前单独与未成年人见面，了解并记录未成年人的犯罪、家庭、学业等情况并进行保密性处理；同时针对讯问等诉讼活动中可能发生的未成年人没有正当理由而对抗诉讼的情况，合适成年人有权要求立即中止诉讼活动，对未成年人进行临时心理疏导和情绪安抚。第二种是对违法、不当行为的纠正权。对于公安司法机关在讯问和审理过程中发生的违法、不当行为，合适成年人可以当场提出纠正意见，对于经劝阻和纠正仍难以制止的，合适成年人有权自行记录，并向承办人员主管部门或其上一级主管机关提出控告。第三种是获得补助和培训的权利。合适成年人为诉讼活动作出了贡献，理应获得相应的待遇，将合适成年人纳入到社会支持机制之中，由中央的未成年人司法服务办公室或地方的未成年人司法服务中心安排专项资金给予工作和生活补助，并及时组织法律、心理学等专业知识和技能培训，帮助合适成年人更加专业地履行好自己的职责。

二是严格规范合适成年人履职程序。当前的合适成年人制度主要是围绕讯问环节在场进行设定的，而严格规范合适成年人参与讯问、审理活动的行为、方式就是完善该制度的必要内容。第一，及时到场参加讯问等活动，特别是在涉罪未成年人第一次被公安机关羁押讯问时，公安机关应当在控制未成年人之后立即通知合适成年人到场参加诉讼，合适成年人接到通知后，除客观原因确实无法到场的情况外，应当立即赶赴讯问地点，对于存在交通不便等客观困难的，公安机关应当主动提供协助或便利。第二，合适成年人到场后应当第一时间向办案人员了解涉罪未成年人的犯罪原因、家庭、学业等情况，同未成年人进行单独交流，向未成年人表明其身份，告知未成年人的权利和义务，询问其需要什么帮助，把握未成年人情绪和心理状况。第三，合适成年人应在讯问结束后认真阅看笔录，核对与现场情况无误的可以签字确认，若笔录内容与现场情况不符或者存在讯问不当或者违法情况的，可以拒绝签字。第四，讯问结束后，合适成年人应当向未成年人司法服务管理部门提交一份“在场情况报告”，客观反映未成年人现场表现、心理动态、家庭及学业等个人信息，并对办案人员的诉讼行为进行客观评价。

三是合适成年人队伍建设。建设一支专业化、专门化的合适成年人队伍是未成年人陪伴机制和社会支持机制发展进步的重要保证和必由之路。一方面，统一协调机构应当建立健全合适成年人选任条件，逐步将年龄适中、具备一定社会阅历，法学、心理学、教育学专业知识与良好的沟通能力的人员吸收为专职合适成年人；就现阶段而言，合适成年人的来源可多元化，各地应结合实际情况对社工、教师、律师以及共青团干部等热心于未成年人保护工作的人员进行专门培训，组织合适成年人资格考核合格后予以聘任。这里需要注意的是职业律师的作为合适成年人的问题。笔者认为，由关心、热爱未成年人保护工作的律师担任合适成年人能够更好发挥对诉讼违法行为的监督作用，同时为避免诉讼角色混淆，应要求担任合适成年人的律师不得再担任同一案件的辩护人。另一方面，合适成年人制度的长远发展需要持续的资金支持，可以考虑由政府设立专项资金、补贴，由社会福利机构通过募捐建立专项基金等方式提供资金支持。

二、临时监护人制度

如果说合适成年人制度主要是在诉讼程序中对未成年人的一种陪伴和帮助，那么临时监护人制度则主要是在诉讼程序之外的生活中对未成年人的一种陪伴和照料，由此便比较完整地构成了对未成年人的一种陪伴机制。基于我国未成年人刑事司法中许多涉罪未成年人的家庭存在监护功能缺位和实现障碍问题，[1]在强化父母家庭监护责任的同时，国家也应当在家庭监护难以到位的情况下为涉罪未成年人提供临时监护人，其既可以在诉讼程序之外为涉罪未成年人提供生活、教育等方面的支持，必要的情况下也可以以监护人的身份参与到诉讼程序之中以维护涉罪未成年人的合法权利。但是当前学界对临时监护人的研究并不深入，对其概念内涵、法律定位、工作程序等问题的认识尚浅，以致于实践中临时监护人制度的实施效果并不理想。下文中，笔者将结合对法律规定和实践情况两方面的考察分析，对临时监护人制度相关基本问题进行阐释。

（一）基本内涵

学界对临时监护人制度的认识比较模糊和混乱，笔者认为，对于临时监护人制度的研究分析应当从现有主要的法律文本分析入手厘清其在监护制度体系中的法律地位以及在未成年人权益保护体系中的重要意义，从而明确其基本内涵，为整体制度体系的完善提供理论基础。

2012 年修订的《未成年人保护法》第 43 条规定："县级以上人民政府及其民政部门应当根据需要设立救助场所，对流浪乞讨等生活无着未成年人实施救助，承担临时监护责任；……"这一规定是较早提出临时监护概念的法律规定，虽然其较为原则和笼统，缺乏充分的可操作性，但对于临时监护制度的建立具有显著的开创性意义。一是临时监护的主管机关是地方政府及其民政部门，承担组织和监护责任；二是临时监护的对象是流浪乞讨等生活无着的未成年人，而"流浪乞讨"则对被救助未成年人的生活状况进行了限定，并不是指所有生活无着的未成年人；三是直接负责机构为专门的救助场所，由主管机关根

〔1〕 参见王贞会："家庭监护功能缺位的实践表征及其治理路径——以 308 名涉罪未成年人为样本的分析"，载《政法论坛》2018 年第 6 期。

据需要组织设立。

2014年12月，最高人民法院、最高人民检察院、公安部、民政部四部门联合印发了《关于依法处理监护人侵害未成年人权益行为若干问题的意见》（以下简称《监护意见》），《监护意见》在内容上体现了“未成年人最大利益原则”和创新精神，针对《未成年人保护法》以及此前的《民法通则》条文操作性不强的诟病，增强了临时监护制度的实践性。[1]《监护意见》中对民政部门的临时监护责任规定的更加细致、规范。与2012年《未成年人保护法》第43条相比，除了重申民政部门的临时监护责任之外，《监护意见》进一步明确的内容包括：(1) 扩大了临时监护措施的对象范围——受到监护侵害行为的未成年人，监护侵害行为是指监护人性侵害、出卖、遗弃、虐待、暴力伤害未成年人，教唆、利用未成年人实施违法犯罪行为，胁迫、诱骗、利用未成年人乞讨，以及不履行监护职责严重危害未成年人身心健康等行为；[2](2) 明确了临时监护的责任主体及名称，民政部门应当设立未成年人救助保护机构承担临时监护责任；[3](3) 限定了临时监护责任的时间期限最长为一年；(4) 丰富了临时监护措施的实施方式，包括家庭寄养、自愿助养、机构代养或者委托政府指定的寄宿学校安置。除了具体的临时监护责任，《监护意见》还进一步规定了未成年人救助保护机构承

〔1〕 李晓郛：“法政策学视角下的未成年人监护立法”，载《青少年犯罪问题》2016年第5期。

〔2〕《监护意见》第1条规定：“本意见所称监护侵害行为，是指父母或者其他监护人（以下简称监护人）性侵害、出卖、遗弃、虐待、暴力伤害未成年人，教唆、利用未成年人实施违法犯罪行为，胁迫、诱骗、利用未成年人乞讨，以及不履行监护职责严重危害未成年人身心健康等行为。”

〔3〕《监护意见》第3条第3款规定：“民政部门应当设立未成年人救助保护机构（包括救助管理站、未成年人救助保护中心），对因受到监护侵害进入机构的未成年人承担临时监护责任，必要时向人民法院申请撤销监护人资格。”

担的与临时监护责任有关的其他责任：（1）对监护人的指导教育及调查评估职能；（2）作为协调召集人的会商职能；（3）对村（居）委会监护监督的指导职能。可见未成年人救助保护机构，不仅承担了对儿童的临时监护责任，还承担了对父母等监护人的教育指导、监护评估、召集会商的职责。虽然《监护意见》比《未成年人保护法》的立法层级低，但其对临时监护措施的实施对象、承担主体、未成年人救助保护机构的职责范围这些重要问题都作出了突破性的规定，而未成年人救助保护机构被委以重任，成为具体执行、实施民政部门临时监护责任的组织。〔1〕

2017年3月，我国《民法总则》首次明确提出“临时监护人”概念，在第31条第3款中规定：“依照本条第一款规定指定监护人前，被监护人的人身权利、财产权利以及其他合法权益处于无人保护状态的，由被监护人住所地的居民委员会、村民委员会、法律规定的有关组织或者民政部门担任临时监护人。”2020年10月我国修订的《未成年人保护法》第92、93条对临时监护的适用情形以及临时监护的具体方式进行了规定。这便在国家基本法律层面上正式确立了临时监护制度。

通过对上述主要法律和文件的文本考察，临时监护制度的基本性质和特点可以总结为以下几方面：一是临时监护的基本性质为国家监护，是在未成年人的父母监护不能或者不当且暂时无法确定监护人以保障未成年人的合法权益的情况下，由国家出面担任临时监护人保障未成年人的合法权益，由此而言，被保护的未成年人既包括涉罪未成年人，也包括未成年被害人；二是临时监护具有鲜明的过渡性，即临时监护人在居委会、村

〔1〕王慧、孙玉波：“‘临时监护措施’实施主体及实现条件探析”，载《青少年犯罪问题》2017年第6期。

委会、民政部门或者人民法院指定监护人之前，暂时由民政部门等国家机关负责保护未成年人的合法权益，在指定或者确定监护人后，临时监护责任自然消除或者转化为监护责任；三是临时监护具有特定的补充性，从正面意义来看，临时监护人的本质职责作用就是保护未成年人的合法权益，而不是取代父母监护或者其他法定近亲属监护，即坚持父母有效监护对于保障未成年人合法权益具有天然优势地位，临时监护始终是“两害相权取其轻的被动性选择，这是制度设计的基础”；[1]四是临时监护具有社会性，即临时监护的权益保障功能的实现需要政府、公安司法机关、社区组织、未成年人救助机构以及未成年人及其家庭的协同配合，这也是临时监护制度运行机制的内在要求。

所以，笔者认为，临时监护制度是指国家为了保护未成年人的合法权益，因未成年人临时得不到有效监护并且在有关机关或组织指定、确定监护人之前，由政府民政部门等国家机构或基层组织负责保护未成年人合法权益并在法定监护人确定后自然免除临时监护责任的制度。

（二）问题与不足

从上文分析可以看出，我国临时监护制度从设立到确立已经取得了长足的进步，但是其实践效果以及其在未成年人保护体系中的影响力却表现得有些不让人满意。这既与某些立法规定无法适应实践发展需要有关，也与具体制度建设不健全有关。笔者根据实践考察情况对存在的问题和不足进行了归纳。

1. 居民委员会等基层组织无力承担临时监护职责。首先，就工作职责而言，居民委员会或者村民委员会是法律规定的基层群众性自治组织，不是福利机构，无法享有福利机构的相关

[1] 李霞：《监护制度比较研究》，山东大学出版社2004年版，第123页。

国家政策和社会待遇，也就无从承担对辖区内未成年人人身保护、财产管理，甚至教育等监护的职责。其次，从监护要求上看，对未成年人监护不仅需要人、财、物等多方面的支持，更需要工作人员基于爱心之下的对未成年人的细心、耐心，在不存在偏见的同时照顾未成年人的日常生活，对未成年人的心理进行疏导，对不良思想和行为进行纠正和正确引导，由此也就需要基层组织工作人员具有相当的专业知识和素养。但实践中基层组织往往忙于本辖区群众事务以及上级政府要求协助处理的工作，可以说根本无暇顾及也没有能力承担监护工作。

2. 民政部门的监护职责不清。这里的职责不清指的是监督监护工作的职责与履行临时监护的职责相混淆就，没有明确民政部门具体承担哪一种职责。实践中各地经济社会状况不同，有些地方并没有设立足够或者完整的未成年人救助保护机构，而是由民政部门直接负责临时监护。一方面，民政部门并非专业地救助保护机构，专业素养的欠缺导致保护和帮助力度减弱，即使是由民政部门专门设立的未成年人救助保护机构，也没有具体运行细则可供参照；另一方面，民政部门既然担负监督监护人的职责，其本身如果也担任监护人，将导致无人监督的后果。因而，总体上都不利于临时监护人制度价值的实现。

3. 缺乏行之有效的临时监护人监督制度。我国现行立法没有对于临时监护人职责履行效果的监督问题作出规定，从而也就无法保证临时监护期间未成年人的合法权益。同时，对于撤销监护人的监护权的监督问题，我国民法典只规定了两种具体情形和一条兜底条款，而依据这种笼统条文向法院提出申请撤销监护人的监护权的主体则同样没有具体化，而是以“有关个人和组织”代之，至于众多个人和组织如何提出申请、需要提供什么证明材料等问题也没有其他规范性文件予以细化，导致众多有关临时监护人的条文实质上成为一种宣示性的规定，并不能解决实践中存在的问题。

（三）完善路径

从临时监护人在我国的实践特点看，基本在社会各界形成了以专门救助保护机构为主体监护帮助模式，同时也体现出对保障临时监护人的一系列配套制度建设的要求。所以，笔者认为，当前的临时监护人制度应当以完善未成年人救助保护机构的实施细则为切入点，明确临时监护资格确认、转移、取消的程序规则。而从长远来看，还应当建立健全一系列配套保障机制，以专业化临时监护人队伍为依托切实保护未成年人的合法权益。

1. 以法律形式明确未成年人救助保护机构的独立地位及职责范围。为了改变未成年人救助保护机构缺乏应有法律地位的状况，首要任务是通过《未成年人保护法》《预防未成年人犯罪法》明确由各地民政部门负责组织设立、监督运营专门的未成年人救助保护机构，实行事业单位管理模式，将该专门机构纳入未成年人保护机构体系；同时，在法律中明确未成年人保护机构的职责范围，将《关于开展第二批全国未成年人社会保护试点工作的通知》《监护意见》中有关未成年人救助保护机构的相关规定进行整理和融合，以法律形式规定未成年人救助保护机构的职责范围，提高规范层级内容，增强规范约束力。从《监护意见》来看，未成年人救助保护机构的职责范围，除了对未成年人的临时监护以外，还包括对父母和家庭的监护指导、心理辅导，父母态度和行为的评估，组织多方会商等。也就是说，未成年人救助保护机构的职责主要包括两种类型：一是对儿童的照顾和保护；二是对父母和家庭的帮助和评估。值得提出的是，2020 年 10 月修订的《未成年人保护法》第 96 条第 2 款对未成年人救助保护机构的设立及其职责进行了规定，即县级以上人民政府及其民政部门应根据需要设立未成年人救助保护机构、儿童福利机构，负责收留、抚养由民政部门监护的未成年人。但稍有缺憾的是，本款规定未能将对父母、家庭的帮助和评估职责纳入其中。

2. 明确临时监护资格的确立、转移、监督、报告等环节的程序规则。首先，各地未成年人社会支持机制的统一协调机构应当负责临时监护人从资格确立到转移、消灭等全流程的指导和协调工作，并负责对临时监护结束后组织监护效果评估。其次，在运行程序方面，临时监护人资格的确立应有实际办案机关向未成年人统一协调机构提出申请，由该机构在紧急状态下及时确定临时监护人，而在指定或者确定监护人之前的资格确认主体同样应当归属于未成年人统一协调机构；当需要向法庭提出撤销监护人资格的申请时，应由临时监护人向民政部门递交关于撤销未成年人监护人的监护资格的观察报告，经民政部门审核修改后提交给未成年人统一协调机构审批，并以统一协调机构的名义向法庭提出申请；当未成年人其他成年亲友提出照料未成年人时，临时监护人应协助民政部门做好对申请人资格和监护条件的考察工作，并将是否同意转移监护资格并终止临时监护的报告提交统一协调机构批准。再次，当临时监护工作结束后，未成年人统一协调机构应当组织民政部门、原办案部门对临时监护人履职情况及监护效果情况进行评估，并以此评估报告为依据对临时监护人的任职资格、期限和待遇进行定期调整。

3. 完善临时监护人制度的配套体系。徒法不能以自行，通过配套系统的健全，理顺临时监护工作中各部门的关系，可以更好地完善未成年人监护制度。一是鉴于法院作为国家司法机关的被动性特征，应当考虑法院与民政部门在监护制度上的“分权”，不宜让法院全盘承接对未成年人监护的国家责任。有必要突出民政部门在临时监护甚至是整个监护制度中的“龙头”法律地位，以未成年人救助保护机构为基点统筹安排救助保护工作。二是进一步理顺从中央到地方的未成年人保护机构的关系，实行省级以下临时监护人资金统一支出，资金来源可由中央财政未成年人保护专项资金转移支出30%、省级政府负担30%、地市级政府负担30%、县级政府负担10%的比例构成，为建立起职业化的监护人保护队伍提供坚持的财政保证，实现县级未成年人救助保护全覆盖。

第二节　涉罪未成年人心理帮助机制

学界普遍认为，心理问题是引发青少年违法犯罪的内在原因，而心理帮助则是缓解未成年人心理危机，促进其心理健康的重要措施。〔1〕处在青春期的青少年，面临自我同一性的危机以及身心发展过程中诸如旺盛的精力与自我控制能力差、好奇好动与认知水平低下、性生理的冲动与性心理滞后等矛盾，这些矛盾都使少年情绪动荡，内心不安，容易出现过激心理与行为。〔2〕而实践证实，通过合理的心理疏导、心理干预以及心理矫治，能够帮助未成年人了解和认识自我、深刻挖掘导致其违法犯罪的内在根源，不但能够促进其健康成长，更有利于犯罪预防。鉴于理论和实践中的心理疏导、心理干预以及心理矫治

〔1〕参见滕洪昌、姚建龙：“少年司法与心理学的整合：一个初步的探讨”，载《中国青年研究》2017年第7期。

〔2〕罗大华、何为民主编：《犯罪心理学》，中国政法大学出版社2012年版，第353页。

都起到了对未成年人的引导和教育作用，笔者为了论述方便而将这三个心理学术语统称为心理帮助。

目前，学界对心理帮助课题的研究相对零散，特别是对心理帮助机制尚未形成比较系统的认识。笔者将未成年人心理帮助机制作为整体社会支持机制的一部分进行研究，从宏观上把握未成年人心理特征以及对其进行心理帮助的必要性，并以实践中存在的问题为基础提出构建心理帮助机制的基本思路。

一、未成年人心理特征：心理帮助的基础

（一）逆反心理

处于青春期的未成年人容易产生逆反心理已经成为社会和家庭普遍认知的现象，但逆反心理的强弱程度却与未成年人周边的成长环境的反应情况息息相关。经研究发现，逆反心理的产生，一方面是父母的教育方式不当，经常将自己的生活和学习方式强加于子女，或者以自己的人生向往要求子女树立更高的人生理想，使得子女在本来就容易情绪波动的青春期感受到更大的家庭压力；另一方面则是学校或教师的教育引导方式不当，部分教师的教学理念依然以应试教育为中心，缺乏因材施教的耐心，以致于对成绩较差的学生关心不够，甚至以有色眼光看待这些学生，导致学生逆反心理加重，形成扭曲的人格。而严重的逆反心理往往驱使着未成年人逃离家庭、学校，并在独立走入社会过程中妄图实现自我独立，而此时恰恰存在着违法犯罪的巨大风险。

（二）从众心理

未成年人心理不成熟的一个重要特点就是未从内心建立起自己的基本行为准则，无法独自面对纷繁复杂的社会环境的影响，由此在缺乏正确教育引导的情况下极易受到周边不良社会

人群的影响，表现为一种不理智的恶性从众心理。比如，未成年人在青春期都渴望表现自己，尤其是渴望受到周边同龄人的关注、认可甚至是崇拜，当他们因为未做出某些行为或者被认为不敢做出行为而被孤立、排挤的时候，往往会为了获得他人的认可，将大多数人的行为作为准则，而不去辨别其是否正确。如果未成年人恰好处于一群不良人群的影响之下，在这种从众心理的推动下，就容易去效仿不良行为，而随着不良行为的积累，则极有可能做出犯罪行为。

（三）好奇心理

对未知事物好奇心可能是绝大多数人的一种自然心理状态，但是如果对未知事物的探索缺乏正确的认知和引导，则同样会发生“好奇害死猫”的种种悲剧。对于未成年人而言，其身心成长发育的过程也正是其逐步融入社会，逐步全面地感知社会生活的过程，从未知到已知的过程必然需要未成年人去探索和尝试，进而逐步走向成熟。但在缺乏家庭、学校和社会教育引导的环境中，相当数量的触法未成年人仅仅是基于好奇染上毒瘾，窃取财物或者猥亵她人，最终一步步走上犯罪的道路而葬送了自己的花季雨季，而这很多罪恶的源头却与缺乏正确引导的好奇心息息相关。

二、涉罪未成年人心理帮助的必要性

研究表明，未成年人司法中所涉及的涉案未成年人（包括加害者和受害者）都存在或者产生不同程度的心理问题，但本书认为，未成年人所存在的心理问题或者说呈现的心理特征都是青少年身心发育特殊时期或因特殊事件影响而产生的合理表现，并不是所有青少年都有严重的心理问题，即使存在一定问题也并不是无法消除的，至于如何消除，特别是如何帮助涉罪未成年人消除心理障碍就是心理学与未成年人司法结合的价值所在，而这一价值首先体现在心理帮助对于挽救未成年人、促进未成年人司法全面发展的重要意义上。

（一）心理帮助机制是未成年人心理帮助规范化和有序化的保证

“没有规矩，不成方圆”，在心理问题本身就具有强烈的主观色彩的情况下，如何评估不同未成年人的心理问题、如何进行心理干预及其完成标准是什么等问题如果得不到明确，势必影响心理帮助的公信力和帮助效果。如所有规章制度、工作标准等一样，心理帮助机制的建立，能够使得第三方个人或群体对陌生未成年人的心理帮助遵循统一的依据，使得整个看上去较为主观的心理帮助过程从“人治”到“法治”，实现在有章可循基础上的效果预期。

（二）心理帮助机制是完善未成年人犯罪预防体系的必要组成部分

对涉罪未成年人进行心理帮助，对于预防未成年人犯罪或者再犯罪具有极其重要的价值和意义，其本身就应当成为未成年人犯罪预防体系的必要组成部分。第一，通过对“问题少年”和轻度违法未成年人的心理帮助，可以促进他们尽快改邪归正，防止更严重的违法犯罪行为的出现，引导未成年人了解自己的身心发展特点，学会自我控制和管理，从根本上起到预防犯罪的作用。第二，通过心理帮助，可以了解未成年人的行为动机、目的以及对违法犯罪结果的态度，为未成年人准确量刑提供参考依据，帮助检察官、法官有针对性地开展法庭教育和判后帮教工作，实现刑罚个别预防的目的。第三，作为心理帮助重要形式的心理矫治适用于有一定心理障碍，虽经过诉讼期间的心理干预但仍未得到有效矫治的未成年人，此时可以通过专业心理健康医师的心理矫治，帮助其认识自我，改变不良认知，消除心理障碍，重塑健康心理，从而达到促进其适应环境，积极矫正的目的。

（三）心理帮助机制对提高未成年人案件的办案效率、节省办案资源具有重要作用

对抗与合作是刑事诉讼过程中相伴而生的一对矛盾，在犯罪事实清楚、证据充分基础上的“合作”不仅有利于犯罪嫌疑人、被告人从轻处理，而且能够有力地提高诉讼效率。有效的心理帮助措施能够帮助未成年人获得心理上的安全感，缓解乃至稳定由违法犯罪引发的强烈的恐惧、震惊或悲伤的情绪，恢复心理的平衡状态，使其对自己近期的生活有所调整并学习到应对危险的有效策略与健康行为，增进心理健康，进而在这个过程中缓和未成年人与办案人员之间的冲突，帮助办案人员尽快突破关键线索，推进案件进程。

三、实践中存在的问题

从 1984 年 11 月我国第一个少年法庭建立至今，学界和实务部门对在未成年人司法中运用心理学的理论和技术进行了大量的探索，[1]但从未成年人心理帮助工作的长期实践看，心理帮助主要以心理疏导的形式呈现且主要发生在检察环节，其他形式或者其他领域的心理帮助都较为少见。究其原因：一方面有政府及司法行政机关对心理帮助机制重视程度不够的问题，另一方面则是我国未成年人心理帮助工作起步较晚，各地在心理专家资源、专项资金支持、群众认可程度等方面发展不均衡。由此导致目前我国的未成年人心理帮助工作主要以检察官在案

---

〔1〕 参见滕洪昌、李月华：“论我国涉罪未成年人心理咨询的现状与完善——以未成年人检察实践为例”，载《青少年犯罪问题》2018 年第 1 期。

件办理过程中的简单心理疏导为主，完全不能满足未成年人对专业化心理帮助的需要。具体来看，我国的未成年人心理帮助工作存在的主要问题包括：

（一）缺乏法律法规的引导和保障

从整体上看，我国未成年人司法仍然是附属于成年人刑事司法的，现行法律与制度设计对未成年人司法的特殊性关注不足，对心理学在未成年人司法中的应用也缺乏特殊规定。比如，心理疏导如何开展、心理咨询师参与诉讼的主体资格问题以及心理测评报告的性质等，都缺乏相关的法律规定，致使司法部门在实践中的种种有益探索没有形成机制性运作，这会影响心理帮助工作的价值实现。

（二）心理健康公共服务机构和人员不足

有学者研究发现，[1]我国近半民众曾考虑过心理辅导求助，对心理健康服务的需求愿望较为强烈，而从近年来未成年人自杀、弑母、伤害等偏激行为来看，未成年人心理问题表现出明显增长的趋势，缺乏日常性、专业性的心理帮助成为诸多青少年悲剧的共同特点。但现实生活中，我国心理帮助产业行业起步晚、发展慢，特别是在二三线城市的专业心理帮助机构少，远未满足普通群众特别是未成年人对心理帮助的广泛需要。此外，心理帮助的专业人员规模小、素质有待提高。目前，我国从事心理帮助的专业机构和人员严重匮乏，不同地区心理帮助人员的专业素养也参差不齐，与社会需求不成比例。[2]

（三）政府协调不够，社会资金投入不足

虽然全国各地的共青团、教育部门、妇联等都有负责青少

〔1〕参见赵晓风："论未成年人违法犯罪心理干预机制建构"，载《预防青少年犯罪研究》2015 年第 1 期。

〔2〕参见雷小政："涉罪未成年人心理辅导与矫治机制改革"，载《中国刑事法杂志》2014 年第 1 期。

年心理健康的工作内容，但地方党委政府在未成年人心理健康教育工作中没有统一的组织协调机构，导致各部门重视不够，缺乏统一的协调行动，一定程度上削弱了心理健康公共服务的效果。然而，在政府力量薄弱的同时，针对心理健康服务的社会购买机制也未建立，这便使得本属于公益性社会服务的心理帮助工作缺乏来自于政府和社会的政策帮助和资金扶持。

(四) 缺乏有效的效果评估与监管措施

涉罪未成年人心理帮助工作是一项长期的系统性工作，而能够对未成年人心理重建和康复产生实效就是这一工作可持续的根本。但目前实践中对于如何量化心理帮助过程各项指标以及如何评价心理帮助效果等问题，都缺乏规范性标准和有效的监管措施，严重制约着心理帮助工作的可持续性发展。〔1〕

四、我国涉罪未成年人心理帮助机制之完善路径

(一) 明确涉罪未成年人心理帮助机制的基本原则

我国涉罪未成年人心理帮助机制应遵循以下基本原则：一是无偿原则，未成年人心理帮助工作的特殊性决定了必须将心理帮助作为一项公益性工作来对待，即对涉罪未成年人或被害人的心理辅导与矫治实行免费服务；二是自愿原则，即在是否参与心理辅导与矫治的问题上应当充分尊重涉案未成年人或其监护人的意见和建议，不得强迫涉罪未成年人接受心理辅导与矫治；三是保密原则，即对于未成年人的心理帮助全过程实行保密处理，对未成年人的涉案信息、个人信息、心理帮助记录等材料进行保密管理和统一封存。

---

〔1〕 参见赵卿："未成年人心理疏导和矫治制度研究"，载《青少年犯罪问题》2015 年第 1 期。

（二）在未成年人统一协调机构的组织指挥下完善心理帮助工作组织架构

未成年人心理帮助工作的系统性和专业性离不开系统的组织保障，所以笔者认为，应当将心理帮助工作纳入到未成年人刑事司法社会支持体系之中，对心理帮助人员由各地各级未成年人司法服务中心实行一体领导，对于专门聘任的心理咨询师等人员可以参照事业编制待遇管理，就此发挥政府主导作用和部门优势，整合社会资源，有效推进未成年人心理帮助工作落到实处。

（三）建立专门化心理帮助培训机制

由于各地心理帮助工作发展不平衡，心理帮助人员、志愿者、干部队伍等的知识欠缺和专业水平不高，因此，形成长效的培训机制是保障心理帮助实效性的基础。建立长效的培训机制主要是确定培训的对象、目标、内容和考核方式，具体由中央和地方未成年人司法服务机构负责实施。培训的目标人群是学校教师、从事青少年工作的干部以及志愿者、家长和专业心理辅导与咨询人员，并应依据《全国心理健康教育指导大纲》和地方未成年人心理发展的实际，拟制定培训计划，设计培训课程，进行严格考核、定期督导检查。

（四）多渠道筹措资金，为心理帮助工作持续发展提供物质保证

资金是心理帮助机制运作的物质基础和保障，因此，形成有效的资金筹措机制显得非常重要。依据中央文件“各级政府要把未成年人思想道德建设摆在重要位置，狠抓措施的落实；要给予必要的财力支持，并随着财政收入的增长逐步加大支持力度”的精神要求，做好政府关于未成年人心理健康公共服务的经费预算工作，落实政府规划预算；同时在政策许可的范围

内，开展社区动员，采用社会捐助、有奖募捐、社区服务性收入等途径积极筹措资金，实行专项管理，严格遵照财务管理制度进行管理，以满足开展此项工作的资金需要。〔1〕

第三节　未成年被害人帮助机制

作为“冲突中的伙伴”，被告人与被害人的诉讼地位，随着时代的更替呈现出完全不同的发展轨迹，实现双方的权利平衡是刑事诉讼演进的必然规律。〔2〕我国被害人权益保障是伴随着刑事诉讼法的修改而不断完善的。2012 年《刑事诉讼法》设专章规定了“未成年人刑事案件诉讼程序”，对未成年犯罪嫌疑人、被告人逐条设置了“指定辩护”“社会调查”“附条件不起诉”“犯罪记录封存”等制度，全面保护其合法权益，但对未成年被害人却只在第 270 条“合适成年人到场制度”中一带而过，对未成年被害人保护的疏漏与不足显而易见。此前，学者研究发现，美国有 64%的未成年被害人在成年后变成违法者，只有 22%的未曾被害的未成年人在成年后变成违法者。而且“恶逆变”犯罪由于有先前痛苦经历的强烈刺激和报复欲念的反复积累，其社会危害性往往比偶然性的普通犯罪更加严重。〔3〕近年来，我国未成年人权益受到侵害，特别是遭受性侵害的恶劣事件屡见报端，突出反映了对未成年被害人利益保护工作的薄弱状况，引起了社会公众的强烈不满。为此，加强对未成年被害

〔1〕 项传军：“未成年人犯罪的心理视角与防控探讨”，载《福建论坛（人文社会科学版）》2012 年第 4 期。

〔2〕 参见安凤德、赵德云、陈铁：“论未成年被害人与被告人权利的平衡与保护”，载《法律适用》2017 年第 19 期。

〔3〕 参见贾健、王玥：“未成年被害人向犯罪人转换的原因及其控制对策”，载《广西社会科学》2019 年第 2 期。

人的关注和保护力度具有充分的理论依据和实践依据。

本节中，笔者将被害人帮助机制纳入未成年人陪伴机制当中，并以社会广泛关注的性侵害未成年人犯罪案件为切入点，对保护未成年被害人利益的文本规定、现实必要性认识及其机制构建提出自己的见解。

一、未成年被害人权益保护的有关规定

为严惩性侵害未成年人犯罪，加大未成年被害人的保护力度，2013 年 10 月 23 日，最高人民法院、最高人民检察院、公安部与司法部联合发布了《关于依法惩治性侵害未成年人犯罪的意见》（以下简称《惩治性侵意见》），该《惩治性侵意见》第 4 条规定："对于未成年人实施性侵害未成年人犯罪的，应当坚持双向保护原则，在依法保护未成年被害人的合法权益时，也依法保护未成年犯罪嫌疑人、未成年被告人的合法权益。"该条鲜明地提出对未成年被害人权益和涉罪未成年人权利的"双向保护原则"。不难发现，从该规定的语言表述上，将"未成年被害人的合法权益保护"置于"未成年犯罪嫌疑人、被告人的合法权益保护"前面，这传递了对未成年被害人权益保护特别强调的态度。为了落实该《惩治性侵意见》的精神，最高人民法院、最高人民检察院、公安部、民政部于 2014 年 12 月 18 日又联合出台了《关于依法处理监护人侵害未成年人权益行为若干问题的意见》，其主要目的是解决未成年人遭受监护人侵害的权益问题。2015 年 3 月 2 日，最高人民法院、最高人民检察院、公安部、司法部还出台了《关于依法办理家庭暴力犯罪案件的意见》，其中的核心要义则是加强对受到家庭暴力侵害的被害人的刑事司法保护力度。[1]

---

〔1〕 参见杨洁："家庭暴力犯罪中未成年被害人的保护与援助"，载《江西警察学院学报》2015 年第 4 期。

可以说，上述司法文件的出台，体现了我国在保护未成年被害人合法权益方面迈出了实质性的步伐，而这种在司法文本上的宣誓性进步也可以说是有目共睹。但是，反观我国近年来侵害未成年人案件高发态势，笔者不禁对文本规定的进步效果产生了诸多疑问，其中一个核心问题就是：未成年被害人的权益保护是否真正坚持并落实了“双向保护原则”？就这一问题的反思，对于学术研究和司法实践仍具有十分重要的现实意义。

二、立法和司法实践中存在的问题

（一）未成年人刑事政策对涉罪未成年人保护主义倾向明显

为了体现对未成年人的特殊保护，我国一直以来坚定贯彻并不断推进未成年人保护主义刑事政策的落实。早在1979年，《关于提请全党重视解决青少年犯罪问题的报告》就对涉罪未成年人提出了“教育、挽救、改造”的方针，此后的《未成年人保护法》和《预防未成年人犯罪法》又将上述方针完善为以“教育、感化、挽救”为方针、以“教育为主、惩罚为辅”为原则。从此“六字方针”与“八字原则”成为我国未成年人犯罪的基本刑事政策。最高人民法院《关于办理未成年人刑事案件适用法律的若干问题的解释》对于未成年人犯罪案件的司法实践应如何践行未成年人刑事政策作出了明确的规定，具体表现为对未成年人犯罪的出罪化、非刑罚化、刑罚个别化和缓刑适用。2006年至今，最高人民检察院多次在工作报告或者规范性文件[1]中指出，对主观恶性较小、犯罪情节轻微的未成年人，贯彻教育、感化、挽救方针，慎重逮捕和起诉，可捕可不捕的不捕，可诉可不诉的不诉，做到当宽则宽。由此可见，在

[1] 参见龙敏：“未成年人刑事政策中未成年被害人因素的考量”，载《青少年犯罪问题》2018年第4期。

司法实践中，无论是未成年人犯罪审判工作还是刑事检察工作，都侧重于对涉罪未成年人的宽容与教育，体现出非罪化、非刑罚化、非监禁化和社会化的特征。在这一刑事政策的指导下，我国司法实践对未成年犯罪人的关注和保护明显超越对未成年被害人的保护，而对于受到犯罪侵害的未成年人而言，又该如何面对侵害人由于宽容的刑事政策而受到的宽大处理呢？而对被害人利益保护和司法诉求的忽视必然会是对未成年被害人另一种心理伤害和打击。

（二）未成年被害人权益保障明显不足

2012 年《刑事诉讼法》虽然试图通过加强诉讼代理人的权利来保持双方当事人权利的平衡，也试图通过完善被害人庭审中的诉讼权利来增加对抗性，对被害人较为关切的经济赔偿也作出了相应的改进，但较之于犯罪嫌疑人、被告人权利保障的质的飞跃，被害人一方的权利拓展显然过于缓慢，无法体现平等武装。[1]正如前文所述，2012 年《刑事诉讼法》设立专章规定了指定辩护、社会调查、附条件不起诉等体现出对未成年被告人全面保护的一系列制度，但对于未成年被害人的保护却只规定了合适成年人到场制度的一个方面，这便足以说明当前立法对未成年被告人与未成年被害人保护力度的悬殊。

（三）刑事司法制度不完善

一是法律援助制度存在漏洞。我国《刑事诉讼法》中虽然规定了未成年被害人有申请法律援助的权利，但仅规定为“可以”而非“应当”，同时还需附加“经济困难”的条件限制，这便导致实践中极少有未成年人被害人申请法律援助。二是刑事执法规范化程度不够。我国《刑事诉讼法》中要求“询问女

〔1〕 参见杨晓静、袁方、朱德良：“未成年刑事被害人诉讼权利保护初论”，载《青少年犯罪问题》2015 年第 1 期。

性未成年被害人，应当有女性工作人员在场”，其设置的目的就在于减少女性未成年被害人的紧张、不安，这一点在性犯罪案件中尤为重要，但实际办案工作中，由两名男性工作人员询问的情况并不少见；再如《惩治性侵意见》中规定了“性侵案件一次性询问原则”，但由于性犯罪多为一对一的犯罪形式，犯罪事实的认定离不开被害人陈述，而考虑到未成年被害人的情绪以及办案人员的经验情况，对未成年被害人多次询问的情况在实践中却成了一种常态。三是刑事诉讼中精神损害赔偿及补偿制度缺位。[1]我国刑事诉讼中缺乏精神损害赔偿制度，针对一个犯罪事实提起刑事附带民事诉讼则无法获得精神损害赔偿，而需另行提起民事诉讼才可以获得精神损害赔偿。在未成年人遭到侵害的时候，其心理创伤的愈合以及走出被害阴影所付出的代价或许远远大于其物质上的损失，及时得到必要的赔偿并尽早脱离被害的阴影也是每个未成年被害人家长的希望，但当前精神损害赔偿的诉讼道路之曲折往往无法实现未成年被害人获得经济赔偿的心理安慰。

从以上问题分析可以看出，当前我国立法和司法领域对未成年被害人权益的保护工作呈现出重视程度低、保护力度弱、实践不规范等问题，这从本质上说正是由于对未成年被害人权益保护不独立所致。由此，本书认为，应当根据已有的《关于开展刑事被害人救助工作的若干意见》，建立独立的被害人帮助机制，并将其作为未成年人刑事司法社会支持机制的重要组成部门进行统一谋划，对未成年被害人合法权益提供全面、系统的保护，帮助未成年被害人尽早走出心理阴影和生活困境。

---

〔1〕 参见李洁晖：“论刑事未成年被害人的司法保护”，载《天津大学学报（社会科学版）》2016 年第 6 期。

三、未成年被害人帮助机制构建的基本路径

我国未成年被害人权益保障存在的主要问题不仅仅是立法保护不周和司法保护不足，还存在着家庭保护不力、学校教育不够等多方面问题——鉴于篇幅所限在此就不再一一论述，但归结起来，依然是社会支持机制不完善的问题。在未成年被害人帮助机制方面，为了便于进行具体化讨论，笔者以性侵害未成年人犯罪为切入点提出机制构建思路。

（一）司法保障性机制

司法保障性机制不仅是对司法机关的职责要求，而是从保障未成年被害人诉讼权利及个人隐私的初衷出发，以便利于司法机关对未成年被害人的保护为原则构建的整体性保障机制，主要细分为两方面具体机制。

一是案件发现机制。从考察分析来看，未成年被害人利益的保护呈现明显的滞后性，其主要症结在于未及时向司法机关进行举报、控告。所以针对这一问题建立案件发现机制是必由之路。首先应当建立强制报告制度，即对于未成年被害人具有监护、看管职责的近亲属、学校教师等具有特定监管职责的人，一旦发现被监管人情绪或行为异常（如无故流泪、逃课等），应当立即询问、了解情况，如果存在被监管人可能被他人性侵害的情况，则应当立即向司法机关报告。同时，该制度也应体现充分的强制性，即对于发现应当报告的情况而未第一时间报告的，应当对具有特定监管职责的人进行特定教育并进行一定的行政处罚或政务处分。值得提出的是，我国于2020年10月修订的《未成年人保护法》第11、117条已正式确立强制报告制度并对未履行该项义务造成严重后果的相关责任人员应负的法律责任进行了规定。其次应当完善及时立案制度，对于性侵害未

成年人犯罪案件的受理工作，可以实行由公安机关专门部门归口管理的规则，当被害人等报警后，由警务平台统一分派给相应辖区的专门部门立案受理。在履行立案手续时，为了避免初查程序延误及时立案，只要报案时存在被侵害的可能事实，就应在第一时间立案并立即赶赴现场进行侦查。再者应当加大普法力度，鼓励社会群众及时举报。由于当今社会未成年人的活动范围、领域都得到了极大扩展，负有特定监管职责的人无法也不可能对未成年人的活动进行时刻监管，所以这就需要调动社会群众的力量加大保护力度和广度，其中关键环节就是加大普法力度，让社会大众对性侵害未成年人犯罪案件的法律规定、主要情形以及对未成年人的危害加深理解、统一认识，鼓励未成年人的同学、邻居以及社会目击证人及时举报。

（二）隐私保密机制

侦查询问机制主要是指在侦查机关调查取证以及检察机关审查起诉询问环节应当提供的一系列程序性保护举措，目的在于充分保护未成年被害人的诉讼权利，以为后续心理疏导及医疗服务打好基础。首先是应完善专人办理的制度安排。专人办理是我国刑事诉讼法对司法机关办理未成年人犯罪案件的原则性要求，但实践中由于多方面因素影响，公安机关在侦查环节并未很好地践行专人办理的原则，这便形成了侦查环节未成年人特殊保护的一块短板。所以笔者认为，可以性侵害未成年人犯罪案件为试点和起点，完善审判前程序中的专人办理制度，即在立案后一旦确定有犯罪事实的情况下，该类案件转交侦查机关的专门部门或者专门办案人员办理。其次是应完善一次性询问的制度安排。当前有关机关从维护未成年被害人的人格尊严、避免二次伤害的角度出发，提出对被害人询问的一次性原则。但实践中对于一次性原则的具体理解存在模糊认识，无法实现良好制度的设计初衷。笔者认为，调查询问的目的在于查清案件事实以及了解被害人具体伤情与帮教需求，如果能够在一次询问中实现被害人陈述与其他证据的相互印证——查清案件事实，同时对于帮教被害人所需的个人信息有较为全面的了解，则不应当在任何诉讼环节以任何理由再次询问被害人。所以，公检法三机关在性侵害未成年人犯罪案件中应坚持同一的一次性询问——侦查环节的一次性询问，但为了提高询问质量，侦查机关在询问前可以征求检察机关的意见和建议，主动要求检察机关介入侦查询问过程。此外，诉讼过程中除了严格依法保障被害人获得法律援助的权利、被害人的法定代理人到场及提出意见的权利等法定权利，还应对审判前环节询问时间、地点的选择事先征求被害人及其法定代理人的意见，参与询问、知晓案情的人员应严格限制在办案人员的范围之内，并要求办案人员以及诉讼代理人等人员签署隐私保密协议。而在审判环节，应以对被害人的特殊保护为宗旨，坚持以未成年被害人不出庭作证为原则进行庭审举证、质证，当案件重大复杂，法庭认为被害人有必要出庭时，可由审判人员、诉讼代理人、辩护人在庭外就争议问题向被害人进行一次性核实。

（三）特殊保护性机制

特殊保护性机制是比对未成年被告人的转移处分与帮教措施进行的针对未成年被害人的诉讼外制度设计，这一机制的初衷在于给予未成年被害人及时的身体医疗和心理辅导，同时对于未成年被害人的成长环境进行全面评估，督促其家庭和学校履行好保护被害人的教育责任。

一是身体医疗。在案件发生后，公安司法机关应当在现场侦查的同时，第一时间询问被害人及其近亲属关于被害人所受侵害的情况，并及时送往当地医院进行身体检查、康复医疗。

目前我国多地公安司法机关正在探索建立的未成年被害人一站式询问机制，已出现将询问场所建立在医疗机构之中的做法，从而实现了对未成年被害人的检查、救助、询问、取证的一次性到位，这既有利于对未成年被害人的及时医疗与救助，也有利于案件办理，是一种值得推广的办案模式。对于一般性体检和后续医疗的费用，笔者认为，各地政府应设立被害人医疗专项经费，列入年度财政预算计划，一般性体检应由政府无偿支付，而后续治疗费用则可由政府提前垫付后向被告人追偿。

二是心理辅导。大部分未成年被害人会因性侵害行为留下心理阴影，而由此受到的心理创伤往往难以短时间弥补，但司法实践中对于未成年被害人的心理关注却远未能满足正常的心理康复需求。进而，建立明确的心理康复制度是完善对被害人特殊保护的必要组成部分。笔者认为，鉴于心理辅导工作的专业性，可采取“政府购买服务”方式，由公安司法行政机关根据不同环节工作特点及被害人需求，聘请专业的心理咨询师为被害人提供个性化的心理康复服务。

三是家庭教育令。家庭教育的不到位已经成为当前未成年被害人保护工作的重要短板，其中反映出的重要问题在于家长的教育责任缺位。[1]所以笔者认为：一方面，应当提高家长的教育保护意识；而另一方面则应要求家长切实履行教育责任。就此，可以参照英国的养育协议和养育令制度，建立家庭教育令制度。具体而言，司法机关在办理案件过程中，发现案件的发生与家长的监护不尽责有直接关系，则检察机关可以向人民法院提起民事诉讼，诉请法院责令被害人家长按照司法机关的要求接受定期的亲职教育，保证一定时间内对被害人的陪伴，并

〔1〕 参见兰跃军：“未成年被害人权益保障新论”，载《青少年犯罪问题》2013年第6期。

按要求向司法机关汇报履行监护责任情况，但当家长有能力执行令状但未认真执行时，则可由人民法院以不执行令状为由判处一定数额的罚款处罚。

四是学校教育令。从调查样本明显可以看出，中小学生是当前被性侵害的主要群体。除了家庭教育缺失这一因素外，学校教育不到位的问题也应予以重视和纠正，尤其是对于在学校范围内（如教室、宿舍、卫生间）发生的性侵未成年人的犯罪案件，学校对案件的发生则负有不可推卸的教育管理失职的责任。由此，对于学校教育责任的落实，可以由当地教育行政主管部门牵头成立调查组，对于学校的教育管理制度、教职工人员配置、学生思想动态配置等问题常态化全面进行评估，目的是要求学校强化监管意识，落实保护未成年人责任。

（三）社区防卫性机制

社区防卫性机制主要包括针对未成年被害人保护的组织机构保障以及生活环境保障，具体而言可以从建立统一指挥机构、犯罪记录社区有限公开、活动和职业限制三个方面进行机制建设。

一是建立统一的指挥协调机构。当前我国各地司法行政机关及其他有关组织的未成年人保护意识已在不同领域不同级别的官方文件中得以充分的体现，但保护行动的效果却参差不齐，其中重要原因在于各地司法行政机关及未成年人专门工作机构令出多方、互不隶属，由此导致协调配合过程中产生本无必要的事务性损耗，影响了保护和帮教的实际效果。所以，各地有必要明确未成年人司法服务中心的统一协调地位，统一负责对未成年人犯罪案件的统计分析、专项资金管理、社会调查、转移处分协调以及特定人员的教育帮教工作，以为司法机关专注于案件办理提供组织保障。

二是建立犯罪记录社区有效公开制度。对于曾经有过性犯罪经历或者记录的人，应当建立独立的犯罪情况记录。一方面，应当要求其回归居住地后不仅要及时到当地公安机关进行报到登记，由公安机关出具报到登记证明，并且应到自己居住地的社区委员会进行登记备案，由社区委员会指定专人负责犯罪记录登记工作；另一方面，也应从人权保障的角度充分考虑经过刑罚改造后的犯罪人的生活需要，采取犯罪记录有限公开的原则，即对于犯罪记录只进行被动查询而不进行全面公布，以便于改过自新的犯罪人积极地、平静的面对生活、融入社区，而对于未成年犯罪人，笔者认为应当依法贯彻犯罪记录封存制度，给予法定的信息保护。

三是完善活动和职业限制制度。对于回归社会的犯罪人，合理的限制其活动内容和职业范围是对于未成年人进行特殊保护的必要举措，而对于限制决定的作出也应体现程序正义的要求。笔者认为，可以由法院判决的同时宣布禁止令的形式，禁止犯罪人在回归社会后的一定年限内接触不满 14 周岁的未成年人，也可以禁止其从事因职责需要接触未成年人的相关工作。同时，对于违反禁止令的犯罪人，则可以由公安机关依据禁止令及行政法规的规定予以行政性处罚。

第三章

未成年人刑事司法中的观护教育机制

所谓“观护教育”，顾名思义，包括“观护”和“教育”两个方面。就“观护”而言，包括“观”和“护”两个方面。“观”主要是观察的意思，对未成年人行为知晓，但是并不干预。“护”则带有保护的意味，对于未成年人合乎社会规则行为，不予干预；对于未成年人不合乎社会规则的行为，抑或出现此类苗头的思想，要积极干预，从而达到保护未成年人的目的。与“观护”一词相类似，在实践中也会出现“管护”“关护”的术语，其实三者并没有本质的区别。但是从细处着手，这三者概念还是有一定区别的，主要是第一个字。“观”体现的是一种静态，重在了解；“管”体现的是一种动态，重在干预；“关”体现的是一种心态，重在呵护。相比较而言，对于采取非羁押措施、适用附条件不起诉、判处非监禁刑的未成年人而言，应首先要对其行为进行了解，如果有需要，才有针对性地干预。“管”则较为直接，手段过于强硬；“关”则一味强调福利，手段又过于疲软。相比较而言，“观”则更为适中，较为适宜。在观护的界定上，有“方法说”和“综合说”两种说法：“方法说”的代表是联合国1951年出版的《观护及其有关事项》及美国观护人协会认为观护是处遇特殊犯罪者的一种方式和手段。

“综合说”的典型代表是美国学者 Champion D. J. 认为，观护是对有悔过想法的犯罪人进行有条件的暂缓判决，赦免其进入社区，在观护人的监督下保持善行，避免监禁。[1]同理，“教育”包括“教”和“育”两方面内容，“教”有教导的意味，告诉未成年人什么可以做，什么不能做，处理事情的时候要遵循什么样的原则、该怎么思考等，确保未成年人的行为合乎规范，防止出格行为的发生。“育”倾向于培养，包括生活上的照顾等，使正确的思想和合乎社会规则的做人办事理念潜移默化地融入未成年人身上，使之在以后的道路上少违反甚至不违反社会规则，真正起到感化、引导未成年人向善的作用。总之，“观护教育”的目的就是为了通过对问题未成年人进行有效干预，使问题未成年人认识到错误、改正错误，并避免再犯。观护教育机制也就是国家围绕上述目的而采取的一系列的政策措施。

观护制度源于英国，对应的英文为“probation”，同时具有缓刑和观护的意思。1879 年英国制定的《略式裁判法》，被认为是最早的观护制度法案。现代观护制度也从最初的只处理少年案件，逐步扩大到也处理成年人案件。1985 年联合国《少年司法最低限度标准规则》（北京规则）的第 11 条专门规定了观护办法，共有四款内容。第 1 款主要规定，应酌情考虑在处理少年犯罪的时候尽可能不提交主管当局（法院、仲裁、委员会、理事会）正式审判；第 2 款主要规定，应授权处理少年犯案件的警察、检察机关或其他机构要按照各法律系统为此目的规定的标准以及本规则所载的原则自行处置这种案件，无需依靠正式审讯；第 3 款主要规定，任何涉及把少年犯安排到适当社区

[1] Champion D. J. (1999), Porbation, parole, and Community Corrections. New Jersey: Prentice—Hall，转引自林琳：“涉罪未成年人观护制度研究”，北京师范大学 2017 年博士学位论文，第 6~7 页。

或其他部门观护的办法都应征得少年、其父母或监护人的同意，但此种安排决定在执行前需经主管当局审查；第 4 款主要规定，为便利自行处置少年案件，应致力提供各种社会方案诸如短期监督和指导、对受害人的赔偿和补偿等。在该条的说明部分，对“观护办法”进行了定义，是指包括免除刑事司法诉讼程序并且经常转交社区支持帮助部门，是许多法律制度中正规和非正规的通常做法。这种办法能够防止未成年人司法中进一步采取的诉讼程序的消极作用（如被定罪和判刑带来的烙印），许多时候不干预可能是最佳的对策。因而，在一开始就采取观护办法而不转交替代性的（社会）部门可能是适当的对策。当罪行性质不严重，家庭、学校或进行非正规社会约束的其他机关已经以或可能会以适当的和建设性的方式做出反应时，情况尤其如此。警察、检察机关或法院、仲裁庭、委员会或理事会等其他机构可在作出决定的任何阶段采用观护办法。可以由一个、几个或全部机关根据各法律制度的规则和政策并遵循本规则来施行这种做法，这些做法不一定局限于性质较轻的案件，从而能使观护办法成为一种重要的工具。取得少年犯（或父或母或监护人）对建议观护措施同意这一要求的重要性（转送社区服务而不征得这种同意，将违反《废止强迫劳动公约》），但是对这种同意也并非不能表示反对，因为，这种同意有时完全是由于少年出于走投无路的绝望心情才同意的。这一规则强调，在观护的各个阶段中，都应尽力减少强制和威胁的可能性。少年不应感到有压力（如避免出庭）或被迫同意接受观护方案。因此，最好作出规定，以便由“主管当局在执行前”客观地评价对少年犯的处置是否适宜（“主管当局”可不同于法院、仲裁、委员会、理事会）。以社区观护办法作为代替未成年人司法诉讼程序的可行办法。特别推举以赔偿受害者的方式来了结的方案以及通过短时期监督和指导以避免将来触犯法律事件的方案。视个别案件情况有必要采取适当观护方法，即使是当犯有比较严重的罪行（例如，初犯，由于同伙的压力而犯下罪行等）。

域外观护教育的类型多样、内容丰富，从其司法程序看，在不同的诉讼阶段会对未成年犯罪嫌疑人、被告人、罪犯根据是否采取观护措施进行程序分流，侦查阶段的分流多是终局的，审判起诉阶段和审判阶段的分流多是附以考察期限的暂时性决定。另外，根据观护教育实施时间的长短和方式不同，可以将观护分为标准观护、密集观护和震撼观护等类型。标准观护是观护人和受观护人维持最少量的接触，至多每月见一次，被观护人几乎同其他未成年人具有同样的自由；密集观护介于监禁和保护管束之间，主要以非暴力犯罪或者刑期较重的轻刑犯罪者为主要对象；震撼观护是将犯罪者移送监狱一段时间，达到吓阻效果的观护手段。〔1〕

目前我国各地都在探索多种多样的观护教育办法，也设立了很多观护教育基地，但是关于观护教育及其观护教育基地的定义，理论界和实务界都还没有统一的说法。〔2〕2018 年，最高人民检察院未成年人检察工作办公厅下发征求意见的《关于规范人民检察院观护教育基地建设的指导意见（讨论稿）》第 3 条规定，“观护”是指人民检察院将符合条件的涉案未成年人，交由专门的观护组织和人员、开展观察、教育、矫正、监督、保护等工作，以达到改善行为、预防再犯、保证诉讼活动顺利进行的目的并为司法机关处理提供依据的活动。第 4 条规定，

〔1〕 林琳：“涉罪未成年人观护制度研究”，北京师范大学 2017 年博士学位论文，第 50～51 页。

〔2〕 邝健梅：“专门学校型观护教育基地建设的调研与思考——以广东省江门市检察机关的实践为视角”，载《中国检察学研究会未成年人检察专业委员会 2019 年年会论文集》，第 2 页。

“观护基地”是指为开展观护工作提供法治教育、心理疏导、文化知识学习、劳动技能培训等帮教条件及具备必要活动功能的场所，可以在有关单位、团体和组织中设立。

按照正常的诉讼程序责任划分，被采取非羁押措施未成年人的观护教育责任主体应是公安机关，被采取附条件不起诉未成年人的观护教育责任主体应是检察机关，被判处非监禁刑未成年人的观护教育责任主体应是司法行政部门。在目前的观护教育体系中，政府的作用没有得到充分发挥，社会参与程度不高，观护教育工作基本上是检察机关一家在“单打独斗”，囿于人力、物力、财力所限，其并不能完全发挥观护教育作用。在《合作框架协议》中规定组建专门的未成年人司法服务机构是一个不错的选择，但由检察院联合共青团组织组建，接受综治委“预青”专项组的指导，逐步实现“实体化注册、专业化运作”不妥，可能会出现机构性质界定不清，家长会见困难等问题。正如前文所述，我国应遵循合作主义理念，由政府主导建立包括政府各部门、公安司法机关、社区、各社会组织代表等在内的合作性司法服务机构，以整合各种国家和社会资源，并在此基础上建立观护教育体系，以实现观护教育的专业化、常态化。

第一节　非羁押措施的观护教育

所谓非羁押措施，指的是公、检、法等机关在各类案件办理过程中，为了实现诉讼活动的顺利进行，同时也为了节约司法成本，维护犯罪嫌疑人、被告人的合法权益，避免“交叉感染”，不将犯罪嫌疑人、被告人羁押到看守所等特定机构，采取监视居住、取保候审等措施对上述人员进行管控、教育的一种手段。目前，我国针对未成年人的羁押措施主要有拘留和逮捕，非羁押措施的种类主要包括拘传、取保候审和监视居住三种。其中拘传指的是要求未被羁押的未成年人强制到案，并接受讯问的一种刑事强制措施，主要针对合法传唤而不到案的犯罪嫌疑人。取保候审则是要求犯罪嫌疑人缴纳保证金或者提供保证人后，不予羁押，要求其随叫随到的一种刑事强制措施。监视居住则是侦查机关要求犯罪嫌疑人不得擅自离开指定的住所，并对其行为加以监视的一种刑事强制措施。

从刑事诉讼惩罚犯罪和保障人权的功能的角度看，无论是对未成年人采取非羁押措施，还是对其进行观护教育，都是重在对于人权的保障。非羁押措施相对于羁押措施而言，则明显是保障未成年人的合法权益，而观护教育则带有一定的强制性。总体来说，非羁押措施的观护教育重在保障人权。英国学者米尔恩提出了最低限度人权的概念，他认为任何道德都是普遍道德与特定道德的结合，他将普遍道德与特定道德统一了起来，认为在最低限度道德的层次上，两者是完全一致的。同时，他认为与最低道德相适应，有七种最低限度的人权分别是生命权、正义权、受帮助权、自由权、被诚实对待权、礼仪权以及未成年人的受抚养权。这是普遍存在的权利，只有这些才能称得上是人权。从这个角度看，非羁押措施的观护教育权利属于未成年人的受帮助权。1989 年的联合国《儿童权利公约》规定了儿童的生存权、受保护权、发展权、参与权四大权利，被采取非羁押措施未成年人的观护教育是建立在满足未成年人生存权的基础上的，更多的是属于维护未成年人的发展权，符合儿童最大利益原则。

一、域外非羁押措施的观护教育现状

我国对未成年人采取非羁押措施的方式主要是取保候审和

监视居住，英美国家的保释制度基本上类似于我国的取保候审和监视居住制度的总和。监视居住是具有中国特色的非羁押措施，域外有类似的制度，但是在执行方式上不完全相同。

在英国，保释是犯罪嫌疑人的一项权利，只要犯罪嫌疑人申请，法官就应该作出是否予以保释的决定，当法官批准保释申请的时候，可以附加条件，如提供保证人、缴纳保证金、要求居住在指定地点、定期报告、宵禁、不得进入特定场所、上交相关证件、在保释旅馆居住、安装电子监控等。[1]英国针对未成年犯罪嫌疑人建立了保释支持小组，通常由检察官、辩护方、保释支持小组共同进行会商，讨论并决定是否对该未成年犯罪嫌疑人进行保释，如果意见不一致，则以支持小组的意见为准。[2]英国的保释支持小组组成人员有警察、教育人员、医疗人员等，这些人员按照保释支持计划对未成年犯罪嫌疑人进行评估，对保释的未成年人按照协议要求进行教育，确保在对未成年人的干扰降到最低的前提下，使之能够很好地融入社会之中，同时也降低了司法程序的费用。[3]英国在对未成年犯罪嫌疑人观护教育的过程中，除了对其悉心进行生活照料外，还组织专业人员对其心理、法律、日常学习等进行全方位的教育。

美国对英国的保释制度进行了传承和发扬，自英格兰在弗

---

〔1〕［英］麦高伟、杰弗里·威尔逊：《英国刑事司法程序》，姚永吉等译，法律出版社 2004 年版，第 266～294 页，转引自刘建良：“我国监视居住问题研究”，吉林大学 2018 年硕士学位论文，第 14 页。

〔2〕 陈卫东、陈计划：“英国保释制度及其对我国的借鉴意义”，载《人民检察》2003 年第 3 期，转引自王贞会等：《未成年人刑事司法社会支持机制研究》，中国人民公安大学出版社 2017 年版，第 112 页。

〔3〕 李楠：“非羁押性强制措施探析”，太原科技大学 2015 年硕士学位论文，第 20 页。

吉尼亚建立殖民地开始，就完全继承了英国的保释制度。[1]美国对未成年人保释的社会支持主要源于审前服务机构，美国1982年的《审前服务法》构建了联邦层面的审前服务制度，根据美国审前服务机构协会制定的《审前释放准则》，其主要履行的职责有：调查、收集被告人的有关背景；向法官提交审前服务报告；出席相关会议；监督被释放的被告人；持续审查受羁押的被告人；制作并向法院提交审前释放执行情况报告以及其他一些职能。[2]同时对于保释后的未成年犯罪嫌疑人，美国也不是一放了之，而是由审前服务机构监督并负责对这些未成年犯罪嫌疑人进行培训教育，观护其成长，防止再犯。美国对于保释后的未成年人采取的羁押替代性措施主要有：非戒备森严庇护所、日间或者夜间报告中心、家庭或社区看管等。

1. 非戒备森严庇护所

对于必须予以严加看管，但是危险性尚达不到必须羁押程度的未成年犯罪嫌疑人，在审前可以在非戒备庇护所进行过夜安置，非戒备庇护所不是依靠锁等严管设备，而是依靠人员的管理，管理人员全天候轮班在岗，每6名未成年人至少有1名管理人员。每个非戒备庇护所的规模一般较小，可以同时管理8名至20名未成年人。因为规模小，所以这种场所可以设立在未成年人住址较为集中的社区，方便家人探视，减少不良行为交叉感染的概率，可以有针对性地提供教育、娱乐、辅导和生活技能培训等。[3]

---

〔1〕 李楠："非羁押性强制措施探析"，太原科技大学2015年硕士学位论文，第20页。

〔2〕 史立梅："未成年人刑事案件审前服务制度研究"，载《青少年犯罪问题》2009年第3期。

〔3〕 张文娟：《中美少年司法制度探索比较研究》，法律出版社2010年版，第73~74页。

2. 日间或夜间报告中心

对于进入司法程序的未成年人来说，没有必要进行24小时不间断的看管。美国的报告中心每天提供6小时至12小时的看管服务，其中日间报告中心针对没有上学的未成年人，可以为其提供教育和娱乐的机会。夜间报告中心只是在放学后或者夜间开门，功能和日间报告中心类似，帮助未成年人改正错误，防止再犯，同时也减少了未成年人羁押数量，节约了司法成本。[1]

3. 家庭或者社区看管

对于危险性不太高的未成年人，可以让其待在家中或者亲戚家中接受看管，有督导官员随机突击检查，确保未成年人能够遵纪守法，按时出庭。对于一些需要较高监管程度的未成年人，则可采用电子监控设备，当未成年人离开家中或者固定地点较远时，该设备会发出警报提醒。采用这种方式的观护措施，可以确保未成年人继续上学，极大地节约司法成本。[2]

大陆法系国家通常没有规定保释制度，即使规定了保释制度，也不是将其视为一项权利，而是一种可以替代羁押措施的一种强制措施。同英美法系的保释制度一样，法国的司法监督程序具有我国取保候审和监视居住制度同样的效果，但是其性质却是一种限制人身自由的强制措施，介于自由和羁押之间。[3]未成年犯罪嫌疑人在被预审法官作出司法监督这一决定后，预审法官同时也会附加一些诸如英美国家保释过程中所要

〔1〕 张文娟：《中美少年司法制度探索比较研究》，法律出版社2010年版，第75~76页。

〔2〕 张文娟：《中美少年司法制度探索比较研究》，法律出版社2010年版，第77~78页。

〔3〕 王贞会：《羁押替代性措施改革与完善》，中国人民公安大学出版社2012年版，第144页。

遵循的一些条件。在公诉之前，法国的检察官可以根据《刑事诉讼法》第 41-2 条及第 41-3 条的规定对未成年人案件适用刑事和解程序。检察官可以提出未成年犯罪嫌疑人在不超过 1 年的时间内完成下列任务：公民义务教育培训、就学或参加职业培训、遵守法官作出的安置决定、向有关专家进行咨询、参与日勤活动等。[1]类似的措施还有德国的延期羁押程序。

日本在非羁押措施的观护教育方面颇具经验。日本规定了未成年人案件专门刑事程序，对于未满 20 岁涉嫌犯罪的人，依据《少年法》处理。只有在《少年法》没有规定的时候，才可以适用《刑事诉讼法》及判例。对于可能判处罚金以下刑罚的，应当将案件移送家庭法院，对于应处以监禁刑以上刑罚的，应移送检察官。虽然未成年人犯罪具有法律规定羁押的构成要件，但是只要可以收容于少年鉴别所或者不会对侦查有重大妨碍的，检察官都可以请求采取观护措施，将其移送家庭法院调查官观护，或者请求法官签发令状将其移送少年鉴别所。这种观护措施是替代羁押措施的，兼具有保护和刑事的措施。[2]少年鉴别所将综合运用医学、心理学、教育学、社会学等专门知识对未成年人的生理、心理素质进行全方位的鉴定，使得相关机构对未成年人的综合观护教育可以顺利进行。

二、我国非羁押措施的观护教育现状及问题

（一）我国非羁押措施观护教育现状

2012 年之前，我国《刑事诉讼法》在适用条件上没有将取

[1] 宋洨沙："法国未成年人刑事司法制度评介"，载《中国刑事法杂志》2011 年第 11 期。

[2] 宋英辉、孙长永、朴宗根等：《外国刑事诉讼法》，北京大学出版社 2018 年版，第 489~490 页。

保候审和监视居住分开，只要符合条件，两者可以适用其一，具体适用哪种措施则需要办案人员综合全案因素通盘考虑，综合把握。2012 年我国《刑事诉讼法》开始将两者的适用条件予以具体区分，2018 年《刑事诉讼法》的修改基本上沿袭了 2012 年的适用条件。我国《刑事诉讼法》第 67 条规定，人民法院、人民检察院和公安机关对有下列情形之一的犯罪嫌疑人、被告人，可以取保候审：（1）可能判处管制、拘役或者独立适用附加刑的；（2）可能判处有期徒刑以上刑罚，采取取保候审不致发生社会危险性的；（3）患有严重疾病、生活不能自理，怀孕或者正在哺乳自己婴儿的妇女，采取取保候审不致发生社会危险性的；（4）羁押期限届满，案件尚未办结，需要采取取保候审的。《刑事诉讼法》第 74 条规定，人民法院、人民检察院和公安机关对于符合逮捕条件，有下列情形之一的犯罪嫌疑人、被告人，可以监视居住：（1）患有严重疾病、生活不能自理的；（2）怀孕或者正在哺乳自己婴儿的妇女；（3）系生活不能自理的人的唯一扶养人；（4）因为案件的特殊情况或者办理案件的需要，采取监视居住措施更为适宜的；（5）羁押期限届满，案件尚未办结，需要采取监视居住措施的。对符合取保候审条件，但犯罪嫌疑人、被告人不能提出保证人，也不交纳保证金的，可以监视居住。另外，在这两条法律中也规定了取保候审、监视居住由公安机关执行。

为了完善未成年人司法保护、加强未成年人法治宣传和犯罪预防、强化未成年人权益保护等方面探索工作机制，2018 年 2 月，最高人民检察院与共青团中央签订了《关于构建未成年人检察工作社会支持体系的合作框架协议》。按照未成年人司法的要求，检察官在办案的同时，要尽力帮助受害未成年人尽快走出困境、回归正常生活；对与犯罪的未成年人，检察官也要进行教育挽救，促使其走上正途，回归社会。因此，社会调查、心理干预、人格甄别、行为矫正、社会观护、技能培训等就成了一项必需的工作。最高人民检察院确定在北京市海淀区等40个地区开展未检社会支持体系建设试点工作，以购买服务方式委托北京超越青少年社工事务所等40余家社会服务机构实施具体项目。在全国层面，从2019年3月份开始拟开展3个轮次的未检社会支持体系建设试点工作，每轮试点为期1年。第一轮试点单位确定了40个地方，覆盖了全国31个省（区、市），具有广泛的代表性。一年试点期满后，在2020年3月，最高人民检察院、共青团中央组织对试点地区的工作成效开展审核评估，并通报评估结果。下一步，相关机关将在深入总结试点工作经验的基础上，研发符合我国国情和需求的未成年人司法社会工作服务指南，进一步提高未成年人司法社会支持体系的规范化、专业化水平。[1]可以看出我国对于整个未成年人的观护教育还处在初步探索期，各地根据各个地方的实际情况，有针对性地开展形形色色的观护教育活动。

未成年人被采取非羁押措施后，就需要对其进行必要的观护教育，实践中观护教育无外乎由辖区基层公安机关、居委会或者村委会进行，类似于社区矫正。另外，还有一种就是设立专门的观护教育基地，甚至建立专门学校型观护教育基地。如广州市在2017年9月14日成立了广州首家学校型未成年人观护基地。该未成年人观护基地的适用对象包括：涉嫌的罪行较轻无逮捕必要的未成年犯罪嫌疑人和附条件不起诉的未成年犯罪

〔1〕 于潇、郭璐璐："最高检、共青团中央：在全国40个地区开展未检社会支持体系试点"，载 http://www.spp.gov.cn/spp/zdgz/201904/t20190411_414515.shtml，最后访问日期：2020年7月16日。

嫌疑人。[1]在观护教育过程中，主要内容包括六个方面：(1) 教育考察。主要是思想政治教育，考察其行为表现和行为动态，掌握日常活动情况；(2) 心理矫治。通过谈心谈话，开展心理疏导和干预活动，矫正认知偏差，解决其心理问题；(3) 行为矫治。通过对未成年犯罪嫌疑人行为的矫治，帮助其克服网瘾、赌博、酗酒等不良行为，使之回归社会后的行为符合社会规范；(4) 公益活动。组织未成年人参加一些力所能及的公益活动，培养其社会责任感；(5) 学习培训。教育未成年人学习文化知识，也学习一些劳动技能，使其到社会上后能够谋生；(6) 开展其他有益于未成年人身心健康的活动。

(一) 我国非羁押措施观护教育存在的问题

目前，我国非羁押措施的观护教育存在的问题主要表现为，惩戒管教作用弱、学校型观护教育基地较少、落实观护教育措施的部门少、社会力量参与不足等。

1. 惩戒的管教作用弱

我国的《治安管理处罚法》规定，对于14岁到16岁，或者16岁到18岁初次违反治安管理规定的，依法给予行政拘留处罚的，不执行行政拘留处罚，这样就造成针对未成年人行政拘留的行为无法得到有效执行。实践中，公安机关只能训诫、责令具结悔过、赔礼道歉或者责令家长严加管教，但是这些措施强度偏低，因此最终效果并不理想。[2]另外，在未成年人被取保候审、监视居住期间，由于持续时间较长，执行机关没有足

---

[1] 钟亚雅、陈宇：“广州首家学校型未成年人观护基地正式启用”，载 http://www.jcrb.com/procuratorate/jcpd/201709/t20170915_1797686.htm，最后访问日期：2020年7月16日。

[2] 邝健梅：“专门学校型观护教育基地建设的调研与思考——以广东省江门市检察机关的实践为视角”，载《中国检察学研究会未成年人检察专业委员会2019年年会论文集》，第9页。

够的人力物力管理、约束未成年人的不良行为，这些未成年人往往处于被“放养”状态，每隔一个月或者一段时间去公安机关汇报近期动态，预防教育效果不佳。

2. 学校型观护教育基地较少

实践中，专门的观护教育活动主要是通过观护基地或者是专门的学校型观护教育基地运行的，但是后者的数量明显偏少。以广东省江门市为例，从2017年到2019年初，江门市建设观护教育基地158个，有78名未成年人已经通过观护基地获得了有效帮教，目前还没有专门学校型观护教育基地。[1]可以看出目前我国对于观护教育基地建设工作还处于探索阶段，对于采取非羁押措施的未成年犯罪嫌疑人来说，真正可以受到观护教育的相对较少，能够在观护教育基地接受观护教育则少之又少。

3. 落实观护教育措施的部门少

全面落实观护教育措施需要公、检、法、司四机关和未成年人保护部门协作配合，共同完成。但是目前我国各个单位和部门对未成年人观护教育工作开展力度不一，检察机关成立了专门的未成年人保护机构，联合政府中的未成年人保护部门建立观护教育基地，观护教育工作开展得较好。公安机关因工作任务量大，覆盖面广，尚没有将未成年人的观护教育工作摆上日程。法院设立有少年法庭，但是对未成年人的观护教育方面的工作没有过多地开展。司法行政部门因分工只负责非羁押刑罚的执行，对采取羁押措施的未成年人没有相应的观护教育职责。

4. 社会力量参与不足

对采取非羁押措施的未成年人进行观护教育是一项复杂、

---

〔1〕 邝健梅：“专门学校型观护教育基地建设的调研与思考——以广东省江门市检察机关的实践为视角”，载《中国检察学研究会未成年人检察专业委员会2019年年会论文集》，第1页。

长期的工程，需要社会各界人士参与。目前，该项工作并没有发动足够的社会公众参与，主要表现为心理咨询师、义工、政法干警、退休老干部、社会工作者等广大社会志愿者参加较少。另外，观护基地的未成年人出路问题尚待解决，未成年人在观护教育基地完成了观护，学校和爱心企业就下一步的教育或者工作的衔接不到位，无法保证采取非羁押措施未成年人出观护基地后的健康发展。

三、我国非羁押措施观护教育机制之完善

针对非羁押措施的观护教育所存在的问题，在下一步工作中重点应从以下几个方面入手：

（一）采取多元化的非羁押替代措施

封闭性的羁押措施仅能够维护短期公共安全利益，并且可能会增加未成年人再次犯罪的机率。从社会长远角度考虑，不是罪行特别严重的犯罪，对未成年人一般不应适用羁押措施，应为未成年人提供持续性的社会支持。对未成年人采取取保候审、监视居住措施的，可以借鉴美国的经验，学习新泽西州实施审前羁押替代项目的做法，采取多元化的手段，根据未成年人所犯罪行的严重程度和人身社会危险性选择让其直接回家，安置在开放性的寄宿中心，安置在半开放的场所（寄养中心、白天或者夜间报告中心），安置在培训学校抑或观护教育基地等。[1]

（二）实现县级观护教育基地全覆盖

各级政府机关应加大对观护教育的资金投入力度，每个县应建立一个以上观护教育基地，并要保持其长期运行，避免无常社会支持。同时也要和一些职业学校或者其他学校合作，重

---

〔1〕 张文娟：《中美少年司法制度探索比较研究》，法律出版社 2010 年版，第 313 页。

点建立学校型观护教育基地。还要加大对观护教育基地的宣传力度，通过微信、微博等新媒体宣传观护教育基地的作用和优点。在未成年人被采取取保候审或者监视居住措施时，公安机关或者检察机关应当告知未成年犯罪嫌疑人家属可以将未成年人安置在观护教育基地，并鼓励未成年犯罪嫌疑人家属同意将未成年人安置在观护教育基地。

（三）加大各个单位之间的沟通联络力度

有保护未成年人工作的单位都应该践行“国家亲权理念”，关注未成年人的观护教育工作，相互之间应加大沟通联络力度。公安机关应设立专门的未成年人保护部门，负责观护教育的具体落实工作。特别是在未成年犯罪嫌疑人被采取取保候审或者监视居住措施时，应当根据未成年犯罪嫌疑人的具体情况决定是否对其进行观护教育。检察机关应当充分发挥未成年人保护部门的作用，定期对采取观护教育的未成年人犯罪嫌疑人进行回访，掌握其思想动态，防止在诉讼期间再犯罪。法院应在接受案件的时候就持续性开展观护教育，使未成年犯罪嫌疑人认识到自身错误，进而认罪认罚并改正错误。

（四）发挥社会力量的作用

发挥合作主义模式在预防未成年人犯罪，帮助未成年犯罪嫌疑人回归社会的独特价值，整合社会各界力量，广开渠道吸收社会帮教力量，重点是吸收大学生专业志愿者以及其他社会志愿者，定期到观护教育基地开展观护教育。同时也要做好业务对接工作，为在专门学校进行观护教育的未成年人做好学籍对接工作，保证其在接受观护教育之后能够顺利进入正常学校就读，完成学业。对于完成规定学业的大龄未成年人，应寻找爱心企业，帮助其正常就业，确保接受观护教育的未成年人能够融入正常的社会。

第二节 附条件不起诉的观护教育

附条件不起诉，又称为暂缓起诉、缓予起诉、暂缓不起诉等，是指检察机关对一些犯轻罪且有悔罪表现的未成年人，决定暂不起诉，对其进行监督考察，根据其表现，再决定是否起诉的制度。[1]附条件不起诉主要是针对一些特定人群实施，是以起诉便宜主义为基础的。通过附条件不起诉，检察机关行使了自身的起诉裁量权。未成年人是附条件不起诉的一个特定群体，未成年人附条件不起诉有助于未成年犯罪嫌疑人的观护教育，促使其认识到自身的错误，给未成年人一个改正的机会，有利于其后期的成长和发展，有利于家庭的和谐和社会的稳定，也减少了一些案件的诉讼环节，节省了诉讼成本。目前，附条件不起诉在世界上的许多国家，如德国、日本、美国、荷兰等，都有明文规定并得到了广泛适用，主要适用于轻罪案件和一些社会危害性不大的案件。[2]对附条件不起诉的未成年人进行观护教育，同时要进行考察，被附条件的未成年犯罪嫌疑人应当遵守相关规定并及时报告活动情况，要按照考察机关的要求接受教育和矫治。一旦被发现实施新的犯罪或者决定附条件不起诉之前还有其他犯罪需要追诉的或者违反治安管理规定或者考察机关有关监督管理规定情节严重的，人民检察院应当撤销附条件不起诉决定，否则考验期满应当作出不起诉决定。附条件不起诉和采取非羁押措施的观护教育比较类似，主要区别在于

---

〔1〕 未成年人检察专业委员会秘书处编：《未成年人检察专业化——〈北京规则〉的中国实践》，中国检察出版社 2018 年版，第 212 页。

〔2〕 宋英辉、甄贞主编：《未成年人犯罪诉讼程序研究》，北京师范大学出版社 2011 年版，第 164 页。

未成年人违反了规定后，对其所产生影响有所不同。在非羁押措施的观护教育中，如果未成年犯罪嫌疑人违反了规定或者发现有其他违规违法行为，情节严重的，可能导致被羁押的后果。在附条件不起诉的观护教育过程中，如果未成年犯罪嫌疑人违反了所附条件或者发现有其他违规违法行为，情节严重的，则应由决定的检察机关撤销不起诉决定，直接提起刑事诉讼。

一、域外附条件不起诉观护教育经验考察

从立法层面而言，适用附条件不起诉制度的典型国家包括日本和德国，这两个国家的检察官均拥有一定的起诉裁量权，其刑事诉讼立法中都规定有附条件不起诉制度，德国称之为“附条件的不起诉”，日本称之为“起诉犹豫制度”。另外美国附条件不起诉的范围也在不断扩大，从未成年人逐步扩展至其他特殊人群，被称为审前分流（Pre-trial diversion）。〔1〕

（一）德国

德国《刑事诉讼法典》第153a条规定：“（一）经负责开始审理程序的法院和被指控人同意，对轻罪案件，检察院可以暂时不予起诉……（二）对于已经提起公诉的，法院可以经检察院和被提起公诉的被指控人同意，直至审判可以最后一次核实案件事实的末尾，暂时中止程序，同时对被提起公诉的被指控人适用第1款第2至5项规定的条件和责令……（三）在为履行条件和责令设定的期间进行时，追诉时效中断……”可见，德国法律规定的附条件不起诉的案件适用范围为轻罪案件。但是，在德国司法实践中，附条件不起诉的适用范围远远超越法律规定的范围，尤其是在针对经济、税收犯罪和青少年犯罪的

〔1〕 未成年人检察专业委员会秘书处编：《未成年人检察专业化——〈北京规则〉的中国实践》，中国检察出版社2018年版，第191页。

刑事诉讼中，附条件不起诉的情形已经超出了“轻罪”的条件限制，而扩大到中等严重程度的犯罪案件。[1]在暂时不予起诉期间，德国也是按照非羁押诉讼的措施对未成年人犯罪嫌疑人进行观护教育，在观察案件确实没有起诉必要的时候，检察官则作出不起诉决定。

（二）日本

日本起诉犹豫的范围是从原则上进行较为宏观的规定的，具体操作中检察官可以发挥自身的自由裁量权。日本《刑事诉讼法》第 248 条规定：根据犯人的性格、年龄、境遇、犯罪的轻重及情节和犯罪后的情况，没有必要追究犯罪时，可以不提起公诉。日本起诉犹豫的范围就是检察官的自由裁量范围，根据现行法律，其范围是一切刑事案件。据日本法务省调查，1980 年被决定起诉犹豫的犯罪人员在三年内重犯率仅为 11.5%，同一时期缓刑重犯率为 21.5%，其他刑罚释放后的重犯率为 57.2%，相对而言，起诉犹豫人员的重犯率相对较低，也说明了起诉犹豫制度在特殊预防方面具有独特的效果。[2]对于未成年犯罪嫌疑人而言，主要就是观护其犯罪后的表现，如果表现良好，自愿并有效接受教育，检察官则很可能会作出不起诉的决定。

（三）美国

附条件不起诉在美国被称为“暂缓起诉”，根据 1975 年《问罪前程序模范法典》及《检察官指南》的规定，暂缓起诉主要适用于非暴力犯罪，具体包括欺诈罪（占 26%）、盗窃罪（占 25%）、联邦成文法犯罪（如涉及国家公园和娱乐设施的犯

---

〔1〕 未成年人检察专业委员会秘书处编：《未成年人检察专业化——〈北京规则〉的中国实践》，中国检察出版社 2018 年版，第 191 页。

〔2〕 孙长永：“日本的起诉犹豫制度及其借鉴意义”，载《中外法学》1992 年第 6 期。

罪、妨碍邮政罪等，占 11%）、挪用罪（占 10%）等，这四种犯罪占审前分流适用案件的 72%。[1]在实践中，暂缓起诉以被告人统一参加一些积极的活动为交换（比如，对被害人进行赔偿、自愿接受毒品治疗、进行有效的精神疾病治疗、参加工作培训项目或被雇佣、提供社区服务、获得高中同等学力等），且需要检察官同意延缓起诉。1974 年美国犯罪学家马丁森对纽约州的矫治观护所做的评估，得出的结果是矫治观护完全无效，此结果震惊了所有的专家和民众，提醒世人以教育刑作为有效的观护矫治手段似乎有待检讨。[2]但是这并不影响美国对暂缓起诉的未成年人进行妥善的安置，手段类似于前述非羁押措施所采取的方法。

二、我国附条件不起诉观护教育现状及问题

（一）我国附条件不起诉观护教育现状

我国附条件不起诉制度的改革是先由地方进行探索，在此基础上中央才在全国范围内自上而下全面展开的。我国附条件不起诉的探索可以分为两个阶段：第一个阶段是检察机关自行探索阶段。这个阶段比较长，时间跨度是从 1992 年到 2008 年，主要是对未成年犯罪嫌疑人进行暂缓不起诉处理，设立一定的考验期。第二个阶段是全面探索阶段，在中央认可检察机关前期的探索之后，在全国范围内铺展开来。这个阶段持续了三年，即从 2009 年至 2012 年，这一时期，附条件不起诉针对的对象由未成年人扩大到了老年人、在校大学生等群体的相对轻微犯罪

---

〔1〕 佚名："最高检：被附条件不起诉的未成年人比 6 年前成倍增长"，载 http://www.falvyushenghuo.com/html/2019/zhongb_0412/42789.html，最后访问日期：2020 年 7 月 16 日。

〔2〕 徐锦锋：《少年观护制度理论与实务》，洪叶文化事业有限公司 2009 年版，第 12 页。

案件，在称呼上取消了“暂缓不起诉”的提法，转而使用“附条件不起诉”一词，同时也设置一定的考验期。因为有前一时期检察机关的探索，在总结了足够经验与教训的基础上，立法条件逐步成熟。在2011年8月，全国人大常委会委员长会议提出的《中华人民共和国刑事诉讼法修正案（草案）》中，初步确定了我国附条件不起诉的具体内容，并在规定的时间内向全国征求意见和建议。2012年3月14日第十一届全国人民代表大会第五次会议《关于修改〈中华人民共和国刑事诉讼法〉的决定》（第二次修正）将附条件不起诉这一制度写入了《刑事诉讼法》中，至此，我国针对未成年人的附条件不起诉制度正式建立。据统计2018年全年全国共对未成年犯罪嫌疑人作出附条件不起诉6959人，比附条件不起诉开始适用的2013年上升了一倍。[1]

根据我国目前《刑事诉讼法》的规定，附条件不起诉制度的适用应符合以下条件：第一是主体条件，附条件不起诉制度目前只适用于未成年人犯罪案件。第二是罪名条件，能够附条件不起诉所涉嫌的罪名应是刑法分则第四章、第五章、第六章规定侵犯公民人身权利、财产权利或者妨害社会管理秩序且比较轻微的犯罪，还要是依法可能被判处一年以下有期徒刑、管制、拘役或单处罚金处罚的犯罪。第三是主观条件，是未成年犯罪嫌疑人必须要有悔罪表现。第四是程序性条件，人民检察院在作出附条件不起诉决定之前，应当听取公安机关、被害人的意见。另外，刑事诉讼法也规定在附条件不起诉的考验期内，应由人民检察院对被附条件不起诉的未成年犯罪嫌疑人进行监

---

〔1〕 佚名：“最高检：被附条件不起诉的未成年人比6年前成倍增长”，载 http://www.falvyushenghuo.com/html/2019/zhongb_ 0412/42789.html，最后访问日期：2020年7月16日。

督考察。未成年犯罪嫌疑人的监护人，应当对未成年犯罪嫌疑人加强管教，配合人民检察院做好监督考察工作。附条件不起诉的考验期为6个月以上1年以下，从人民检察院作出附条件不起诉的决定之日起计算。

检察机关的监督考察其实就是一种观护教育，只是这种观护教育带有一定的强制性。在监督考察期间，附条件不起诉附带有相应的处分，被附条件不起诉的未成年犯罪嫌疑人，在考察期间应当遵守的规定有：(1) 遵守法律法规，服从监督；(2) 按照考察机关的规定报告自己的活动情况；(3) 离开所居住的市、县或者迁居，应当报经考察机关批准；(4) 按照考察机关的要求接受矫治和教育。其中第 (4) 点规定的按照考察机关的要求接受矫治和教育，其实就是将对附条件不起诉人进行观护教育的权力赋予检察机关，检察机关可以选择多样化的观护教育方式，既可以将未成年犯罪嫌疑人置于观护教育基地进行观护教育，也可以在社区由专门人员进行管理教育，还可以要求由未成年犯罪嫌疑人的父母严加管束等。如果未成年犯罪嫌疑人，在考验期内被发现实施新的犯罪或者决定附条件不起诉以前还有其他罪需要追诉的，或者违反治安管理规定、考察机关有关附条件不起诉的监督管理规定，情节严重的，则人民检察院应当撤销附条件不起诉的决定，提起公诉。如果被附条件不起诉的未成年犯罪嫌疑人，在考验期内没有上述情形，考验期满的，人民检察院应当作出不起诉的决定。

针对附条件不起诉，《刑事诉讼法》也规定了相应的救济程序：根据刑事诉讼法的规定，对附条件不起诉的决定，公安机关可以要求复议、提请复核，被害人可以申诉。未成年犯罪嫌疑人及其法定代理人对人民检察院决定附条件不起诉有异议的，人民检察院应当作出起诉的决定。附条件不起诉制度给未成年犯罪嫌疑人提供了一次改过自新的机会，能让他们更好地融入社会，从而挽救了一些主观恶性不太大的未成年人。另外，只要犯罪嫌疑人在考验期间没有违反相关条件，考验期满检察机关便可最终作出不起诉的决定，而这种不起诉的决定会使未成年犯罪嫌疑人在法律上归于无罪。附条件不起诉制度并不是对法院审判权的侵犯，而是将诉讼体系更加精细化、层次化，减轻了法院的“诉累”。[1]

根据我国《刑事诉讼法》的规定，在附条件不起诉的案件中，对未成年犯罪嫌疑人进行观护教育的责任主体是检察机关，其他组织和个人不能替代。未成年犯罪嫌疑人离开居住地需要报请检察机关批准，其他组织和个人不能擅自决定。在观护教育过程中，检察机关通常采用的措施主要有：一是对未成年犯罪嫌疑人进行谈心教育，采用圆桌谈话、沙盘游戏等方式使未成年人在放松的心理状态下接受检察机关的教育，同时通过对犯罪危害的阐述，对未成年人常见犯罪类型进行讲解，以及对下一步未成年人该做的和不该做的进行教育，使未成年人认识到自身的错误，反思自己的行为，从而达到教育改正的目的。二是委托基层组织和社会机构对未成年人的日常表现进行监管。委托村委会、居委会对未成年人的家庭状况进行摸排，了解未成年人的成长环境，对其日常行为进行全面监管，防止出现违规违法行为。三是让未成年人父母参与到观护教育中来。法国教育学家福禄贝尔指出：“国民的命运，与其说掌握在掌权者手中，倒不如说掌握在父母的手中。”[2]未成年人附条件不起诉后

---

〔1〕 郑丽萍：“附条件不起诉之进一步构建——基于我国〈刑事诉讼法修正案〉之思考”，载《法学杂志》2012年第9期。

〔2〕 未成年人检察专业委员会秘书处编：《未成年人检察专业化——〈北京规则〉的中国实践》，中国检察出版社2018年版，第175页。

学习生活、教育矫正的主要场所均在家庭，父母有条件第一时间了解未成年人的学习、生活、交往等情况。四是将未成年人放置到观护教育基地进行观护教育。目前观护教育基地接受的对象包括被附条件不起诉的未成年人，其在观护教育基地可以受到与采取非羁押措施的未成年人一样的教育和关爱。

（二）存在的问题

在对被附条件不起诉未成年人进行观护教育的过程中，检察机关未能充分发挥其应有的职能，此外还存在着未成年人父母配合不当、观护教育基地的教育不到位、社会各界参与力度还需加强等一些较为难解决的问题，需要逐步在后续过程中予以完善。

1. 检察机关未能充分发挥应有的职能

实践中检察机关在观护教育过程中存在两种倾向：一种是“大包大揽”，观护教育由检察机关一家承担，没有邀请任何组织和机构参与到观护教育中来，也很少要求未成年人的父母参与到观护教育中来。另外一种是“甩手掌柜”，检察机关将观护教育工作全部交给基层组织、社会机构开展，对整个过程不闻不问。这些都极大地影响了观护教育工作的正常开展。另外检察机关在观护教育过程中还存在“监管不了”的现象，具体表现为检察机关缺乏监管手段，不能及时了解未成年人的相关情况。还有“教育乏力”的问题，在实践中，检察机关对未成年人的教育工作形式化，观护内容简单，社会调查报告闲置，不关注未成年人的心理问题和思想动态等[1]，这样就难以达到观护教育的目的。

---

〔1〕 未成年人检察专业委员会秘书处编：《未成年人检察专业化——〈北京规则〉的中国实践》，中国检察出版社 2018 年版，第 172~173 页。

2. 父母配合不当

在对未成年人进行观护教育的过程中，需要充分发挥家庭的作用，需要父母配合检察机关开展各式各样的观护活动。但是在实践中，未成年人父母往往监护不力，还存在一些不当监护的现象，父母的监护配合作用没有发挥到位。很多父母忙于生计，对未成年子女不问不顾，管教不严，甚至常年在外，对未成年子女的教育处于“放养”的状态。还有一些父母对未成年子女无原则地袒护，对其不良行为不加纠正，想方设法隐瞒，最终造成子女违反规定。

3. 观护教育基地的教育不到位

目前我国观护教育基地的观护教育工作标准不统一，教育工作开展不到位。最主要的表现是观护人员没有统一的认证资格，有的地区是由行政工作人员担任观护人员，有的是从其他机关抽调过来的临退休人员，甚至还有一些是在社会上招聘的临时人员，素质参差不齐，没有统一的上岗资格。这样就造成在实际的观护教育过程中，教育的内容没有针对性，方法不专业，很难起到良好的观护教育效果。

4. 社会各界参与力度不够

根据《人民检察院刑事诉讼规则》第474条的规定，人民检察院可以会同未成年犯罪嫌疑人的监护人、所在学校、单位、居住地的村民委员会、居民委员会、未成年人保护组织等的有关人员，定期对被附条件不起诉的未成年犯罪嫌疑人进行考察、教育，实施跟踪帮教。根据这一规定，检察机关应当充分吸收和利用各种社会资源参与到对涉罪未成年人的观护教育工作之中。但是，我国目前社会力量参与观护教育的程度比较低：一来能够提供高质量观护教育的社会组织和社工人员数量极为有限，难以为附条件不起诉的监督考察提供足够的监护教育服务；

二来很多社会志愿者只是名义上的志愿，既不想也不愿意花费自己的时间和精力去观护教育未成年人，部分参与进来的志愿者也难以全身心投入，造成观护教育达不到预期的目的。

三、我国附条件不起诉观护教育机制之完善

针对附条件不起诉观护教育过程中存在的上述问题，笔者认为需要在以下几个方面予以完善：

（一）充分发挥检察机关应有的职能

作为附条件不起诉监督考察的法律主体，检察机关应承担起在附条件不起诉观护教育中的主体责任，但这并不意味着检察官应当亲力亲为，自己对被不起诉的未成年犯罪嫌疑人实施观护教育。检察机关的主体责任应该体现为作为牵头机关，吸收、整合学校、社区、社会组织、志愿者等各方面社会资源，组成观护教育组织，展开对未成年人的观护教育工作；同时作为法律监督者，检察机关应当对观护教育组织的工作进行监督指导。在观护教育过程中未检工作人员应尽量学习心理学、教育学、社会学等知识以提升组织、监督、指导帮教的效果。

（二）促使监护人全程配合

要实现监护人对观护教育进行实质的配合就需要监护人加强对子女的关心和关注，强化监护人的职责意识，正确引导未成年人形成良好是非观念，帮助涉罪未成年人形成良好生活、学习习惯。观护教育组织应与涉罪未成年人及其家长沟通、形成切实可行的帮教方案，并要求监护人配合学校、社工开展子女教育工作，保持长期进行沟通与交流，共同为涉罪未成年人的健康成长付出一分心力。在检察官的主持下，由检察机关、帮教社工、学校老师及观护对象、监护人共同签署观护教育协议，延伸训诫教育、亲职教育成果，进一步明确观护帮教期间

应当遵守的要求。在观护教育期间，涉罪未成年人应参加社会活动，接受心理辅导，通过一系列学习教育活动提高法律观念，培养法治意识。同时，观护教育期间要由涉罪未成年人监护人予以全程配合与管教，提高家长的责任意识、问题意识，真正做好子女的“引路人”和“人生导师”。

（三）完善观护基地的教育

要提高观护基地观护教育的质量应首先提高观护人员的观护教育水平。一是把好入门关，建立职业观护员资格准入制度，职业观护员不仅应具备专业法律知识，还应掌握必要的心理学知识，未来可考虑进行全国统一的职业观护员资格考试，只有通过资格考试取得职业观护员资格的人员才能承担相应的观护教育工作。二是提高观护人员的业务工作素质，要加大对现有观护人员的教育培训力度，定期开展行业培训，不断提高工作人员的观护教育的专业化水平。三是引入未成年人司法循证项目，通过科学评估，以风险、需求、回应为原则，利用风险评估工具准确确定未成年人需求，选择最佳观护教育方案，促进未成年犯罪嫌疑人回归社会。

（四）加强社会参与力度

在目前尚未建立起完善的社会支持体系的现状下，检察机关在对未成年犯罪嫌疑人进行观护教育过程中要注重争取党委、政府和社会力量的支持，加强与工、青、妇、教育、街道、劳动人事等多个部门的联系配合，积极推进社会化观护教育体系建设，促进无缝衔接，形成教育挽救合力。动员社会力量，开展“检校企社”共建，其中包括“检校共建”“检企共建”“检社共建”等。积极开展异地帮教活动，打破空间和距离的限制，让更多的附条件不起诉的未成年人能够接受考察帮教，更好地帮助附条件不起诉未成年人回归社会。

第三节 非监禁刑的观护教育

非监禁刑是相对于监禁刑而言的，指人民法院对犯罪人员判处的一种刑事处罚种类。关于其内涵和外延，目前存在广义说和狭义说两种观点，所谓广义说认为非监禁刑是在监狱、看守所之外执行，不剥夺人身自由的所有刑事手段总称，包括在监狱、看守所之外执行的所有刑罚方法（死刑除外），还包括监视居住、取保候审等刑事强制措施。[1]近几年来，非监禁刑的定义在范围上有所缩小，非监禁刑所包含的具体手段比较分散，难以从根源上寻求到比较统一的标准，通常以列举的方式将非监禁措施的具体执行方法一一列举，这也是狭义说的观点。狭义说认为非监禁刑需要根据不同的刑罚内容予以确定，我国目前非监禁刑执行的主要内容包括：管制刑、罚金刑、剥夺政治权利刑、没收财产刑、强制驱逐出境五种刑罚种类以及缓刑、假释和暂予监外执行三种刑罚执行制度。[2]

对未成年人而言，罚金刑、剥夺政治权利刑、没收财产刑、驱逐出境刑等处罚措施不适宜适用，也没有进行观护教育的特别意义。由于未成年人大多依附于监护人家庭生活，对其适用没收财产的刑事处罚没有普遍意义，且罚金刑、没收财产刑一旦执行完毕，则刑罚消灭，没有再进行观护的必要。强制驱逐出境针对的是外国人，外国未成年人触犯我国刑法的人员，数量较少，并且其观护教育大多由其国籍国负责，也不做重点研究。

---

〔1〕 姚万勤：“我国非监禁刑司法适用现状及制度前瞻——以A省法院近5年的判决为分析样本”，载《法治论坛》2018年第2期。

〔2〕 石丽：“关于我国非监禁刑执行若干问题及其思考”，载《佳木斯职业学院学报》2018年第5期。

针对剥夺政治权利问题，1995 年 5 月 2 日最高人民法院《关于办理未成年人刑事案件适用法律的若干问题的解释》（已失效）规定：对犯严重破坏社会秩序罪的未成年罪犯，除依法判处无期徒刑的以外，一般不附加判处剥夺政治权利。但是在学界，则见解不一。第一种观点认为对犯罪的未成年人，除判处无期徒刑者外，一般不宜适用剥夺政治权利。其主要理由是：（1）不满 18 岁的未成年人本来就不享有政治权利，实际上也不具有享有的能力，适用剥夺政治权利，没有实际意义；（2）未成年人可塑性大，不剥夺政治权利也可以将其改造为新人；（3）刑法有关未成年人犯罪应当从轻或减轻处罚的规定，即便应该剥夺，也可以从轻或减轻而不予剥夺。第二种观点认为对未成年人应剥夺其政治权利，因为未成年人在执行主刑期间可能年满 18 岁而享有政治权利，如果不剥夺其政治权利，就不利于同涉罪未成年人作斗争和对他们的改造，认为对未成年人，判决时可暂不剥夺其政治权利，待成年后，或刑满、假释时，视其改造情况和悔改程度，如有必要，可采取裁定或判决的方式再予以剥夺。剥夺政治权利主要用于进行政治斗争，而且主要针对的主体是成年人，不宜适用于未成年人。在 2018 年《刑事诉讼法》修改中已经将剥夺政治权利排除在社区矫正之外了，那么也就应当排除在观护教育之外。

因此，针对未成年人的非监禁刑主要指被判处管制、宣告缓刑、裁定假释、暂予监外执行这四类犯罪行为的执行方式，且管制处罚的案例近几年已很少出现，管制的适用率逐渐降低。

一、域外非监禁刑的观护教育经验

目前世界上很多国家和地区为了落实人道主义保护措施，保障未成年人的健康发展，都是以教育为主，惩罚为辅，采取一些宽缓的政策。特别是在非监禁刑适用方面，对未成年人往往能够网开一面，希望未成年人可以以此为教训，防止再犯，最终达到挽救涉罪未成年人的目的。

（一）德国

德国的《少年法院法》不仅包含了少年刑法这一实体法的内容，还包含了有关少年法院以及少年诉讼的有关规定。[1]《少年法院法》对未成年人犯罪案件规定的观护教育措施包括教育处分、惩戒措施和保安处分三大类。教育处分是对未成年人的犯罪行为进行指导、指示，使其认识到错误，进而改正错误，防止再犯。在特殊情况下可将未成年人关到精神病院或戒除瘾癖的机构进行治疗。惩戒措施主要包括警告、确定义务和关禁闭。保安处分指的主要是吊销驾照等措施。德国判处刑罚的数量要远远低于教育处分的数量，同时，德国还确立了缓刑科处制度和犯罪记录消灭制度。缓刑科处制度指对未成年人的犯罪行为只做判决，暂不执行，确定一段合适的考验期，让其继续上学和生活，并由特定观护人进行观护教育。考验期一般为 1 年至 2 年，如果未成年人在考验期间再次犯罪需要执行的，则需要执行原判决。如果未成年人在观护考验期间表现良好，则原判决不再执行。犯罪记录消灭制度是指在未成年人父母、学校、检察机关等力量的共同努力下，经过严密的调查，认为未成年人已经改正错误，并确保以后不会再犯罪的情况下，可以取消其刑事犯罪污点记录，以利于其以后的发展。

（二）澳大利亚

澳大利亚刑法对未成年人罪犯适用的政策是轻刑化、非监禁化，主要包括警告、训诫、未成年人司法会议、签订行为良

---

〔1〕 宋英辉、孙长永、朴宗根等：《外国刑事诉讼法》，北京大学出版社 2018 年版，第 258 页。

好保证书后释放、判处罚金、缓刑释放、从事社区服务、交付儿童感化中心执行监禁。对已经构成犯罪的未成年人，如果其犯罪情节较轻且已经认罪悔过态度较好，可以送交未成年人司法会议。未成年人司法会议由犯罪的青少年、其法定代理人、家庭和家族成员、受害人本人或受害人的代理人、未成年人司法局的官员、社区里有威望的人、警察等参加，对犯罪的青少年进行帮教。澳大利亚对犯罪青少年的改造，大量运用了警告、告诫、社区服务等措施，只把犯罪情节严重或尽管犯罪情节不严重但当事人不认罪的案件才提交到法院。[1]轻刑化、非监禁化的处理使受到观护教育后的青少年再犯罪率大大降低，取得了显著的社会效果。

（三）美国

在美国，少年法院是关爱型的，法官被委以独立的权威选择最适合少年恢复的个性化方案。一旦法官裁定未成年人有罪，缓刑官就开始制订安置计划，给予法官充分的安置选择。缓刑官事先对未成年人及其所在家庭的情况进行充分的评估，以确定其可以获得的资源支持。法官可以命令对未成年人进行心理评估、诊断测试、封闭观察等，在充分听取缓刑官、公诉人、辩护律师等各方建议的基础上，决定对未成年人的处置方案。美国利用与阶梯式观护相关的体系化决策工具对未成年人进行审后安置评估，评估方法多样，其中风险评估、未成年人和家庭需求评估、安置矩阵、项目评估程式是四种比较常见的观护教育评估方式。无论何种安置模式，这些安置措施都是根据未成年人犯罪的各种因素，如家庭、学校、同伴和个人情况，专门制定的个性化方案。

在具体安置措施的实施方面，各个州都不相同，但是法官

---

〔1〕 于莉：“未成年犯罪人适用非监禁刑问题研究”，山东大学2010年硕士学位论文，第15~16页。

做出的最终决定无外乎三种：（1）有条件释放（部分州称为“有条件不认为是犯罪”）。被有条件释放的未成年人，不予监禁，仅需遵守一些条件，如完成戒毒、补偿受害者、参加社区服务等。这主要针对初次犯罪、无严重犯罪前科的未成年人，且属于非暴力的情节轻微犯罪，在执行过程中由其父母或监护人监管，如果在一段确定期间，未成年人遵守释放条件，则被决定释放，不列入犯罪记录。（2）缓刑或者其他基于社区的非过夜安置。缓刑可以适用比较严重罪犯的监禁替代措施，在此期间，未成年人必须按照法官的要求遵守一定的条件，除了需要定期和监督官见面外，还需要遵守一些其他的要求，如宵禁、社区服务、戒毒咨询等规定，如果违反这些规定，法官在正式审查听证中可以撤销缓刑。〔1〕缓刑是少年法庭最常用的处置方式。2018年，美国有51%的未成年人案件被处以缓刑。〔2〕（3）封闭式安置。也就是完全的监禁，这种情况一般适用于罪行特别严重的未成年人。

二、我国非监禁刑的观护教育现状及问题

（一）我国非监禁刑的观护教育现状

就非监禁刑而言，我国针对未成年人的执行方式有管制刑、缓刑、假释和暂予监外执行四种方式。一般对成年罪犯采取非监禁刑措施后，也应对其进行社区矫正。而未成年人被采取非监禁刑处罚措施后，则可以对其进行观护教育。观护教育和社区矫正的区别主要有三方面：一是对象侧重点不同，观护教育

〔1〕张文娟：《中美少年司法制度探索比较研究》，法律出版社2010年版，第89~93页。

〔2〕数据来源：https://www.ojjdp.gov/ojstatbb/probation/qa07102.asp，最后访问日期：2020年7月14日。

重点针对的是未成年人，社区矫正针对的则是所有人；二是范围不同，观护教育可以贯穿于刑事诉讼的全过程，社区矫正则仅仅是在刑罚的执行环节；三是地点不同，观护教育可以在社区进行，也可以在观护基地进行，而社区矫正则主要是在社区进行。以上可以看出观护教育和社区矫正在范围上有所重合，在手段上也有很多共通的地方。与采取非羁押措施和附条件不起诉的未成年人不同，未成年人非监禁刑的执行机关主要为司法行政部门，在观护教育的具体工作方面则更类似于社区矫正。

我国于2003年7月正式启动了社区矫正试点工作，将管制刑、缓刑、假释、暂予监外执行、剥夺政治权利五类人员放在社区执行刑罚。随着我国社区矫正制度的逐步完善，越来越多的未成年犯被适用非监禁刑而在其居住的社区接受矫正，体现了我国对未成年人的特殊保护。[1]我国《刑法修正案（八）》明确将社区矫正作为一种刑罚执行方式，刑事诉讼法也对社区矫正的对象和执行机构做出了规定，即对被判处管制、宣告缓刑、假释或者暂予监外执行的罪犯，依法实行社区矫正，由矫正机构负责执行。2019年12月28日第十三届全国人大常委会第十五次会议表决通过了《社区矫正法》，在第七章对未成年人的社区矫正进行了特别规定，其中第52条规定社区矫正机构应当根据未成年社区矫正对象的年龄、心理特点、发育需要、成长经历、犯罪原因、家庭监护教育条件等情况，采取有针对性的矫正措施，并要确定矫正小组，吸收熟悉未成年人身心特点的人员参加。这实际上就是一种限定在社区内的观护教育。2020年6月，司法部与最高人民法院、最高人民检察院、公安

〔1〕李乐平、吴小强、施飞：《未成年人刑事案件特别程序与社会化保护——以常州市观护矫正工作站为样本的实证研究》，中国政法大学出版社2013年版，第87页。

部制定出台了《社区矫正法实施办法》，该办法只在第 55 条对未成年人的社区矫正作出了专门规定，其他主要还是对《社区矫正法》相关内容的细化。

社区矫正作为一种不同于传统监狱监管模式的刑事执行活动，能够让未成年人不脱离家庭、学校和社会，对于促进身心不成熟的未成年犯罪人员改邪归正、回归社会是十分有益的。对非监禁刑未成年人进行观护教育最早是从社区矫正开始的，在探索阶段各个地方有各自的特色。北京、上海、浙江、江苏等 6 个省市是我国社区矫正较早的试点地区，同时对未成年人的社区矫正工作也做得比较好，在实践中形成了以“北京模式”“上海模式”和“浙江模式”为代表的社区矫正工作经验。其中北京模式、上海模式更具有代表性。

北京模式的具体操作方式是在市一级成立社区矫正工作委员会，区一级设立社区矫正领导小组，具体的日常工作由司法部门承担。为解决社区矫正执法工作人员不足的问题，社区矫正部门向监狱和原劳教局抽调干警。上海模式与之并不相同，也是在市一级成立社区矫正办公室，然后由政府向专业的民间组织购买服务，负责社区矫正工作的具体实施。在充分发挥帮助未成年社区矫正对象回归社会的功能上，北京和上海均做出了有益探索，如北京成立了“阳光中途之家”，在法律法规教育、就业咨询指导、心理咨询等方面为社区矫正对象提供帮助；而上海则是成立了“阳光社区青少年事务中心”，与北京“阳光中途之家”以社区矫正对象和刑满释放人员为服务对象不同，上海的“阳光社区青少年事务中心”主要针对外来未成年人提供心理咨询和就业帮助，竭力预防这类群体违法犯罪。〔1〕

〔1〕 张新民、刘远主编：《中国社区矫正制度与立法研究》，世界知识出版社 2019 年版，第 260 页。

（二）存在的问题

虽然一直以来我国法律对未成年人犯罪秉持以教育为主、以惩罚为辅的原则和方针，但是受各种因素的影响，在我国对未成年人适用非监禁刑方面还存在着一些问题。同时，虽然各地都形成了各具特色的社区矫正工作模式，但被判处非监禁刑未成年人的观护教育工作作为整体工作的薄弱项，也存在一些问题。

1. 观护教育规定不明确

未成年人被判处非监禁刑后，目前我国的法律体系中仅规定了对其进行社区矫正。虽然《社区矫正法》对未成年人矫正问题有所规定，其中包含了一些具有观护教育性质的措施，但是并没有明确观护教育这一规定。同时，全国各地的观护教育基地主要是由检察机关牵头，会同未成年人保护部门等建立的，普遍规定接纳范围仅限于对于采取非羁押措施和附条件不起诉的未成年人，对于判处非监禁刑罚的未成年人并没有观护教育的规定，这样就造成这部分未成年人无法在观护教育基地接受专业教育，只能通过社区矫正措施进行教育改造。

2. 实施程序监督制约机制不健全

对未成年人进行观护教育决定着其服刑期限、地点和方式，其实施决定程序是司法腐败的易生环节。一些法官对未成年人是否应适用观护教育措施把握不准确，有的过严，有的过宽。特别是对于未成年人的一般性犯罪、轻微犯罪、初犯、偶犯、从犯或者具有强烈悔过心理的未成年人没有适用观护教育措施。同时，我国观护教育决定程序中的监督制约机制还不够完善，如缓刑的适用标准模糊，缺乏可操作性等。在观护教育措施适用上，法官个人的主观意识起主要作用，自由裁量权监督制约力度不够。[1]

---

〔1〕宋英辉、甄贞主编：《未成年人犯罪诉讼程序研究》，北京师范大学出版社 2011 年版，第 246 页。

3. 缺乏适合未成年人的观护教育项目

观护教育工作在我国并不成熟，特别是在社区进行观护教育的未成年人，其观护教育的项目和方法不足。我国《社区矫正法实施办法》仅规定对社区矫正对象进行教育帮扶，开展法治道德等教育，协调有关方面开展职业技能培训、就业指导，组织公益活动等事项。实践中，观护教育的对象一般都是成年犯罪人员，针对涉罪未成年人，社区难以联系和开展多样化的社区服务和社会活动。〔1〕

三、我国非监禁刑观护教育机制之完善

上述问题的存在对未成年人的观护教育工作会产生负面效果，客观上不利于对未成年人的保护。笔者认为若要在实际工作中对未成年人适用观护教育措施进行完善，应当从以下这几方面入手进行改变和具体实施：

（一）社区矫正与观护教育基地相衔接

在近期内对《社区矫正法》和《社区矫正法实施办法》进行再次修改不太现实，但我们可以在实践中提高对观护教育工作的认识程度，加大观护教育方面的资金投入，提高各方的工作积极性。特别是要注重与社区矫正制度的相互衔接，相互配套，对于在观护教育基地入驻的未成年人被判处非监禁刑的，可以申请继续留在观护教育基地接受教育，将社区矫正工作一并纳入观护教育基地。

（二）完善实施程序的监督制约机制

在适用观护教育的环节上可以学习借鉴苏格兰儿童听证制度的规定，由有权决定缓刑、假释、管制、监外执行的法庭或

---

〔1〕 张新民、刘远主编：《中国社区矫正制度与立法研究》，世界知识出版社2019年版，第264页。

未成年犯管教所主持，涉罪未成年人及其监护人、教师、被害人、检察官、律师等各方参与听证，围绕犯罪原因、动机、成长环境、主观性情、悔罪表现等多方面发表意见，最终由决定机关作出观护教育具体措施的裁定。在听证之后，合议庭或者未成年犯管教所应该落实层报机制，会同涉罪未成年人的审前调查报告、审判中的表现、听证会纪要以及观护教育计划书报送同级法院院长或者省级司法行政机关审查，最终予以批准。〔1〕

（三）践行平等观护、效率观护的理念

要加强对未成年人的观护教育，特别是要消除地域差别，对于需要在本地接受观护教育的，要无条件接受，为非本地涉罪未成年人提供平等接受观护教育的机会。此外，观护教育基地和社区还要与认罪认罚制度相对接。由于入驻观护教育基地人员和社区矫正人员涉嫌案件大多为轻微简易刑事案件，观护教育基地和社区可以引导未成年人认罪认罚，督促公检法机关提高办案效率，优化侦查、起诉、审理流程，全程提速，尽量缩短办案期限，防止因诉讼周期过长导致对涉罪未成年人合法权利的侵害。

（四）增加适合未成年人的观护教育项目

一方面家长、社区、学校、观护教育基地等应建立联系，定期召开小型教育碰头会，践行恢复性司法理念，落实刑事和解制度，必要时可以让被害人与加害人面对面交流、沟通、协商，促使加害人愿意赔偿损失、赔礼道歉、励志改过自新，重新做人，从而取得被害人的谅解。另一方面观护教育基地以及社区要与司法行政机关加强合作，由司法行政机关在观护教育

〔1〕宋英辉、甄贞主编：《未成年人犯罪诉讼程序研究》，北京师范大学出版社2011年版，第246页。

基地或者社区内设立观护教育办公室，并聘请社会上具有政法、教育、社会工作经验的人员，如志愿者、社工等共同组成观护教育小组，有针对性地开展提供心理矫正、亲情感化、法律教育等活动，同时观护教育基地和社区要为未成年人犯提供劳动技能培训，并有效对未成年人进行行为矫正、心理治疗，增强其回归社会的能力和信心，切实保证观护教育的实际效果，实现观护教育的预期目标。[1]

---

〔1〕 李乐平、吴小强、施飞：《未成年人刑事案件特别程序与社会化保护——以常州市观护矫正工作站为样本的实证研究》，中国政法大学出版社 2013 年版，第 88 页。

参考文献

一、中文著作

卞建林主编:《未成年人刑事司法程序外国刑事诉讼法有关规定》，中国检察出版社 2017 年版。

樊崇义、史立梅等:《正当法律程序研究——以刑事诉讼程序为视角》，中国人民公安大学出版社 2005 年版。

侯东亮:《未成年人司法模式研究》，法律出版社 2014 年版。

李霞:《监护制度比较研究》，山东大学出版社 2004 年版。

李乐平、吴小强、施飞:《未成年人刑事案件特别程序与社会化保护——以常州市观护矫正工作站为样本的实证研究》，中国政法大学出版社 2013 年版。

罗大华、何为民主编:《犯罪心理学》，中国政法大学版社 2012 年版。

宋英辉、甄贞主编:《刑事诉讼法学》(第 6 版)，中国人民大学出版社 2019 年版。

宋英辉、甄贞主编:《未成年人犯罪诉讼程序研究》，北京师范大学出版社 2011 年版。

宋英辉、孙长永、朴宗根等:《外国刑事诉讼法》，北京大学出版社 2018 年版。

王贞会:《羁押替代性措施改革与完善》，中国人民公安大学出版社 2012

年版。
未成年人检察专业委员会秘书处编：《未成年人检察专业化——〈北京规则〉的中国实践》，中国检察出版社 2018 年版。
吴宗宪：《西方犯罪学》，法律出版社 2006 年版。
席小华：《从隔离到契合：社会工作在少年司法场域的嵌入性发展——基于 B 市的一项实证研究》，中国人民公安大学出版社 2017 年版。
徐美君：《侦查讯问程序正当性研究》，中国人民公安大学出版社 2003 年版。
徐锦锋：《少年观护制度理论与实务》，洪叶文化事业有限公司 2009 年版。
姚建龙：《青少年犯罪与司法论要》，中国政法大学出版社 2014 年版。
姚建龙主编：《合适成年人与刑事诉讼——制度渊源、演进与未来》，中国人民公安大学出版社 2014 年版。
尹琳：《日本少年法研究》，中国人民公安大学出版社 2005 年版。
张静：《法团主义》，中国社会科学出版社 1998 年版。
张文娟：《中美少年司法制度探索比较研究》，法律出版社 2010 年版。
张鸿巍：《少年司法通论》 人民出版社 2008 年版。
张新民、刘远主编：《中国社区矫正制度与立法研究》，世界知识出版社 2019 年版。
张明楷编著：《外国刑法纲要》，清华大学出版社 2003 年版。
翟中东：《国际视域下的重新犯罪防治政策》，北京大学出版社 2010 年版。

二、中文译著

［英］戴维· 米勒、韦农·波格丹诺编：《布莱克维尔政治学百科全书》，中国问题研究所、南亚发展研究中心，中国农村发展信托投资公司组织翻译，中国政法大学出版社 1992 年版。
［英］戈登·休斯：《解读犯罪预防——社会控制、风险与后现代》，刘晓梅、刘志松译，中国人民公安大学出版社 2009 年版。
［英］维克托·迈尔-舍恩伯格、肯尼思·库克耶：《大数据时代——生活、工作与思维的大变革》，周涛等译，浙江人民出版社 2013 年版。
［英］麦高伟、杰弗里·威尔逊：《英国刑事司法程序》，姚永吉等译，法

律出版社 2004 年版。

［美］玛格丽特 · K. 罗森海姆、富兰克林 · E. 齐姆林、戴维 · S. 坦嫩豪斯、伯纳德 · 多恩编：《少年司法的一个世纪》，高维俭译，商务印书馆 2008 年版。

［德］汉斯 · 约阿希姆 · 施奈德主编：《国际范围内的被害人》，许章润等译，中国人民公安大学出版社 1992 年版。

《世界各国刑事诉讼法》编辑委员会编译：《世界各国刑事诉讼法（欧洲卷 · 上）》，中国检察出版社 2016 年版。

三、中文论文

安凤德、赵德云、陈轶："论未成年被害人与被告人权利的平衡与保护"，载《法律适用》2017 年第 19 期。

杨新娥等："附条件不起诉实证研究报告"，载《国家检察官学院学报》2017 年第 3 期。

陈立毅："我国未成年人刑事案件社会调查制度研究"，载《中国刑事法杂志》2012 年第 6 期。

陈伟："认真对待人身危险性评估"，载《比较法学研究》2002 年第 5 期。

陈卫东、陈计划："英国保释制度及其对我国的借鉴意义"，载《人民检察》2003 年第 3 期。

陈兴良："论人身危险性及其刑法意义"，载《法学研究》1993 年第 2 期。

程虹娟等："大学生社会支持的研究综述"，载《成都理工大学学报（社会科学版）》2004 年第 1 期。

邓伟志、陆春萍："合作主义模式下民间组织的培育和发展"，载《南京社会科学》2006 年第 11 期

方英、朱俊熔："项目制下社会组织的制度同形与异形——以广东社工机构为例"，载《社会工作与管理》2018 年第 6 期。

高维俭："再论少年司法之社会人格调查报告制度"，载《预防青少年犯罪研究》2012 年第 2 期。

高玥："社会支持理论的犯罪学解析与启示"，载《当代法学》2014 年第 4 期。

耿爱生、纪拓："瑞典合作主义文化与儿童福利发展"，载《社会福利（理论版）》2017 年第 9 期。

顾昕、王旭："从国家主义到法团主义——中国市场转型过程中国家与专业团体关系的演变"，载《社会学研究》2005 年第 2 期。

李忠林等："社会调查报告收集和审查机制的实证研究——以桂林市两级法院未成年人刑事案件为研究对象"，载《中国应用法学》2017 年第 6 期。

韩俊魁："中国政府实现购买服务战略目标之障碍与对策：基于中外比较视野"，载《华南师范大学学报（社会科学版）》2017 年第 1 期。

韩索华、于伟香："合适成年人制度研究"，载《法学杂志》，2013 年第 7 期。

郝银钟、盛长富："论未成年人刑事司法中的合适成年人参与制度"，载《湖南社会科学》2012 年第 5 期。

何挺："合适成年人讯问时在场的形式化倾向及其纠正"，载《中国刑事法杂志》2012 年第 11 期。

何挺："附条件不起诉制度实施状况研究"，载《法学研究》2019 年第 6 期。

黄希庭："再谈人格研究的中国化"，载《西南师范大学学报（社会科学版）》2004 年第 6 期。

贾健、王玥："未成年被害人向犯罪人转换的原因及其控制对策"，载《广西社会科学》2019 年第 2 期。

邝健梅："专门学校型观护教育基地建设的调研和思考——以广东省江门市检察机关的实践为视角"，载《中国检察学研究会未成年人检察专业委员会 2019 年年会论文集》。

兰跃军："未成年被害人权益保障新论"，载《青少年犯罪问题》2013 年第 6 期。

雷小政："涉罪未成年人心理辅导与矫治机制改革"，载《中国刑事法杂志》2014 年第 1 期。

李红豆："附条件不起诉制度实施问题研究"，载《北京警察学院学报》2019 年第 1 期。

李洁晖："论刑事未成年被害人的司法保护"，载《天津大学学报（社会科学版）》2016 年第 6 期。

李培林、徐崇温、李林："当代西方社会的非营利组织——美国、加拿大非营利组织考察报告"，载《河北学刊》2006 年第 2 期。

李卫红："对少年观护帮教的再认识"，载《山东警察学院学报》2015 年第 5 期。

李晓郛："法政策学视角下的未成年人监护立法"，载《青少年犯罪问题》2016 年第 5 期。

刘立霞、李晓南："运用大数据理论完善未成年人社会调查制度"，载《法学杂志》2015 年第 1 期。

刘芹："'中欧少年司法制度——合适成年人参与制度研讨会'会议综述"，载《青少年犯罪问题》2003 年第 3 期。

龙敏："未成年人刑事政策中未成年被害人因素的考量"，载《青少年犯罪问题》2018 年第 4 期。

卢元芬："国家治理现代化的法团主义路径探析"，载《治理研究》2018 年第 2 期。

陆士帧、常晶晶："简论儿童福利和儿童福利政策"，载《中国青年政治学院学报》2003 年第 1 期。

马建斌："新合作主义评析及其适用性"，载《党政论坛》2008 年第 7 期。

倪润："强制医疗程序中'社会危险性'评价机制之细化"，载《法学》2012 年第 11 期

申建林："西方社团主义的利益调整模式"，载《国外理论动态》2010 年第 1 期。

石经海："从极端到理性：刑罚个别化的进化及其当代意义"，载《中外法学》2010 年第 6 期。

石丽："关于我国非监禁刑执行若干问题及其思考"，载《佳木斯职业学院学报》2018 年第 5 期。

史立梅："未成年人刑事案件审前服务制度研究"，载《青少年犯罪问题》2009 年第 3 期。

宋洨沙："法国未成年人刑事司法制度评介"，载《中国刑事法杂志》2011

年第 11 期。
宋英辉、苑宁宁："未成年人罪错行为处置规律研究"，载《中国应用法学》2019 年第 2 期。
宋志军："论未成年人刑事司法的社会支持体系"，载《法律科学（西北政法大学学报）》2016 年第 5 期。
孙长永："日本的起诉犹豫制度及其借鉴意义"，载《中外法学》1992 年第 6 期。
滕洪昌、姚建龙："少年司法与心理学的整合——一个初步的探讨"，载《中国青年研究》2017 年第 7 期。
王慧、孙玉波："'临时监护措施'实施主体及实现条件探析"，载《青少年犯罪问题》2017 年第 6 期。
王名、乐园："中国民间组织参与公共服务购买的模式分析"，载《中共浙江省委党校学报》2008 年第 4 期。
王清："项目制与社会组织服务供给困境：对政府购买服务项目化运作的分析"，载《中国行政管理》2017 年第 4 期。
王向民："中国社会组织的项目制治理"，载《经济社会体制比较》2014 年第 5 期。
王玉梅："中法刑事拘传制度之比较"，载《湖北警官学院学报》2014 年第 4 期。
王贞会："家庭监护功能缺位的实践表征及其治理路径——以 308 名涉罪未成年人为样本的分析"，载《政法论坛》2018 年第 6 期。
吴鹏飞："中国儿童福利立法：时机、模式与难点"，载《政治与法律》2018 年第 2 期。
席小华："我国未成年人司法社会工作的实践困境及其行动策略——以 B 市实践为例"，载《华东理工大学学报》2016 年第 6 期。
夏国永："国外政府与社会组织合作治理的经验借鉴与启示"，载《经济研究导刊》2012 年第 6 期。
项传军："未成年人犯罪的心理视角与防控探讨"，载《福建论坛（人文社会科学版）》2012 年第 4 期。
熊贵彬："内地和香港青少年司法社会工作状况评析——以海淀、盘龙和香港司法社工为例”，载《前沿》2012 年第 14 期。
徐美君：“‘适当成年人’讯问时在场制度研究——以未成年犯罪嫌疑人为中心”，载《现代法学》2003 年第 5 期。
杨飞雪、袁琴：“合适成年人参与制度的比较研究”，载《预防青少年犯罪研究》2014 年第 2 期。
杨洁：“家庭暴力犯罪中未成年被害人的保护与援助”，载《江西警察学院学报》2015 年第 4 期。
杨晓静、袁方、朱德良：“未成年刑事被害人诉讼权利保护初论”，载《青少年犯罪问题》2015 年第 1 期。
姚建龙：“美国少年司法严罚刑事政策的形成、实践与未来”，载《法律科学（西北政法大学学报）》2008 年第 3 期。
姚建龙：“英国适当成年人介入制度及其在中国的引入”，载《中国刑事法杂志》2004 年第 4 期。
姚万勤：“我国非监禁刑司法适用现状及制度前瞻——以 A 省法院近 5 年的判决为分析样本”，载《法治论坛》2018 年第 2 期。
叶青、王刚：“论心理测试在未成年人刑事诉讼中的运用”，载《青少年犯罪问题》2003 年第 2 期。
尹广文：“项目制运作：社会组织参与城市基层社区治理的路径选择”，载《云南行政学院学报》2017 年第 3 期
翟桂萍：“社区共治：合作主义视野下的社区治理——以上海浦东新区潍坊社区为例”，载《上海行政学院院学报》2008 年第 2 期。
张崇脉：“当代美国循证矫正及其启示”，载《中国刑事法杂志》2013 年第 6 期。
张鸿巍：“‘国家亲权’法则的衍变及其发展”，载《青少年犯罪问题》2013 年第 5 期。
张鸿巍：“浅析美国未成年人案件社会调查制度”，载《河北法学》2014 年第 5 期。
张鸿巍：“少年司法语境下的‘国家亲权’法则浅析”，载《青少年犯罪问题》2014 年第 2 期。
张吉喜：“论刑事诉讼中的社会调查报告”，载《刑事法评论》2015 年第

2 期。

张理恒、贺英豪："位置与功能视野下合适成年人制度的困境与改造"，载《青少年犯罪问题》2015 年第 2 期。

张丽霞、李青、李梦竹："未成年人刑事案件诉讼程序专章实施评估研讨会综述"，载《青少年犯罪问题》2019 年第 2 期。

张明楷："论预防刑的裁量"，载《现代法学》2015 年第 1 期。

张长东、顾昕："从国家法团主义到社会法团主义——中国市场转型过程中国家与行业协会关系的演变"，载《东岳论丛》2015 年第 2 期。

赵卿："未成年人心理疏导和矫治制度研究"，载《青少年犯罪问题》2015 年第 1 期。

赵晓风："论未成年人违法犯罪心理干预机制建构"，载《预防青少年犯罪研究》2015 年第 1 期。

赵永红："人身危险性概念新论"，载《法律科学（西北政法大学学报）》2002 年第 4 期。

折晓叶、陈婴婴："项目制的分级运作机制和治理逻辑——对'项目进村'案例的社会学分析"，载《中国社会科学》2011 年第 4 期。

郑丽萍："附条件不起诉之进一步构建——基于我国《刑事诉讼法修正案》之思考"，载《法学杂志》2012 年第 9 期。

周立武："论未成年人社会调查报告的审查与运用"，载《青少年犯罪问题》2018 年第 4 期。

四、英文文献

Adam Crawford, "The Partnership Approach to Community Crime Prevention: Corporatism at the Local Level", *Soc. & Legal Stud*, (1994) 3.

Anna Poole, "Human Rights and Children's Hearings", *Juridical Review* (2016) 2.

Anonymous, "For the Good of the Child, for the Good of Society: Using Scotland and Jamaica as Models to Reform U. S Juvenile Justice Policy", *Harvard Law Review* (2002) 115.

Anthony Bottoms, James Dignan, "Youth Justice in Great Britain", *Crime&Just*, (2004) 21.

Caplan G. “The family as a support system”, In Caplan G. &Killilea M. (Eds.) *Supportsystem and mutual help: Multidisciplinary explorations*, New York: Grune&Stratton, 1974.

Christina Stahlkopf, Political, “Structural, and Cultural Influences on England's Youth Offending Team Practices”, *INT'L CRIM. JUST. REV*, (2008) 18.

Christopher Slobogin, “Risk Assessment and Risk Management in Juvenile Justice”, *Crim. Just*, (2013) 27.

Cohen S. & Mckay G. “Social support, stress and the butFering hypothesis: A theoretical analysis”, *Handbook of psychology and heath*, 1984 (4).

Colvin, Mark, Francis T. Cullen, and Thomas V. Ven. “Coercion, social support, and crime: An emerging theoretical consensus”, *Criminology*, 2002.

David Garland, “The Limits of the Sovereign State-Strategies of Crime Control in Comtemporary Society”, *British Journal of Criminology*, vol. 36, no. 4, Autumn 1993.

Donna M. Bishop, “Evidence-Based Practice and Juvenile Justice”, *Criminology & Pub. Pol'y*, (2012) 11.

Elizabeth Cauffman; Adam Fine; Alissa Mahler; Cortney Simmons, “How Developmental Science Influences Juvenile Justice Reform”, *UC Irvine L. Rev.*, (2018) 8.

Fixsen, D. L., Blase, K. A., Naoom, S. F., & Wallace, F., “Core implementation components”, *Research on Social Work Practice*, (2009) 19.

Francis T. Cullen, “Social Support as an Organizing oncept for Criminology: Presidential Address to the cademy of Criminal Justice Sciences”, *Just. Q.*, (1994). 11.

George Rossman, “Parens Patriae”, *Or. L. Rev.*, (1925) 4.

James C. Howell; Mark W. Lipsey, “A Practical Approach to Evaluating and Improving Juvenile Justice Programs”, *JUV. & FAM. CT. J.*, (2004) 55.

Jane Piceford; Paul Dugmore, “Youth Justice and Social Work”, *SAGE Publications*, 2012.

Jane Pickford & Paul Dugmore, “Youth Justice and social work” (2th Edition),

SAGE Publications Inc. 2012.

John Pratt, "Corporationism: The Third Model of Juvenile Justice", *Brit. J. Criminology*, (1989) Vol. 29

Kenneth McK. Norrie, *Children's hearings in Scotland*, 3rd.

Laura Farrugla, Flona Gabbert, "The 'Appropriate Adult': What they do and what they should do in police interviews with mentally disordered suspects", *Criminal Behaviour and Mental Health*, Vol. 29, Issue3 (June 2019).

Laurence Steinberg, "Adolescent Development and juvenile justice", *ANN. REV. CLINICAL PSYCHOL*, (2009) 5.

Lin, N., "Conceptualizing Social Support", In N. Lin, A. Dean, and W. Edsel (eds.), *Social Support, Life Events, and Depression*, Orlando: Academic Press, 1986.

Mark Colvin, *Crime and Coercion: An Integrated Theory of Chronic Criminality*. New York: St. Martin's Press, 2000.

Megan Stevenson, "Assessing Risk Assessment in Action", *Minn. L. Rev*, (2018) 103.

Melissa Hamilton, "Risk-Needs Assessmnt: Constitutional and Ethical Challenges", *AmeticanCrininal Law Review*, (2015) 53.

Michele Burman, Susan McVie, "Scotland" in Scott, H. Decker and Nerea Marteache (eds), *International Handbook Of Juvenil*, 2nd edn, Springer International Publishing Switzerland, Switzerland, 2017.

Peter W. Greenwood; Brandon C. Welsh, "Promoting Evidence-Based Practice in Delinquency Prevention at the State Level: Principles, Progress, and Policy Directions", *Criminology & Pub. Pol'y*, (2012) 11.

R. Gwynedd Parry, "Protecting the Juvenile Suspect: What exactly is the Appropriate Adult Supposed to do?", *Child and Family Law Quarterly*, Vol. 18, 2006 (3).

Sanford J. Fox, "Juvenile Justice Reform: Innovations in Scotland", *American Criminal Law Review*, (1974) 15.

Tina Maschi; Mary Lou Killian, "The Evolution of Forensic Social Work in the

United States: Implications for 21st Century Practice", *Journal of Forensic Social Work*, 2011 (1).

Vaux, A. *Social Support: Theory, Research, and Intervention*, New York: raeger. 1988.